THOMAS/ SCHLÜTER

Sächsisches Nachbarrecht

Sächsisches Nachbarrecht

Kommentar

Joachim Thomas
Direktor des Amtsgerichts a. D.

Markus Schlüter
Vorsitzender Richter am Oberlandesgericht

3., vollständig überarbeitete Auflage, 2019

Bibliografische Information der Deutschen Nationalbibliothek | Die Deutsche Nationalbibliothek verzeichnet diese Publikation in der Deutschen Nationalbibliografie; detaillierte bibliografische Daten sind im Internet über www.dnb.de abrufbar.

3. Auflage, 2019
ISBN 978-3-415-06466-9

Titelfoto: © RBV/zimmytws – Fotolia | Satz: Olaf Mangold Text&Typo, 70374 Stuttgart | Druck und Bindung: Laupp & Göbel GmbH, Robert-Bosch-Straße 42, 72810 Gomaringen

Richard Boorberg Verlag GmbH & Co KG | Scharrstraße 2 | 70563 Stuttgart
Stuttgart | München | Hannover | Berlin | Weimar | Dresden
www.boorberg.de

Vorwort zur 3. Auflage

21 Jahre nach Inkrafttreten des Sächsischen Nachbarrechtsgesetzes am 01.01.1998 und zehn Jahre nach Erscheinen der zweiten Auflage war es Zeit für eine Neukommentierung. Diese berücksichtigt erstmals die Änderungen, die sich seit dem 01.01.2009 aus der Streichung sämtlicher Vorschriften über Ausschlussfristen und der Neuausrichtung des Verjährungsrechts ergeben haben. Darüber hinaus waren wichtige Entscheidungen des Bundesgerichtshofs und der sächsischen Gerichte einzuarbeiten, die bis zum Stand Dezember 2018 berücksichtigt werden konnten. Nicht zuletzt gab es zahlreiche Gesetzesänderungen an den Schnittstellen zum öffentlichen Nachbarrecht sowohl in Sachsen als auch auf Bundesebene. Zu nennen sind hier etwa umfangreiche Novellierungen im Bau-, Energie- und Wasserrecht. Diese Änderungen werden im Zusammenhang mit den Einzelvorschriften des Nachbarrechtsgesetzes aufgegriffen. Zugleich berücksichtigt die Neukommentierung stärker als bisher, dass sich typische Nachbarschaftskonflikte in Sachsen nicht nur zwischen Eigentümern freistehender Einfamilienhäuser, sondern auch im dichtbesiedelten städtischen Umfeld entwickeln können. Dem dort in besonderer Weise streitanfälligen Thema „Lärmschutz" haben wir ein eigenes Kapitel gewidmet, auch wenn das Nachbarrechtsgesetz hierzu keine Regelungen enthält. Dass dies zwangsläufig den Umfang des Werkes anschwellen ließ, mussten wir in Kauf nehmen; zugleich hoffen wir, dass unser Anliegen, das schwierige Nachbarrecht allgemeinverständlich darzustellen, auch in der Neuauflage deutlich wird.

Eine Zwischenbilanz lässt sich heute ziehen: Das sächsische Nachbarrechtsgesetz hat sich in der Rechtspraxis bewährt. Dies zeigt sich nicht zuletzt daran, dass es nach wie vor kaum veröffentlichte Entscheidungen der hiermit in erster Linie befassten sächsischen Amts- und Landgerichte gibt, weil – wie aus der Praxis übereinstimmend berichtet wird – die überwältigende Mehrzahl der anhängigen Klagen verglichen wird. Dieser Umstand belegt zudem, dass die Sachsen zu Unrecht in anderen Teilen Deutschlands als streitsüchtig verschrien sind. Für die uns gleichwohl zur Verfügung gestellten Entscheidungen aus der Praxis sind wir dankbar, ebenso wie für Anregungen und Kritik.

Tharandt und Dresden, im Februar 2019

Die Autoren

Inhaltsverzeichnis

Dritter Abschnitt
Grenzabstände für Pflanzen

Vierter Abschnitt
Bodenerhöhungen und Aufschichtungen

Fünfter Abschnitt
Duldung von Leitungen

Sechster Abschnitt
Sonstige Nachbarschaftsrechte

Abkürzungsverzeichnis

a. a. O.	am angegebenen Ort
abl.	ablehnend
ABl.	Amtsblatt
Abs.	Absatz
Abschn.	Abschnitt
a. E.	am Ende
a. F.	alte Fassung
AG	Amtsgericht
AGB	Allgemeine Geschäftsbedingungen
a. M./a. A.	anderer Meinung/anderer Ansicht
Anl.	Anlage
Anm.	Anmerkung
Art.	Artikel
Auf.	Auflage
Az.	Aktenzeichen
BauGB	Baugesetzbuch in der Fassung vom 12.12.1986 (BGBl. I. S. 2141)
BauR	Zeitschrift für das gesamte öffentliche und zivile Baurecht
BayObLG	Bayerisches Oberstes Landesgericht
BayVGH	Bayerischer Verwaltungsgerichtshof
BbgNRG	Brandenburger Nachbarrechtsgesetz
BBodSchG	Bundes-Bodenschutzgesetz
Bd.	Band
BerlNRG	Berliner Nachbarrechtsgesetz
Beschl.	Beschluss
BGB	Bürgerliches Gesetzbuch
BGBl.	Bundesgesetzblatt
BGH	Bundesgerichtshof
BGH-LM	Lindenmaier-Möhring, Nachschlagewerk des Bundesgerichtshofes in Zivilsachen

BGHZ	Entscheidungen des Bundesgerichtshofes in Zivilsachen
BImschG	Bundesimmissionsschutzgesetz
BR-Drs.	Bundesratsdrucksache
BRS	Baurechtssachen
Buchst.	Buchstabe
BNatSchG	Bundesnaturschutzgesetz
BVerwG	Bundesverwaltungsgericht
BVerwGE	Entscheidungen des Bundesverwaltungsgerichts
BWNRG	Gesetz über das Nachbarrecht (Baden-Württemberg)
bzw.	beziehungsweise
DBO	Deutsche Bauordnung der DDR vom 02.10.1958
ders.	derselbe
d. h.	das heißt
DtZ	Deutsch-Deutsche Rechtszeitschrift
DVBl.	Deutsches Verwaltungsblatt
DWW	Deutsche Wohnungswirtschaft
EGBGB	Einführungsgesetz zum Bürgerlichen Gesetzbuch vom 18.10.1896 (RGBl. S. 604)
EGZGB	Einführungsgesetz zum Zivilgesetzbuch der Deutschen Demokratischen Republik vom 19.06.1975 (Gbl. I. S. 517)
Einf.	Einführung
Einl.	Einleitung
Erl.	Erläuterung
EV	Einigungsvertrag vom 31.08.1990 (BGBl. II S. 889)
Fn.	Fußnote
f./ff.	folgende
Gbl.	Gesetzblatt
GBBerG	Grundbuchbereinigungsgesetz
GBO	Grundbuchordnung in der Fassung vom 26.05.1994 (BGBl. 1 S. 1114)
gem.	gemäß

GG	Grundgesetz für die Bundesrepublik Deutschland vom 23.05.1949
ggfs.	gegebenenfalls
GVBl.	Gesetz- und Verordnungsblatt
HS	Halbsatz
HessNRG	Hessisches Nachbarrechtsgesetz
h. M.	herrschende Meinung
i. d. F.	in der Fassung
i. d. R.	in der Regel
i. d. S.	in diesem Sinne
i. S. d.	im Sinne des (der)
i. S. v.	im Sinne von
i. V. m.	in Verbindung mit
JMBl. NW	Justizministerialblatt Nordrhein-Westfalen
JZ	Juristenzeitung
LG	Landgericht
LT-Drs.	Landtagsdrucksache
MDR	Monatsschrift des Deutschen Rechts
m. w. N.	mit weiteren Nachweisen
NRG	Nachbarrechtsgesetz
NdsNRG	Niedersächsisches Nachbarrechtsgesetz
NJ	Neue Justiz
NJW	Neue Juristische Wochenschrift
NJW-RR	Neue-Juristische Wochenschrift-Rechtsprechungs-Report Zivilrecht
Nr.	Nummer
NVwZ	Neue Zeitschrift für Verwaltungsrecht
NWNRG	Nordrhein-Westfälisches Nachbarrechtsgesetz
o. a.	oben angegeben
o. Ä.	oder Ähnliches
OLG	Oberlandesgericht
OLGR	Rechtsprechungsreport des Oberlandesgerichts
OLGZ	Entscheidungen des Oberlandesgerichts in Zivilsachen
OVG	Oberverwaltungsgericht

OV-spezial	Informationsdienst zum Vermögens- und Entschädigungsrecht in den neuen Bundesländern
Rdnr.	Randnummer
RG	Reichsgericht
RGBl.	Reichsgesetzblatt
RGZ	Entscheidungen des Reichsgerichts in Zivilsachen
RhpflNRG	Nachbarrechtsgesetz Rheinland-Pfalz
Rpfleger	Der Deutsche Rechtspfleger
S.	Seite
SaarlNRG	Saarländisches Nachbarrechtsgesetz
SachenRBerG	Gesetz zur Sachenrechtsbereinigung im Beitrittsgebiet vom 21.09.1994 (BGBl. 1 S. 2457)
Sächs.	Sächsisch
SächsBauO	Sächsische Bauordnung
SächsBGB	Sächsisches Bürgerliches Gesetzbuch vom 02.01.1863
SächsGO	Sächsische Gemeindeordnung
SächsGVBl.	Sächsisches Gesetz- und Verordnungsblatt
SächsNatSchG	Sächsisches Naturschutzgesetz
SächsStrG	Sächsisches Straßengesetz
SächsVerfGH	Sächsischer Verfassungsgerichtshof
SächsWaldG	Sächsisches Waldgesetz
SächsWassG	Sächsisches Wassergesetz
s. o.	siehe oben
st. Rspr.	ständige Rechtsprechung
s. u.	siehe unten
SchuldRAnpG	Gesetz zur Anpassung schuldrechtlicher Nutzungsverhältnisse im Beitrittsgebiet vom 21.09.1994 (BGBl. I S. 2538)
SchlHNRG	Nachbarrechtsgesetz Schleswig-Holstein
SMG	Gesetz zur Modernisierung des Schuldrechts vom 26.11.2001 (BGBl. I S. 3138)
TA-Lärm	Technische Anleitung Lärm
ThürNRG	Thüringer Nachbarrechtsgesetz vom 22.12.1992 (GVBl. S. 599)

TKG	Telekommunikationsgesetz
u.	und
u. Ä.	und Ähnliches
Urt.	Urteil
VermG	Gesetz zur Regelung offener Vermögensfragen in der Fassung vom 09.02.2005 (BGBl. I S. 205)
VGH	Verwaltungsgerichtshof
vgl.	vergleiche
VIZ	Zeitschrift für Vermögens- und Investitionsrecht
VKSK	Verband der Kleingärtner, Siedler und Kleintierzüchter (in der ehemaligen DDR)
VO	Verordnung
Vorb.	Vorbemerkung
WHG	Wasserhaushaltsgesetz
WM	Wertpapiermitteilungen
WoModSiG	Wohnraummodernisierungssicherungsgesetz vom 17.07.1997 (BGBl. I S. 1823)
WuM	Wohnungs- und Mietrecht
z. B.	zum Beispiel
ZGB	Zivilgesetzbuch der Deutschen Demokratischen Republik vom 19.06.1975 (Gbl. I S. 465)
ZPO	Zivilprozessordnung

Literaturverzeichnis

Bärmann/Pick	Wohnungseigentumsgesetz-Kommentar 19. Auflage, 2010
Bauer/Schlick	Thüringer Nachbarrecht, Kommentar, 6. Auflage, 2018
Birk	Nachbarrecht für Baden-Württemberg, 6. Auflage 2018
Finkelnburg/Ortloff/Kment	Öffentliches Baurecht, Band I, 7. Auflage 2017
Finkelnburg/Ortloff/Otto	Öffentliches Baurecht, Band II, 7. Auflage 2018
Dehner	Nachbarrecht im Bundesgebiet (ohne Bayern), Kommentar, Stand Juni 2018
Demharter	Grundbuchordnung, 31. Auflage 2018
Fruhner/Weber	Das Nachbarrecht in Sachsen-Anhalt, 1998
Hodes/Dehner	Hessisches Nachbarrecht, 5. Auflage 2001
Hoof/Keil	Das Nachbarrecht in Niedersachsen, 11. Auflage 2006
Kayser/Keinhorst	Nachbarrecht in Sachsen, Grundeigentum, 2001
Keil	Das Nachbarrecht in Hessen, 21. Auflage 2011
Kimme	Offene Vermögensfragen (Loseblattsammlung), Kommentar, Stand Oktober 2009
Messerschmidt/Voit	Privates Baurecht, 3. Auflage 2018
MK-Bearbeiter	Münchener Kommentar zum Bürgerlichen Gesetzbuch, 3. Auflage, 1992 ff.
Palandt/Bearbeiter	Bürgerliches Gesetzbuch, Kommentar, 77. Auflage 2018

Postier	Nachbarrecht in Brandenburg, 5. Auflage 2012
Postier	Nachbarrecht in Berlin, 2. Auflage, 2012
Prütting/ Zimmermann/ Heller	Grundstücksrecht Ost, Kommentar, Stand 2003
Bearbeiter in: RGRK	Das Bürgerliche Gesetzbuch mit besonderer Berücksichtigung der Rechtsprechung des Reichsgerichts und des Bundes-Gerichtshofes, Kommentar, 12. Auflage, 1974
Schäfer	Thüringer Nachbarrechtsgesetz, 2. Auflage 2006
Schäfer	Nachbarrechtsgesetz für Nordrhein-Westfalen, 14. Auflage 2005
Schäfer	Sächsisches Nachbarrechtsgesetz, 1998
Schrödter	Kommentar zum BauGB, 4. Auflage 2018
Soergel	Bürgerliches Gesetzbuch mit Einführungsgesetz und Nebengesetzen, 12. Auflage, 1987
Sprau	Justizgesetze in Bayern, 1988
Stadler	Das Nachbarrecht in Bayern, 8. Auflage 2016
Staudinger/ Bearbeiter	Staudinger, Kommentar zum Bürgerlichen Gesetzbuch, 3. Buch (Sachenrecht §§ 903 bis 924 (2002); 4. Buch EGBGB Art. 1, 2, 50 bis 218 (2005)
Wieth/Högner/ Krzensk	Nachbarschutz im Freistaat Sachsen, 1998

Einleitung

1. Rechtsstellung des Grundeigentümers

Nach dem Bürgerlichen Gesetzbuch steht dem Grundeigentümer die umfassende Herrschaftsbefugnis an seinem Grundstück zu, d.h. das Recht, mit diesem nach Belieben zu verfahren und andere von seiner Benutzung auszuschließen (§ 903 BGB). Das Grundeigentum wird verfassungsrechtlich durch Art. 14 Abs. 1 GG sowohl als Institut als auch in seinem konkreten Bestand in der Hand des jeweiligen Eigentümers geschützt. Es kann jedoch nicht schrankenlos gewährleistet sein, sondern muss dort, wo Interessen Dritter oder der Allgemeinheit betroffen sind, Einschränkungen hinnehmen. Inhalte und Schranken des Grundeigentums kann der Gesetzgeber konkretisieren. Dies ist die Aufgabe des Nachbarrechts. Hierunter versteht man die Gesamtheit der privatrechtlichen und öffentlich-rechtlichen Normen, die das Verhältnis zwischen Nachbar und Eigentümer ausgestalten und die die nach dem Grundgesetz garantierten Eigentumsrechte beider Seiten bei der Nutzung ihrer Grundstücke begrenzen. Zahlenmäßig und wohl auch qualitativ sind heute die wesentlichen Anwendungsbereiche des Nachbarrechts öffentlich-rechtlich geregelt, was zwar die Abwägung widerstreitender Grundrechtspositionen erleichtert, zugleich aber immer zu einer Einbindung staatlicher Stellen in die Regelung nachbarschaftlicher Problemfragen führt. Nicht von allen Seiten ist diese Entwicklung begrüßt worden. In der zivilrechtlichen Kommentierung wird vielmehr beklagt, diese Entwicklung habe dazu geführt, dass dem privaten Nachbarrecht nur noch „unbedeutende Streitfragen“ übrig gelassen worden seien (vgl. etwa Staudinger/Karl-Dieter Albrecht (2013) EGBGB Artikel 124, Rdnr. 3; auch Dehner A 37 S. 9 wirft insoweit die Frage nach einer Fehlentwicklung auf). Dies mag zu der außergewöhnlichen Beständigkeit des SächsNRG beigetragen haben, das in mehr als 20 Jahren seines Bestehens erst einmal geändert wurde. Gleichwohl ist ein Abgesang verfrüht. Die Diskussion um Deregulierung und Entbürokratisierung, die in Sachsen u. a. durch die „Aktion Paragraphenpranger" geprägt war, bei der Bürger angehalten waren, ihrer Auffassung nach überflüssige Vorschriften dem Staatsministerium der Justiz anzuzeigen und die 2014 zur Schaffung eines „Normenkontrollrats" führte, der die Staatsregierung beim „Bürokratieabbau" unterstützen soll (vgl. § 1 Abs. 2 Sächsisches Normenkontrollratsgesetz vom 03.07.2014 (SächsGVBl. S. 384)), hat jedenfalls deutlich gemacht, dass der Sächsische Gesetzgeber neben den im Baurecht bereits beschlossenen Veränderungen bestrebt ist, öffentlich-rechtliche Vorgaben zu lockern, auch wenn diese nachbarschützenden Gehalt aufweisen. Es ist daher zu erwarten, dass das private Nachbarrecht in Zukunft in Sachsen wieder an Bedeutung gewinnen wird.

Das private Nachbarrecht gestaltet die Sozialbindung des Grundeigentümers und der ihm gleichgestellten Personengruppen im Verhältnis zu ihren Grundstücksnachbarn aus. Es ist heute zu großen Teilen in den §§ 903 bis 924 BGB enthalten. In Art. 124 EGBGB ist zugleich die Fortgeltung der landesgesetzlichen Vorschriften angeordnet, die das Grundstückseigentum darüber hinausgehenden Beschränkungen unterwerfen, insbesondere was Abstandsregelungen betrifft. Diese Beschränkungen müssen unmittelbar kraft Gesetzes eintreten. Hieraus wird wohl zu Recht gefolgert, dass der Landesgesetzgeber nicht dazu ermächtigt ist, die Rechtsfolgen einer Einschränkung seines Eigentumsrechts zu regeln, der sich der Eigentümer durch Vertrag unterwirft; hierzu enthält das BGB in den §§ 873 ff. und 1018 ff. BGB abschließende Regelungen (Dehner A § 2 Fn. 1b). Aus § 1 Abs. 2 EGBGB folgt die Befugnis des Landesgesetzgebers, auch neue Vorschriften zu erlassen. Von dieser Ermächtigung hat der sächsische Gesetzgeber durch das Sächsische Nachbarrechtsgesetz vom 16.10.1997 (SächsGVBl. S. 582) Gebrauch gemacht. Dieses Gesetz gilt bis zum heutigen Tage – mit Ausnahme einer zum 01.01.2009 erfolgten Anpassung an die Verjährungsvorschriften des BGB – unverändert. Es enthält ausschließlich privatrechtliche Regelungen und richtet sich allein an Grundeigentümer, da nur insoweit die Ermächtigung des Art. 124 EGBGB an den Landesgesetzgeber reicht. Dem Eigentümer werden in § 1 bestimmte Gruppen gleichgestellt, deren Rechtsstellung dem Grundeigentum vergleichbar ist, nämlich der Erbbauberechtigte sowie der Nutzer nach dem Sachenrechtsbereinigungsgesetz (zu Einzelheiten vgl. § 1 Anm. 4 und 5). Mieter, Pächter und andere nur schuldrechtlich Berechtigte werden durch diese Vorschriften hingegen nur mittelbar angesprochen, da sie von ihren Vertragspartnern die Einhaltung der Vorgaben des Nachbarrechtsgesetzes verlangen und von diesen ihrerseits hierauf in Anspruch genommen werden können (so auch Bauer/Schlick, Einl. 3 zum ThürNRG; vgl. im Einzelnen die Kommentierung zu § 1).

2. Die Rechtslage in Sachsen seit dem 03.10.1990

Die Verabschiedung eines Nachbarrechtsgesetzes hatte sich als erforderlich erwiesen, da der Einigungsvertrag insoweit nicht eindeutig und daher umstritten war, ob und ggf. in welchem Umfang die nachbarrechtlichen Vorschriften des ZGB von 1976, des Sächsischen BGB von 1863 und des Sächsischen Allgemeinen Baugesetzes von 1900 fortgalten (vgl. zur Problematik des bis zum Inkrafttreten des NRG geltenden Rechts die Darstellung in der 1. Auflage).

Diese verworrene Rechtslage war mit ein Grund für die Schaffung eines Sächsischen Nachbarrechtsgesetzes, das zwar zu einem weiteren Anwachsen der Normendichte beitrug, zugleich aber für Klärung sorgte: Unabhängig von der vor Inkrafttreten des Gesetzes geltenden Rechtslage wird nämlich entgegenstehendes Nachbarrecht aufgehoben (§ 33). Dies gilt sowohl für die Vorschriften des ZGB als auch für die privatrechtlichen Normen des Sächsischen Allgemeinen Baugesetzes vom 01.07.1900 (GVBl S. 381, a. A. für § 89 Allgemeines Baugesetz Dehner A § 3 VII 1; dies steht allerdings in Widerspruch zu § 1 des Sächsischen Rechtsbereinigungsgesetzes vom 17.04.1998 (GVBl. S. 151)). Für die vor Inkrafttreten des Gesetzes entstandenen Ansprüche bleibt hingegen bezüglich der bestehenden Einrichtungen und Pflanzen die alte Rechtslage maßgeblich (§ 32).

Auch wenn damit seit dem 01.01.1998 die Regelungen der §§ 316–322 ZGB im Bereich des Freistaates Sachsen keine Anwendung mehr finden, so ist doch darauf hinzuweisen, dass nach den §§ 321, 322 ZGB begründete sog. Mitbenutzungsrechte sowie Wege- und Überfahrtrechte fortbestehen, was vereinzelt selbst heute noch von Bedeutung sein mag. Nach § 321 ZGB konnte ein Grundstück zur Lagerung von Baumaterial, Aufstellen von Gerüsten, Einräumen von Wege-, Überfahrt- und anderen Rechten mit einem Mitbenutzungsrecht belastet werden. Im Falle eines Wege- und Überfahrtrechts konnte dieses auch in das Grundbuch eingetragen werden, nicht jedoch, soweit dieses Recht an einem volkseigenen Grundstück eingeräumt wurde. Seit dem 03.10.1990 sind alle nach diesen Vorschriften begründeten Rechte im Grundbuch eintragungsfähig und wirken im Verhältnis zwischen Nachbar und Eigentümer, bzw. deren Rechtsnachfolgern fort. Waren diese Rechte nicht im Grundbuch eingetragen, so war ein gutgläubiger lastenfreier Erwerb Dritter noch bis zum 31.12.2000 nicht möglich (Art. 233 § 5 Abs. 2 Satz 1 EGBGB). Allerdings hatte der sächsische Gesetzgeber darauf verzichtet, von der Ermächtigung in Art. 233 § 5 Abs. 4 EGBGB Gebrauch zu machen und verpflichtend die Eintragung dieser Rechte vorzuschreiben. Waren sie nicht infolge gutgläubigen Erwerbs erloschen, bestanden sie daher zunächst fort. Mit Ablauf des 31.12.2000 sind sie gem. § 8 Abs. 1 Satz 1 des Grundbuchbereinigungsgesetzes endgültig erloschen, der Umfang des Guten Glaubens des Grundbuchs ist damit in vollem Umfang wiederhergestellt.

3. Das Verhältnis des Nachbarrechtsgesetzes zum Bürgerlichen Gesetzbuch

Soweit das Bürgerliche Gesetzbuch (BGB) das Nachbarrecht bereits geregelt hat, darf das Landesrecht hiervon nicht abweichen.

Ein erheblicher Teil des Nachbarrechts ist demnach bereits durch Bundesrecht vorgegeben. Es sind dies im Einzelnen Vorschriften über

- Zuführung unwägbarer Stoffe (Immissionen, Lärm, etc.) § 906 BGB
- Gefahrdrohende Anlagen § 907 BGB
- Drohenden Gebäudeeinsturz § 908 BGB
- Vertiefung § 909 BGB
- Überhang von Bäumen, Sträuchern u. Ä. § 910 BGB
- Hinüberfallen von Früchten auf ein Nachbargrundstück § 911 BGB
- Überbau eines Gebäudes über die Grundstücksgrenze §§ 912–915 BGB
- Notweg §§ 917, 918 BGB
- Grenzverwirrung, Grenzanlagen, Grenzbaum §§ 919–923 BGB

Das Sächsische Nachbarrechtsgesetz ergänzt diese Regelungen durch Vorschriften über

- Einfriedungen §§ 4–8
- Grenzabstände für Pflanzen §§ 9–16
- Bodenerhöhungen und Aufschichtungen §§ 17 und 18
- Duldungspflichten für Leitungen §§ 19–23
- Hammerschlags-, Leiter- und Schaufelschlagrecht § 24
- Traufrecht § 25
- Hochführen von Schornsteinen, Lüftungsschächten und Antennen § 26

a) Die damaligen Vorstellungen des Gesetzgebers waren von den unter 1. dargestellten Deregulierungsbestrebungen geprägt. Während man einerseits die Notwendigkeit einer Kodifizierung sah, sollte andererseits nicht jedes erdenkliche nachbarrechtliche Problem geregelt und ausdrücklich ein „schlankes" Gesetz geschaffen werden. Die Gesetzesbegründung verweist daher darauf, dass zahlreiche Rechte, die in den Nachbarrechtsgesetzen anderer Länder enthalten sind, nicht aufgenommen wurden, da sie in der Praxis nur eine geringe Rolle spielten und ihre Aufnahme vielfach einem Nachbarrechtsstreit eher noch Vorschub leisten könnte. Beispielhaft aufgeführt wurden Regelungen über sog. Nachbar- und Grenzwände, Fenster- und Lichtrechte sowie detaillierte Abstandsvorschriften für die verschiedensten Pflanzenarten (vgl. Protokoll der Anhörungen im Verfassungs- und Rechtsausschuss des Sächsischen Landtages, S. 27ff. n.v.). Auch Ansprüche, die in anderen Landesnachbarrechtsgesetzen zu verfassungsrechtlichen Zweifeln Anlass gegeben hatten, wurden nicht geregelt. Dies gilt etwa für den vorsätzlichen Überbau, wie er in § 7b BWNRG enthalten ist. Die Vereinbarkeit dieser Vorschrift mit dem BGB und die Gesetzgebungskompetenz des Landes war bis zur Entscheidung des Bundesverfassungsgerichts vom 19.07.2007 (1 BvR 650/03) umstritten. Dieser zurückhaltende Ansatz ist bis heute beibehalten worden, was dazu geführt hat, dass das Nachbarrechtsgesetz mittlerweile nicht mehr in allen Fragen auf der Höhe der Zeit ist. So ist etwa der unter energiepolitischen Gesichtspunkten wichtige „Überbau durch Wärmedämmung" anders als in zahlreichen anderen Ländern (vgl. §§ 7c BWNRG; 19a BbgNRG; 10a HessNRG; 21 NdsNRG; 14a ThürNRG; zu den kompetenzrechtlichen Bedenken gegen diese Regelungen vgl. BGH, Urteil vom 02. Juni 2017 – V ZR 196/16 –, juris) nicht erfasst. Auch eine Gleichstellungsregelung von Frau und Mann wie in § 55 ThürNRG sucht man vergebens.

b) Soweit eine ausdrückliche Regelung zu nachbarrechtlichen Fragestellungen nicht existiert, sind diese unter Rückgriff auf das von der Rechtsprechung entwickelte nachbarschaftliche Gemeinschaftsverhältnis (vgl. etwa BGH NJW 2003, 1392f.; 2004, 1037f.) zu lösen. Auch wenn Treu und Glauben im Rahmen eines nachbarlichen Gemeinschaftsverhältnisses in der Regel keine selbständigen Ansprüche begründen, sondern sich hauptsächlich als bloße

Schranke der Rechtsausübung auswirken (BGH, Urteil vom 08. Februar 2013 – V ZR 56/12 –, Rdnr. 6, juris), kann diese Schranke den Grundstückseigentümer zwingen, eine bestimmte eigene Nutzung seines Grundstücks zu unterlassen, eine bestimmte Nutzung seines Grundstücks durch den Nachbarn zu dulden und ihn im Einzelfall auch zu positivem Handeln verpflichten. Umgekehrt kann es hiernach auch dem Nachbarn zugemutet werden, seine Rechte nicht oder nur in veränderter Form auszuüben, um die Belastungen für den Eigentümer gering zu halten und eine von ihm geplante Beeinträchtigung zu unterlassen oder diese nur in anderer Form auszuführen. So muss z. B. ein Eigentümer eine Abwasserdurchleitung über sein Grundstück selbst dann hinnehmen, wenn das hierdurch begünstigte Grundstück nicht unmittelbar angrenzt (BGH NJW 2003, 1392). Er kann verpflichtet sein, den beabsichtigten Abriss einer oberirdischen Grundstücksmauer dem Nachbarn rechtzeitig vorher anzuzeigen (BGH, Urteil vom 29. Juni 2012 – V ZR 97/11 –, juris) oder eine benachbarte Doppelhaushälfte mitzuheizen, wenn dies für einen billigen Interessenausgleich zwingend geboten ist (BGH, Urteil vom 08.02.2013 – V ZR 56/12 –, juris). Auch gelegentliche Grenzüberschreitungen durch Katzen des Nachbarn sind ohne Entschädigung zu dulden (OLG Köln, NJW 1985, 2338; OLG Celle, NJW-RR 1986, 821; LG Darmstadt, NJW-RR 1994, 147 mit der Beschränkung auf zwei Katzen), jedenfalls in Gebieten, die nach ihrer Bebauung Vorortcharakter aufweisen (Reihenhaussiedlungen mit Garten). Demgegenüber soll der Nachbar es nicht unter Berufung auf das nachbarschaftliche Gemeinschaftsverhältnis verhindern können, dass der Eigentümer eine baurechtlich zulässige Windkraftanlage auf einem hierfür vorgesehenen Grundstück errichtet (OLG Frankfurt, Urteil vom 09.03.2000 – 15 U 118/99 –, juris). Die Aufstellung eines Fahnenmastes mit BVB-Fahne auf seinem Grundstück stellte keine Beeinträchtigung des Nachbarn dar (VG Arnsberg, Urteil vom 15.07.2013, Az. 8 K 1679/12), auch wenn der Nachbar kein BVB-Anhänger ist. Die Entfernung eines blickdichten Zaunes, dessen Anblick den Nachbarn stört, kann dieser nur verlangen, wenn der Zaun als eine „den Geschmacksinn verletzende Hässlichkeit" einzustufen ist (VG Berlin, Urteil vom 20.10.2016, Az. VG 13 K 122/16). Auch das Kappen von Wurzeln eines Baumes kann der Nachbar vom verpflichteten Eigentümer nur dann verlangen, wenn von den Wurzeln eine konkrete Gefahr ausgeht (OLG Hamburg, Urteil vom 13.12.2015, Az. 321 S 24/14). In gleicher Weise besteht eine Duldungspflicht für überhängende Zweige, wenn der Baum unter Naturschutz steht (Rotbuche) und eine Beseitigung der Äste nicht zwingend geboten ist (LG Koblenz, Urteil vom 03.07.2007, Az. 6 S 162/05). Allgemein ist zu beachten, dass ein Anspruch aus dem nachbarschaftlichen Gemeinschaftsverhältnis nur dann zur Anwendung kommen kann, wenn ein über die gesetzliche Regelung hinausgehender billiger Ausgleich der widerstreitenden Interessen dringend geboten erscheint. Nur unter diesen Voraussetzungen kann die Ausübung gewisser aus dem Eigentum fließender Rechte ganz oder teilweise unzulässig werden. Das Rechtsinstitut darf insbesondere nicht dazu dienen, die nachbarrechtlichen Regelungen in ihr Gegenteil zu verkehren (BGH, Urteil vom 02.06.2017 – V ZR 196/16 –, juris).

c) Dieses nachbarschaftliche Gemeinschaftsverhältnis ist kein Schuldverhältnis, sodass der Grundstückseigentümer, der sich der Hilfe Dritter (Landarbeiter, Gärtner, Arbeiter, Architekten) bedient, für die Verletzung nachbarrechtlicher Pflichten nicht nach § 278 BGB, sondern nur nach § 831 BGB haftet, wenn diese gegen nachbarschützende Vorschriften verstoßen; er kann sich folglich von einer Haftung für diese Personen frei zeichnen, wenn er nachweist, dass diese von ihm sorgfältig in ihre Tätigkeit eingewiesen und auch in der Folgezeit regelmäßig überwacht wurden. Auch lässt sich ein Schadenersatzanspruch aus § 280 BGB nicht auf das nachbarschaftliche Gemeinschaftsverhältnis stützen. Eine gesetzliche Ausgestaltung des nachbarrechtlichen Gemeinschaftsverhältnisses enthält § 2 für den Fall der Inanspruchnahme der neu geregelten Rechtsansprüche. Auf eine weitergehende Generalklausel, wie sie etwa in § 1 BbgNRG enthalten ist, wurde dagegen bewusst verzichtet, da eine Generalklausel, die die nachbarrechtlichen Beziehungen auch über die Ermächtigung des § 124 EGBGB an die Erfordernisse einer guten Nachbarschaft bindet, verfassungsrechtlich nicht frei von Bedenken ist (vgl. Dehner, DtZ 1997, 313). In Verbindung mit den Ansprüchen nach den §§ 4 bis 31 gestaltet § 2 die Rechtsverhältnisse zwischen Nachbar und Eigentümer im Sinne des § 124 EGBGB lediglich aus und stellt die Entscheidung eines Rechtsstreits gerade nicht in das subjektive Empfinden eines Richters (so aber Dehner, A § 2 Rdnr. 1b, der aufgrund dessen – zu weitgehend – die Gültigkeit des gesamten Nachbarrechtsgesetzes in Zweifel zieht).

d) Mit Inkrafttreten des Nachbarrechtsgesetzes hat das nachbarschaftliche Gemeinschaftsverhältnis seine Bedeutung in Sachsen, was seine anspruchsbegründende Funktion betrifft, eingebüßt. Enthält ein bestehendes Nachbarrechtsgesetz zu einer Frage keine Vorschrift und lässt sich ein entsprechender Anspruch auch den Nachbarrechtsgesetzen anderer Länder nicht entnehmen, ist auch eine Herleitung aus dem nachbarschaftlichen Gemeinschaftsverhältnis ausgeschlossen (BGHZ 38, 61 [64 f.]). Sie scheidet im Bereich des Sächsischen Nachbarrechtsgesetzes auch deshalb aus, weil der Gesetzgeber sich gegen die Einräumung weiterer Ansprüche ausgesprochen hat. Für die Begrenzung bestehender Ansprüche behält das nachbarschaftliche Gemeinschaftsverhältnis aber auch in Zukunft seine Bedeutung (vgl. zur anspruchsbegrenzenden Funktion BGH, NJW 1991, 2026; Palandt/Herrler § 903 Rdnr. 13). Auch kann sich hieraus ein Auskunftsanspruch des Nachbarn ergeben, der zur Vorbereitung der Durchsetzung eines Beseitigungsanspruches dient oder mit einer Stufenklage geltend gemacht wird (OLGR Celle, 1994, 196–198).

e) In den Fällen, in denen eine an sich rechtswidrige Eigentumsverletzung vom Eigentümer hingenommen werden muss, hat die Rechtsprechung dem Betroffenen auf der Grundlage des so genannten nachbarrechtlichen Ausgleichsanspruches eine Entschädigungszahlung zuerkannt. Dies ist beispielsweise der Fall, wenn ein Handwerker bei Arbeiten an einem Haus einen Brand entfacht, der auch das Grundstück des Nachbarn beschädigt (BGH, Urteil vom 09.02.2018 – V ZR 311/16 –), infolge des Abfallens von Laub, Nadeln, Blüten und Zapfen von Bäumen, die der Nachbar wegen des Ablaufs einer Ausschluss- oder Verjährungsfrist nicht mehr verlangen kann, erhöhter Reinigungsaufwand ensteht (BGH, Urteil vom 27.10.2017 – V ZR 8/17 –, Rdnr. 11, juris), wenn durch auf dem Grundstück des Nachbarn gelagerte Abfälle einer Mülldeponie Krähen auch auf das Grundstück des Eigentümers gelockt werden (OLG Zweibrücken, NJW-RR 1986, 688), das Eigentümergrundstück durch Bruch einer privatrechtlich betriebenen Wasserversorgungsleitung überschwemmt (BGH NJW 2003, 2377), durch Aushubarbeiten auf dem Nachbargrundstück beschädigt (LG Freiburg (Breisgau), Urteil vom 20.10.2017 – 11 O 15/17 –) oder der Außenkontakt des Eigentümergrundstücks durch eine Zugangsbehinderung beeinträchtigt wird (BGHZ 62, 361). Eine solche richterrechtliche Zubilligung eines Entschädigungsanspruches ist verfassungsgemäß (BVerfG, vom 22.12.1988, 2 BVR 206/88). In Teilbereichen ist dieser Anspruch gesetzlich ausgeprägt, so in § 906 Abs. 2 BGB für die sog. Imponderabilien (z. B. Lärm, Erschütterungen oder Luftverunreinigungen durch gewerbliche Betriebe (BGH NJW 1978, 419) oder Sportanlagen (BGH NJW 1983, 751), § 14 Satz 2 BImSchG, § 22 WHG; im Sächsischen Nachbarrechtsgesetz enthält § 29 vergleichbare Ansprüche. Schadenersatz- und Ausgleichsansprüche gemäß und analog § 906 Abs. 2 BGB sind prozessual verschiedene Ansprüche, die im Wege der alternativen Klagehäufung geltend gemacht werden können. Sie stehen darüber hinaus auch materiell in Anspruchskonkurrenz (Wenzel, NJW 2005, 241 (243)).

f) Voraussetzung für die Geltendmachung dieser Ansprüche sowohl nach dem BGB als auch nach dem Sächsischen Nachbarrechtsgesetz ist aber stets, dass der Eigentümer „Störer" ist, d. h., dass ihm die Beeinträchtigung, die auf das Grundstück des Nachbarn einwirkt, zuzurechnen ist. Geht die Beeinträchtigung auf Naturkräfte zurück, so sind diese Störungen dem Eigentümer nur dann zuzurechnen, wenn er sie durch eigene Handlungen ermöglicht hat oder wenn die Beeinträchtigung auf ein pflichtwidriges Unterlassen zurückzuführen ist (BGH NJW-RR 2001, 1208 – Mehltau; BGHZ 122, 283 [284]; 90, 255 [256]; zum Ganzen auch Herrmann, NJW 1997, 153). Eine solche Störung hat der BGH beispielsweise in einem Fall abgelehnt, in dem Wollläuse, die den an der Grenze stehenden Baum eines Grundstückseigentümers befallen hatten, auf das Grundstück seines Nachbarn übertraten (BGH, NJW 1995, 2634) oder in dem der Grundstückseigentümer durch Pflanzen von Bäumen die Ursache für deren späteres Umstürzen bei einem Sturm gelegt hatte (BGHZ 122, 283 [285]; ablehnend auch OLG Düsseldorf, Urteil vom 29.06.1995, 9 U 53/94 für die Beeinträchtigung des Nachbargrundstückes durch Samenflug). Auch das OLG Dresden hat die Störereigenschaft einer Gemeinde in einem Fall verneint, in dem es durch die sturmbedingte Entwurzelung einer mit dem sog. Brandkrustenpilz befallenen Kastanie zu Schäden an Nachbargebäuden gekommen war (Urteil vom 06. März 2013 – 1 U 987/12 –, Rdnr. 119). Bejaht wurde eine Störung hingegen in einem Fall, in dem der Eigentümer durch Rodung einzelner Bäume den Windschutz für andere Bäume beseitigt hatte, die daraufhin bei einem Sturm auf das Grundstück des Nachbarn fielen (BGH NJW 2004, 3701 ff.) oder in dem die Wurzeln eines Straßenbaums die im Eigentum eines Wasserversorgers stehenden Rohre beschädigt hatten (OLG Düsseldorf, Urteil vom 26.09.2013 – I-13 U 38/13 –).

4. Privates und öffentliches Nachbarrecht

Nachbarrechtsschutz wird nicht allein durch die Regelungen des Privatrechts, sondern in maßgeblichem Umfang auch durch das öffentliche Recht gewährt. Seit der Neugründung des Freistaates Sachsen sind in diesem Bereich zahlreiche das Grundeigentum betreffende Vorschriften erlassen worden. Zu nennen sind hier insbesondere die Sächsische Bauordnung i. d. F. vom 11.05.2016 (SächsGVBl. 2016, 186 ff.), das Sächsische Waldgesetz vom 10.04.1992 (SächsGVBl. S. 137, zuletzt geändert durch Artikel 5 des Gesetzes vom 29.04.2015 (SächsGVBl. S. 349, 351), das Abfallwirtschaft- und Bodenschutzgesetz in der Fassung vom 22.05.2004 (SächsGVBl. S. 262, zuletzt geändert durch Artikel 31 des Gesetzes vom 26.04.2018, SächsGVBl. S. 198, 215) und das Sächsische Wassergesetz vom 12.07.2013 (SächsGVBl. 2013, 503). Öffentliches und privates Recht existieren vom Grundsatz her unabhängig nebeneinander. So ergeht z.B. eine Baugenehmigung „unbeschadet der privaten Rechte Dritter“ (§ 72 Abs. 4 SächsBauO). Es ist demnach durchaus möglich, dass dem Eigentümer zivilrechtliche Abwehransprüche zustehen, obwohl der Nachbar über eine bestandskräftige Genehmigung verfügt. Dennoch sind das öffentliche Recht und das Zivilrecht im Bereich des Nachbarschutzes mittlerweile weitgehend aufeinander abgestimmt. Exemplarisch für dieses Ineinandergreifen unterschiedlicher Rechtsschutzsysteme ist das „Froschteichurteil“ (BGH, NJW 1993, 925): An der Grenze zum Grundstück des Nachbarn hatte der Eigentümer mit behördlicher Genehmigung einen 144 qm großen Froschteich angelegt und dort Frösche ausgesiedelt. Hiergegen wandte sich der Nachbar und klagte auf Beseitigung des Teiches, hilfsweise auf Entschädigung. In seinem Urteil stellte der BGH klar, dass ein Unterlassungsanspruch zwar grundsätzlich ausscheidet, wenn die Beseitigung des Froschteiches nur unter Verstoß gegen öffentlich-rechtliche Vorschriften (im Entscheidungsfall § 20f Abs. 1 Nr. 1 BNatSchG i.V.m. § 1 Anl. 1 der BundesartenschutzVO) möglich ist. Um den zivilrechtlichen Anspruch des Eigentümers nicht zu unterlaufen, wurde dem Nachbarn aber die Pflicht auferlegt, alle nach öffentlich-rechtlichen Normen möglichen Befreiungsvorschriften auszunutzen. Da in dem entschiedenen Fall der Nachbar eine Befreiung nach § 31 BImSchG nicht beantragt hatte, wurde die Sache an das Berufungsgericht zurückverwiesen. Diese Entscheidung ist nicht ohne Kritik geblieben (vgl. nur Schwippert, EWiR 1993, 775–776) und hat wohl auch dazu geführt, dass der BGH zehn Jahre später leise Zweifel daran geäußert hat, ob es mit den Grundsätzen des Nachbarrechts vereinbar sei, Naturschutz auf Kosten des Nachbarn zu betreiben (BGH NJW 2004, 3701, 3702; vgl. zum Ganzen Wenzel, NJW 2005, 241, 246). Mit Urteil vom 27.10.2017 (V ZR 8/17) ist er allerdings wieder auf die alte Linie eingeschwenkt und hat unter Bezug auf das Froschteichurteil ausgeführt, ein nachbarrechtlicher Ausgleichsanspruch sei immer dann ausgeschlossen, wenn das Naturschutzrecht dem in Anspruch genommenen Störer verbiete, die Einwirkung auf das Grundstück des Gestörten zu unterlassen oder abzustellen. Hätte der Störer gleichwohl an den Gestörten einen Ausgleich zu leisten, müsste er eine Entschädigung für die Folgen einer gesetzlichen Regelung bezahlen, die der Gesetzgeber nicht im Interesse des Störers, sondern im Allgemeininteresse für notwendig halte. Hierfür gebe es keine Grundlage.

In einem weiteren Urteil (BGHZ 121, 248–256) hatte der BGH folgenden Fall zu beurteilen: Die Beklagte – ein Jugendwohlfahrtsverband – hatte an der Grundstücksgrenze zur Klägerin einen Zeltplatz errichtet, der von März bis Oktober genutzt wurde. Die Klägerin begehrte mit ihrer Klage die Einstellung des Campingbetriebes, da sie sich durch die Geräuschentwicklung stark gestört fühlte. Der BGH urteilte, dass das im öffentlichen Recht entwickelte nachbarrechtliche Rücksichtnahmegebot auch im Bereich des zivilrechtlichen Nachbarrechts anzuwenden sei und dass zur Feststellung einer erheblichen Lärmbelästigung neben den Richtwerten der TA-Lärm die örtliche Vorbelastung des Grundstücks (etwa durch Baumaßnahmen in der Nachbarschaft) heranzuziehen sei.

Die in diesen Urteilen zum Ausdruck kommende Verzahnung zwischen öffentlichem und privatem Nachbarrecht ist auch in § 906 Abs. 1 Sätze 2 und 3 BGB angelegt, die für die Bestimmung einer wesentlichen Beeinträchtigung auf Rechtsverordnungen und Verwaltungsvorschriften des öffentlichen Rechts verweisen. Auf dieser Grundlage sind nach der Rechtsprechung Emissionen die von einer Anlage ausgehen, für die eine erforderliche Genehmigung nicht vorliegt, nicht als ortsüblich anzusehen (BGH NJW 1999, 356). Noch weitergehend weist eine in der Literatur vertretene Auffassung (Dolderer, DVBl. 1998, 19; vgl. auch Enders, SächsVBl. 2002, 289) den Vorschriften des öffentlichen Rechts generell eine „normative Gestaltungswirkung" zu und hält zivilrechtliche Abwehransprüche gegen die genehmigungskonforme Nutzung eines Vorhabens für ausgeschlossen. Ein solcher Vorrang des öffentlichen Rechts, der mit der anerkannten Zweigleisigkeit des Rechtsschutzes im Nachbarrecht bricht, ist indes nicht erforderlich, weil die Schutznormen des privaten Rechts hinreichende Möglichkeiten bieten, die Schutzmaßstäbe des öffentlichen Rechts zu verwirklichen (Enders, a. a. O., S. 293). Auch das Nachbarrechtsgesetz hat diese Verzahnung insofern berücksichtigt, als es einen pauschalen Vorrang öffentlich-rechtlicher Vorschriften angeordnet hat (§ 3). Auf die Einzelheiten wird bei der Kommentierung zu § 3 eingegangen.

In den Fällen, in denen öffentlich-rechtliche Schutzvorschriften oder behördliche Auflagen an den Eigentümer eingreifen (z. B. Lärmschutzvorschriften) hat der Nachbar zwei Möglichkeiten, die er alternativ, hintereinander oder gleichzeitig ausschöpfen kann: Er kann sich an die zuständige Behörde wenden und diese veranlassen, die nachbarschützenden Regelungen durchzusetzen; verstößt eine dem Eigentümer erteilte Genehmigung gegen Vorschriften des öffentlichen Rechts, die einen nachbarschützenden Gehalt haben (Bsp.: Eine Baugenehmigung nach § 64 SächsBauO ermächtigt zum Bauen unter Verletzung von Grenzabstandsvorschriften) kann der Nachbar diese Genehmigung mit Widerspruch und Anfechtungsklage vor den Verwaltungsgerichten angreifen. Gleichzeitig kann er aber auch selbst im zivilrechtlichen Klageweg gegen den Eigentümer vorgehen (zu Einzelheiten vgl. Grziwotz/Lüke/Saller, 1. Teil Rdnr. 83 ff.; Fritzsche, NJW 1995, 1121–1127). Nachbarschützende Auflagen können mit einer vorbeugenden Unterlassungsklage vor den Zivilgerichten selbst dann geltend gemacht werden, wenn durch den Auflagenverstoß weder eine konkrete Beeinträchtigung des Nachbarn i. S. d. § 906 BGB vorliegt, noch eine solche unmittelbar bevorsteht (BGHZ 122, 1 ff.; BGH, NJW 1997, 55). Hiervon ist eine Ausnahme zu machen, wenn die Beeinträchtigung von einer hoheitlichen Tätigkeit des Störers ausgeht; in diesem Fall kann Rechtsschutz allein vor den Verwaltungsgerichten erlangt werden.

5. Exkurs: Lärmschutz im Nachbarrecht

Durch Schwingungen entstehen Geräusche, die als Schallwellen in der Luft messbar und abhängig von Dauer und Intensität u. U. auch gesundheitsschädlich sind. Unter Lärm ist jedes unerwünschte laute Geräusch zu verstehen, das mit dem menschlichen Ohr wahrnehmbar ist. Derartige Lärmemissionen unterschiedlichster Ausprägung stellen die wohl größte Konfliktquelle im Nachbarschaftsverhältnis dar. Auf diese Problematik soll daher im Folgenden kurz eingegangen werden, auch wenn das Sächsische Nachbarrechtsgesetz keine Regelungen zum Lärmschutz enthält. Die Rechtslage ist auch hier von dem für das Nachbarrecht typischen Ineinandergreifen öffentlich-rechtlicher und privatrechtlicher Normen geprägt. Nach § 906 BGB sind Lärmeinwirkungen insoweit zu dulden, als sie die Benutzung des Grundstücks nicht oder nur unwesentlich beeinträchtigen; hiervon ist i. d. R. auszugehen, wenn das Ausmaß der zulässigen Immission gesetzlich geregelt ist und die in dem Gesetz oder der Verordnung bestimmten Grenzwerte nicht überschritten werden. Gleiches gilt für Werte in allgemeinen Verwaltungsvorschriften, die nach § 48 BImSchG erlassen worden sind und den Stand der Technik wiedergeben. Außerdem sind gem. § 906 Abs. 2 BGB solche Einwirkungen zu dulden, die durch eine ortsübliche Benutzung des anderen Grundstücks herbeigeführt werden und nicht durch wirtschaftlich zumutbare Maßnahmen zu verhindern oder zu mildern sind. Für die zivilrechtliche Frage nach der Wesentlichkeit der Beeinträchtigung kommt es ausschlaggebend auf die Lästigkeit des Lärms an, die Lautstärke ist hierfür neben der Lärmfrequenz, der spektralen Zusammensetzung des Lärms sowie der Einstellung des Lärmbetroffenen zum Geräusch nur einer unter vielen Abwägungsgesichtspunkten. Eine absolute Bindung der Zivilgerichte an die in öffentlich-rechtlichen Vorschriften enthaltenen Grenzwerte besteht daher nicht, auch wenn diese maßgeblich in die Bewertung einfließen (OLG Dresden, Urteil vom 19.03.2013 – 9 U 1265/12 – juris; Staudinger/Roth (2016) BGB § 906, Rdnr. 189). Regelmäßig hat der Eigentümer die Wahl, ob er zivilrechtlich gegen den Nachbarn vorgeht oder unter Bezug auf drittschützende Vorschriften des öffentlichen Rechts ein Einschreiten der zuständigen Behörde verlangt.

Auf einige Fallgestaltungen, die sich in der Praxis als besonders streitbelastet erwiesen haben, soll im Folgenden exemplarisch eingegangen werden.

a) Baulärm

Baustellenlärm kann die Nachbarn erheblich beeinträchtigen, zumal er häufig bereits ab 7.00 Uhr einsetzt und bis in die späten Abendstunden andauern kann. Nach § 22 Abs. 1 BImSchG sind Baumaschinen und Baustellen so zu betreiben, dass Umwelteinwirkungen verhindert werden, die nach dem Stand der Technik vermeidbar sind; unvermeidbare Einwirkungen sind auf ein Mindestmaß zu beschränken. Dies beurteilt sich nach der Allgemeinen Verwaltungsvorschrift zum Schutz gegen Baulärm – Geräuschimmissionen – die abhängig von der Gebietsstruktur Immissionsrichtwerte von tagsüber zwischen 45 und 65 db(A) und nachts zwischen 35 und 50 db(A) festlegt. Zur Durchsetzung dieser Vorschrift kann die Behörde die nach ihrem Ermessen zweckdienlichen Maßnahmen anordnen (§ 24 BImSchG). Nur in Ausnahmefällen ist dieses Ermessen auf Null reduziert, die Behörde damit zum Einschreiten verpflichtet, das bis zur Anordnung eines vorläufigen Baustopps reichen kann (§ 25 BImSchG), wenn der Betreiber der Baustelle den behördlichen Anordnungen wiederholt und hartnäckig zuwidergehandelt hat (Blank, MDR 2015, 1114, 1115). Einen Anspruch auf behördliches Einschreiten unter Bezug auf baunachbarrechtliche Vorschriften hat grundsätzlich nur der Eigentümer, nicht aber ein Mieter. Dieser ist vielmehr auf zivilrechtliche Ansprüche gegen den Vermieter beschränkt, regelmäßig also auf Ansprüche auf Mietminderung gem. § 536 BGB. Bei Baulärm besteht nach der „Baulückenrechtsprechung" auch ein solcher Minderungsanspruch nicht, wenn bereits bei Begründung des Mietverhältnisses die Bebauung des Nachbargrundstücks absehbar war (LG Berlin, Urteil vom

10.02.2012 – 63 S 206/11 – juris). Zudem können Mieter nur dann wegen vom Nachbargrundstück ausgehender Lärmemissionen die Miete mindern, wenn diese Emissionen die Grenze des § 906 BGB überschreiten (BGH, Urteil vom 29.04.2015 – VIII ZR 197/14 –, BGHZ 205, 177–195). Anderes gilt nur dann, wenn im Mietvertrag ausdrücklich schärfere Grenzwerte zugesichert sind, was freilich in der Praxis kaum einmal vorkommen dürfte. Insoweit hat nun auch der Wohnungsmieter an der jeweiligen Situationsgebundenheit des Mietgrundstücks teil.

b) Sport- und Freizeitlärm

Die im Urteil des BGH vom 29.04.2015 geregelten Grundsätze gelten für alle Arten von Lärm, auch wenn die Entscheidung einen Sonderfall betraf, in dem der Lärm von spielenden Kindern und Jugendlichen auf einem an das Eigentümergrundstück angrenzenden Bolzplatz ausging. Hier ist seit dem Jahr 2011 die Vorschrift des § 22 Abs. 1a BImSchG zu beachten, der über § 906 BGB auch auf das Zivilrecht einstrahlt. Geräuscheinwirkungen, die von Kindertageseinrichtungen, Kinderspielplätzen und ähnlichen Einrichtungen wie beispielsweise Ballspielplätzen ausgehen und durch Kinder hervorgerufen werden, stellen hiernach im Regelfall keine schädliche Umwelteinwirkung dar, auch wenn sie die für andere Lärmquellen geltenden Immissionsgrenz- und -richtwerte überschreiten. Der von diesen ausgehende Lärm ist entschädigungslos hinzunehmen. Zu beachten ist allerdings, dass dies nur für Kinder unter 14 Jahren gilt, deren Spielgeräusche als Ausdruck eines besonderen Toleranzgebots der Gesellschaft durch die Vorschrift privilegiert werden sollen, nicht hingegen für Jugendliche (14–18 Jahre) und dass Spiel- und Bolzplätze sowie Skateranlagen und Streetballfelder für Jugendliche, die großräumiger angelegt sind und ein anderes Lärmprofil haben als Kinderspielplätze, ebenfalls nicht hierunter fallen (BT-Drucks. 17/4836, S. 6). Für diese wie für andere Sportanlagen gelten die Richtwerte der 18. BimSchVO (sog. Sportanlagenlärmschutzverordnung) oder der – etwas strengeren –

Freizeitlärmrichtlinie des Länderausschusses für Immissionsschutz (LAI). Die Abgrenzung zwischen Sport- und Freizeitanlagen ist im Einzelfall schwierig, wirkt sich jedoch wegen der in weiten Teilen identischen Richtwerte nur selten aus; vom Abdruck der Werte der Freizeitlärmrichtlinie wird daher hier abgesehen. Werden die dort ausgewiesenen Grenzwerte überschritten, so ist dies ein Indiz für eine wesentliche Beeinträchtigung. Verbindlich für die Gerichte sind diese Werte jedoch nicht, es kommt daneben auf Dauer und Häufigkeit der Einwirkung, Bedeutung einer Veranstaltung, den Zeitpunkt der Störung und das Schutzinteresse der Nachbarn an.

Auch die Art des Lärms kann hier von Bedeutung sein. In einem Urteil vom 26.10.2018 hatte der BGH (V ZR 143/17 – juris) über den Anspruch eines Bewohners einer Reihenhaussiedlung zu entscheiden, der vom Trompetenlärm seines Nachbarn verschont bleiben wollte. Den Maßstab des Landgerichts, das maximal zehn Stunden pro Woche werktags (Montag–Freitag) zwischen 10.00 und 12.00 Uhr und 15.00 und 19.00 Uhr sowie an maximal acht Samstagen oder Sonntagen im Jahr zwischen 15.00 und 18.00 Uhr jeweils maximal eine Stunde Übungszeit erlauben wollte, hat er als zu streng verworfen und ausgeführt, das häusliche Musizieren einschließlich des dazugehörigen Übens gehöre zu den sozialadäquaten und üblichen Formen der Freizeitbeschäftigung und sei aus der maßgeblichen Sicht eines „verständigen Durchschnittsmenschen" in gewissen Grenzen hinzunehmen, weil es einen wesentlichen Teil des Lebensinhaltes bilden und von erheblicher Bedeutung für die Lebensfreude und das Gefühlsleben sein könne; es gehöre – wie viele andere übliche Freizeitbeschäftigungen – zu der grundrechtlich geschützten freien Entfaltung der Persönlichkeit. Andererseits solle auch dem Nachbarn die eigene Wohnung die Möglichkeit zur Entspannung und Erholung und zu häuslicher Arbeit eröffnen, mithin auch die dazu jeweils notwendige, von Umweltgeräuschen möglichst ungestörte Ruhe bieten. Ein Ausgleich der widerstreitenden nachbarlichen Interessen könne im Ergebnis nur durch eine ausgewogene zeitliche Begrenzung des Musizierens herbeigeführt werden. Dabei habe ein Berufsmusiker, der sein Instrument im häuslichen Bereich spiele, nicht mehr, aber auch nicht weniger Rechte als ein Hobbymusiker und umgekehrt. Wie die zeitliche Regelung im Einzelnen auszusehen habe, richte sich nach den Umständen des Einzelfalles, insbesondere dem Ausmaß der Geräuscheinwirkung, der Art des Musizierens und den örtlichen Gegebenheiten; eine Beschränkung auf zwei bis drei Stunden an Werktagen und ein bis zwei Stunden an Sonn- und Feiertagen, jeweils unter Einhaltung der üblichen Ruhezeiten in der Mittags- und Nachtzeit, könne als grober Richtwert dienen. Könnten die Geräuscheinwirkungen erheblich verringert werden, indem in geeigneten Nebenräumen musiziert werde, könne es aufgrund nachbarlicher Rücksichtnahme geboten sein, das Musizieren in den Hauptwohnräumen zeitlich stärker einzuschränken; das gelte insbesondere dann, wenn auf Seiten des Nachbarn besondere Umstände wie eine ernsthafte Erkrankung eine gesteigerte Rücksichtnahme erforderten. Das Musizieren in den Hauptwohnräumen des Hauses könne aber nicht gänzlich untersagt werden, auch nicht in den Abendstunden und am Wochenende.

Mit dieser Maßgabe sind die folgenden Grenzwerte einzuhalten:

Gebietskategorie	**Immissionsrichtwerte der 18. BImSchV [Angabe als A-bewerteter Schalldruckpegel in Dezibel, kurz dB(A)]**		
	Tag außerhalb der Ruhezeiten	**Tag innerhalb der Ruhezeiten am Morgen**	**Nacht**
Gewerbegebiete	65	60	50
Kerngebiete, Dorfgebiete, Mischgebiete	60	55	45
allgemeine Wohngebiete, Kleinsiedlungsgebiete	55	50	40
Urbane Gebiete	63	58	45
reine Wohngebiete	50	45	35
Kurgebiete, Krankenhäuser und Pflegeanstalten	45	45	35

Tages-, Ruhe- und Nachtzeiten

Beginn und Dauer von Tages-, Ruhe- und Nachtzeiten sind genau festgelegt:

Tag	Tagzeit	Ruhezeit	Nachtzeit
Werktage	6.00–22.00 Uhr	6.00– 8.00 Uhr 20.00–22.00 Uhr	22.00–6.00 Uhr
Sonn- und Feiertage	7.00–22.00 Uhr	7.00– 9.00 Uhr 13.00–15.00 Uhr 20.00–22.00 Uhr	22.00–7.00 Uhr

Für die abendlichen Ruhezeiten sowie für die Ruhezeiten an Sonn- und Feiertagen (13.00 bis 15.00 Uhr) sind die Immissionsrichtwerte durch die 2. Verordnung zur Änderung der Sportanlagenlärmschutzverordnung vom 01.06.2017 (BGBl. I S. 1468) an die tagsüber geltenden Werte angepasst worden. Damit soll die wohnortnahe Sportausübung gefördert werden. Zudem wurde die neue Gebietskategorie „urbanes Gebiet" eingerichtet, die es den Städten erlauben soll, auch in stark verdichteten städtischen Gebieten oder in Gewerbegebieten Wohnungen zu bauen und mehr Gebäude als Wohnraum zu nutzen.

Für Anlagen, die vor Inkrafttreten der Verordnung genehmigt oder errichtet wurden (das heißt vor 1991) oder die der Durchführung des Schul- oder Hochschulsports dienen, sieht die Verordnung höhere Werte beziehungsweise Erleichterungen vor.

c) Gartenarbeiten und Grillfeste

Eine stete Quelle des Streits im Nachbarschaftsverhältnis stellt die Benutzung elektrischer oder benzingetriebener Gartengeräte wie Rasenmäher, Laubbläser, Heckenschere u. Ä. dar. Diese fallen in den Anwendungsbereich der 32. BimSchVO (Geräte- und MaschinenlärmschutzVO). Sie dürfen allgemein an Sonn- und Feiertagen und an Werktagen zwischen 20.00 Uhr und 7.00 Uhr nicht betrieben werden. Freischneider, Grastrimmer, Laubbläser und Laubsammler unterliegen noch weitergehenden Einschränkungen, die auch in diesem Bereich auf die Ortsüblichkeit nach § 906 BGB durchschlagen. Die Verordnung gilt nicht abschließend, sondern lässt den Ländern und Kommunen die Möglichkeit, ihrerseits die Ortsüblichkeit durch strengere Vorschriften zu definieren, wie dies beispielsweise die Landeshauptstadt Dresden in § 3 Abs. 3 der Polizeiverordnung vom 25.01.2018 (Dresdner Amtsblatt Nr. 6/2018 vom 08.02.2018 und in Nr. 14/2018 vom 06.04.2018) und die Stadt Leipzig in § 10 der Polizeiverordnung über öffentliche Sicherheit und Ordnung vom 09.12.2009 (veröffentlicht im Leipziger Amts-Blatt Nr. 24 vom 19.12.2009) getan haben. Dies gilt gleichermaßen auch für andere Städte und Kommunen im Freistaat Sachsen.

Nicht hiervon erfasst ist die sonstige Gartennutzung, etwa durch Grillfeste oder Lagerfeuer. Hier hält sich hartnäckig der Irrglaube, aus dem Allgemeinen Persönlichkeitsrecht des Art. 2 Abs. 1 GG folge ein Anspruch, einmal im Monat durch lautstarke Feiern die Nachbarschaft behelligen zu dürfen. Einen solchen Anspruch gibt es nicht (Grziwotz/Lüke/Saller Teil 3 Rdnr. 127 m. w. N.). Bei privaten Festen im Freien gilt vielmehr der Grundsatz der Rücksichtnahme, der durch die Gerichte im Streitfall zu konkretisieren ist. So vertritt etwa das AG Halle die Auffassung, bei einer von März bis Oktober reichenden „Grillsaison" einer Wohnungseigentumsanlage dürfe jeder Eigentümer im Schnitt einmal pro Monat mit einer Vorwarnzeit von 24 Stunden grillen (AG Halle (Saale), Urteil vom 11.12.2012 – 10 C 1126/12 –, juris). Dabei sind ebenfalls die Nacht- und Ruhezeiten einzuhalten, sodass mindestens ab 22.00 Uhr im Garten nicht mehr gefeiert werden darf (Grziwotz/Lüke/Saller Teil 3 Rdnr. 127 m. w. N.). Für das Abspielen von Musik (mit der Ausnahme der Hausmusik, vgl. Anm. 5b) gelten noch strengere Regeln: In Wohngebieten gelten die auf einer Nachbarterrasse abgespielte Musik oder der dort aufgebaute Fernseher auch heute noch nicht als ortsübliche Benutzung, sondern als Lärmbelästigung, deren Unterlassung der betroffene Eigentümer verlangen kann. Es reicht aus, wenn sie ihrer Art nach deutlich wahrnehmbar sind; auf bestimmte schalltechnische Messwerte kommt es nicht an (OLG München, Urteil vom 03.09.1991 – 25 U 1838/91 –, juris; Grziwotz/Lüke/Saller a. a. O.).

d) Gastronomie

Der Betrieb einer Gaststätte kann zu wesentlichen Beeinträchtigungen in der Nachbarschaft führen. Neben einer möglichen Geruchsbelästigung geht insbesondere von Biergärten und Gaststätten mit Außenanlagen eine erhebliche Lärmbelästigung aus, etwa durch Musikanlagen, laute Gespräche, Türenschlagen abfahrender Autos etc. Die flächendeckende Durchsetzung des Nichtraucherschutzes hat überdies dazu geführt, dass sich auch bei Gaststätten ohne Außenanlagen regelmäßig rauchende Gäste auf der Straße aufhalten. In welchem Ausmaß der Wirt derartige Lärmquellen einzuschränken hat, ergibt sich aus dem Gaststättengesetz i. V. m. den Gaststättenverordnungen der Länder. Ob von einer Gaststätte schädliche Umwelteinwirkungen im Sinne des BImSchG ausgehen, was im Extremfall sogar zu einer Versagung oder einem Entzug der Erlaubnis zum Betrieb der Gaststätte führen kann, ist eine Frage des Einzelfalles. Die Rechtsprechung legt hier insbesondere Wert auf die Einhaltung der Ruhezeiten, d. h. der Zeiten ab 22.00 Uhr. Dabei kommt es weniger auf den Geräuschpegel als auf den Spitzenlärmpegel an (vgl. OVG Münster DWW 1994, 158; Staudinger/Roth (2016) BGB § 906, Rdnr. 189). Klappergeräusche von Autotüren sind als sog. frequenzmodellierte Geräusche für sich genommen noch keine wesentlichen Beeinträchtigungen im Sinne des § 906 BGB; erst wenn ein „stundenlanges“ Türenschlagen zu beklagen (und im Streitfall vom Anwohner auch zu beweisen!) ist, kommt ein Unterlassungsanspruch in Betracht (LG Lüneburg, Urteil vom 11.12.2001 – 5 S 60/01; Dahmen ZAP Fach 19, S. 853). Allerdings ist der Gastwirt verpflichtet, die Gäste anzuhalten, sich an die Lärmschutzvorschriften zu halten, die sowohl für an- und abfahrende Gäste als auch für Raucher, die sich vor der Gaststätte aufhalten und deren Lärmemissionen unmittelbare Folge der Betriebsführung sind (VGH München, Beschluss vom 02.10.2012 – 2 ZB 12/1898 – juris; Dahmen a. a. O.), gelten.

e) Unterkünfte für Flüchtlinge und Asylbewerber

Die nach 2015 deutlich gestiegenen – mittlerweile allerdings bereits auch wieder deutlich abgeflauten – Zahlen von Asylbewerbern und Flüchtlingen haben in vielen Städten und Gemeinden zur Notwendigkeit geführt, kurzfristig Unterkünfte zu errichten oder vorhandene Gebäude umzuwidmen. Dies hat quer durch das Bundesgebiet zahlreiche Baunachbarklagen veranlasst, die unter anderem auf die vermeintlich extreme Lärmbelästigung im Umfeld solcher Einrichtungen gestützt wurden. Für Sachsen hat das OVG Bautzen in mehreren Entscheidungen klargestellt, dass Asylbewerberheime und vergleichbare Einrichtungen sowohl in einem allgemeinen Wohngebiet (§ 4 Abs. 2 Nr. 3 BauNVO) als auch in Mischgebieten (§ 6 Abs. 2 Nr. 5 BauNVO) als Anlagen für soziale Zwecke allgemein zulässig sind (SächsOVG, Beschluss vom 14.06.2017 – 1 B 21/17 –, Rdnr. 9, juris; Beschluss vom 01.09.2015 – 1 B 214/15 –, juris Rdnr. 7) und dass für diese Baulichkeiten die Vorschriften der TA Lärm nicht gelten (SächsOVG, Beschluss vom 14.06.2017 – 1 B 21/17 –, juris).Wegen des Bedarfs zur Unterbringung von Flüchtlingen oder Asylbegehrenden und des gesetzgeberischen Ziels, durch die Änderungen des § 246 BauGB die bauplanungsrechtlichen Voraussetzungen für die Unterbringung der im Zuge der Bewältigung der stark angestiegenen Zuwanderung von Flüchtlingen nach Deutschland (vgl. BT-Drs. 18/3070, S. 1) zu erleichtern, ist hier der Nachbarschaft zumindest vorübergehend ein Mehr an Beeinträchtigungen zuzumuten (SächsOVG, Beschluss vom 28.12.2016 – 1 B 250/16 –, juris Rdnr. 12). Unzumutbar sind diese Anlagen daher auch in allgemeinen Wohngebieten erst, wenn die Lärmemissionen tagsüber dauerhaft die sog. grundrechtliche Zumutbarkeitsschwelle von 70 dB(A) überschreiten (SächsOVG Beschluss vom 14.06.2017 – 1 B 21/17 –, juris). Diese Erwägungen dürften auch dann gelten, wenn der Nachbar zivilrechtlich gegen die die Einrichtung betreibende Gemeinde vorgeht. Abwehransprüche wegen der von einer Asylunterkunft ausgehenden Lärmbelästigung werden daher nur in den seltensten Fällen Erfolg haben. Allerdings bleibt die Gemeinde verpflichtet, auf die Bewohner einzuwirken, sich an die Ruhezeiten zu halten.

f) Pflege- und Altenheime

Bei Lärmemissionen von Pflegeheimen greift die Rechtsprechung auf das in Art. 3 Abs. 3 S. 2 GG zum Ausdruck kommende gesellschaftliche Anliegen zurück, hilfs- und pflegebedürftige Menschen ein Leben frei von – vermeidbaren – Beschränkungen zu ermöglichen. Dies führt dazu, dass im nachbarlichen Zusammenleben mit pflegebedürftigen Menschen ein erhöhtes Maß von Toleranzbereitschaft zu fordern ist. Die Grenze der Duldungspflicht ist hier erst dann erreicht, wenn dem Nachbarn die Belästigung „billigerweise nicht mehr zuzumuten ist" (BGHZ 120, S. 239 ff.; 255; in Bezug auf Belästigungen, die von Behinderten ausgehen, eingehend OLG Köln, NJW 1998, S. 763 ff; OLG Karlsruhe, Urteil vom 30.03.2007 – 14 U 43/06 –, Rdnr. 20, juris; vgl. hierzu auch; Horst, Behinderte und chronisch Kranke im Nachbarrecht, DWW 2001, S. 54 ff.).

6. Der zivilrechtliche Nachbarschaftsprozess

Zivilrechtliche Nachbarschaftsstreitigkeiten werden erstinstanzlich zumeist vor den Amtsgerichten ausgetragen. Dies liegt an den häufig nur geringen Streitwerten, die gem. § 3 ZPO an dem Interesse des Klägers am Wegfall der Störung, nicht hingegen an den Kosten der Beseitigung einer störenden Vorrichtung ausgerichtet sind (BGH NJW 1998, 2368; OLG Düsseldorf, NJW-RR 2001, 160). Erhebt umgekehrt der Störer eine negative Feststellungsklage gem. § 256 ZPO, um feststellen zu lassen, dass er nicht zur Beseitigung verpflichtet ist, richtet sich die Wertbemessung aber nach den Beseitigungskosten (BGH, WuM 2004, 352). Für Streitwerte bis zu 5.000 € sind gem. § 23 Nr. 1 GVG die Amtsgerichte, bei mehr als

5.000 € die Landgerichte erstinstanzlich zuständig. Ein obligatorisches Vorverfahren, wie es in einigen Landesschiedsstellengesetzen enthalten ist, gibt es in Sachsen nicht. Auch von der durch das Gesetz zur außergerichtlichen Streitbeilegung vom 15.12.1999 (BGBl. I S. 2400) in § 15a EGZPO geschaffenen Öffnungsklausel, mit der die Länder ermächtigt werden, ein obligatorisches Schiedsverfahren für die meisten Nachbarschaftsstreitigkeiten einzuführen, hat Sachsen keinen Gebrauch gemacht. Nach dem Schieds- und Gütestellengesetz vom 27.05.1999 (GVBl. S. 247), das das noch aus DDR-Zeiten stammende Gesetz über die Schiedsstellen in den Gemeinden vom 13.09.1990 (GBl. I. S. 1527) ablöste, besteht für Nachbarschaftsstreitigkeiten lediglich die Möglichkeit, bei einer gemeindlichen Schiedsstelle schriftlich oder zu Protokoll eine Schlichtung zu beantragen, die im Erfolgsfall mit einem Vergleich endet, aus dem dann auch die Zwangsvollstreckung betrieben werden kann. Ein Schlichtungsverfahren bietet als niederschwellige Alternative zu einem Prozess den Vorteil, dass eine weitere Belastung des Nachbarschaftsverhältnisses vermieden wird. Im Verhältnis zu einem Gerichtsverfahren sind die Gebühren mit mindestens 10 € und höchstens 50 € zudem überschaubar. Die tatsächliche Bedeutung dieser Schiedsstellen ist gleichwohl gering. Aufgrund der derzeit überschaubaren und seit längerem rückläufigen Fallzahlen nachbarrechtlicher Streitigkeiten bei den ordentlichen Gerichten, die zudem in den meisten Fällen zeitnah erledigt werden, ist daher nicht zu erwarten, dass Sachsen von der Ermächtigung des § 15a EGZPO in naher Zukunft Gebrauch machen wird. Bei den Beratungen zum „Gesetz von Änderungen mit Bezug zur Justiz“ vom 15.11.2017 (SächsGVBl. S. 598), das redaktionelle Anpassungen auch des Schieds- und Gütestellengesetzes vorsah, spielte dieser Gesichtspunkt keine Rolle.

Kommt es zu einem Gerichtsverfahren, so ist zu beachten, dass abweichend von § 253 ZPO der Klageantrag einer Beseitigungsklage nicht genau die zu treffende Maßnahme festzulegen, sondern sich grundsätzlich auf die Anordnung zu beschränken hat, geeignete

Maßnahmen zur Störungsbeseitigung zu ergreifen oder eine Störung allgemein zu unterlassen (BGHZ 121, 248, 250). Allein in den Fällen, in denen ersichtlich nur eine Erfolg versprechende Maßnahme in Betracht kommt, kann die nachbarrechtliche Beseitigungsklage auf eine bestimmte Maßnahme gerichtet werden (Grziwotz/Lüke/Saller, Teil 3 Rdnr. 205; OLGR Köln, 1996, 56). Bei der Formulierung des Klageantrags ist auf die zutreffende Ermittlung des Duldungspflichtigen zu achten, was problematisch ist, wenn sich auf dem Eigentümergrundstück eine Wohnungseigentumsanlage befindet. Sind die nachbarrechtlichen Duldungspflichten von Wohnungseigentümern zu erfüllen, ist die Klage gemäß § 10 Abs. 6 Satz 3 Halbs. 2 WEG gegen die Rechtsgemeinschaft zu richten. Die ordnungsgemäße Vertretung der Beklagten durch ihren Verwalter ergibt sich aus § 27 Abs. 3 Nr. 2 WEG (KG Berlin, Beschluss vom 19.08.2014 – 4 W 35/14 –, juris). Umgekehrt ist die Wohnungseigentümergemeinschaft auch zur Ausübung der nachbarrechtlichen Ansprüche auf Beseitigung eines Baumes und auf Duldung eines Wärmeschutzüberbaus für das Gemeinschaftseigentum befugt. Insoweit handelt sie gemäß § 10 Abs. 6 Satz 3 Halbs. 1 WEG in gesetzlicher Prozessstandschaft. Häufigste Beweismittel im Verfahren sind der Sachverständigenbeweis gem. §§ 402 ff. ZPO (z. B. zur Abfassung eines Lärmgutachtens) und die sog. Augenscheinseinnahme gem. §§ 371 ff. ZPO. Die Schwierigkeit der Beweisführung im Nachbarstreit besteht darin, dass der Störer vor Beginn der Beweisaufnahme „vorgewarnt“ ist (gem. § 357 ZPO dürfen die Parteien an der Beweisaufnahme teilnehmen) und daher oft in der Lage ist, die Störungsquelle (Lärm, Luftverschmutzung, etc.) zeitweise auszuschalten. Bei den Ansprüchen, die den Gegenstand des Sächsischen NRG bilden, dürfte diese Gefahr allerdings in der Regel nur gering einzuschätzen sein.

Die Zwangsvollstreckung aus einem Urteil, in dem der Störer zur Beseitigung einer Beeinträchtigung oder zum Unterlassen weiterer Störungen verurteilt wird, richtet sich nach §§ 887 ff. ZPO. Kommt der Beklagte seiner Verpflichtung nicht nach, kann der Kläger die

Störung selbst beseitigen lassen und für die Kosten von dem Beklagten einen Vorschuss verlangen.

7. Die verwaltungsgerichtliche Nachbarklage

Daneben kommt in bestimmten Konstellationen auch eine verwaltungsgerichtliche Klage in Betracht. Im Gegensatz zu einer Klage vor den Zivilgerichten, bei der sich allein Nachbar und Eigentümer als Parteien des Rechtsstreits gegenüberstehen, setzt der verwaltungsgerichtliche Rechtsschutz die Einschaltung der zuständigen Behörde und die Durchführung eines Widerspruchsverfahrens voraus. Beispiele sind etwa die Anfechtung einer dem Eigentümer erteilten Baugenehmigung im Verfahren nach § 64 SächsBauO oder die Durchsetzung des Anspruches auf bauaufsichtsrechtliches Einschreiten gegenüber einem nicht genehmigten oder nicht genehmigungsbedürftigen Vorhaben des Eigentümers (vgl. §§ 61 bis 63 SächsBauO). Allerdings kann der Nachbar die Verletzung von Normen des öffentlichen Rechts nur insoweit rügen, als diese auch und gerade zum Schutz seiner Individualinteressen dienen (sog. Schutznormtheorie). Hierfür ist es erforderlich, dass sich aus individualisierenden Tatbestandsmerkmalen einer Norm ein Personenkreis entnehmen lässt, der sich von der Allgemeinheit unterscheidet (BVerwG NJW 1994, 1546). Ist ein solcher Fall gegeben, so liegt aber zugleich ein quasinegatorischer Unterlassungsanspruch nach §§ 1004, 823 Abs. 2 BGB vor (s. o. 4.). Bei der Entscheidung über den einzuschlagenden Rechtsweg ist die geringere Kostenlast vor den Verwaltungsgerichten und die den Kläger begünstigende Amtsermittlung gegen die nur vor den Zivilgerichten bestehende Möglichkeit abzuwägen, umfassend sowohl privatrechtliche Ansprüche als auch über §§ 823 Abs. 2, 1004 BGB nachbarschützende öffentlich-rechtliche Vorschriften zu überprüfen. Demgegenüber ist z. B. im verwaltungsgerichtlichen Baunachbarstreit über eine Baugenehmigung im Verfahren nach § 64 SächsBauO das Prüfprogramm auf die spezifisch baurechtlichen Anforderungen, also auf die bauplanungs- und bauordnungsrechtliche Zulässigkeit beschränkt (vgl.

Begründung zum Regierungsentwurf der SächsBauO LT-Drs. 3/9651). Noch weitergehend ist im vereinfachten Verfahren nach § 63 SächsBauO die Prüfung im Grundsatz auf die bauplanungsrechtliche Zulässigkeit beschränkt.

Sachlich zuständig ist für erstinstanzliche Verwaltungsstreitverfahren grundsätzlich das Verwaltungsgericht (§ 45 VwGO); die örtliche Zuständigkeit richtet sich für nachbarrechtliche Klagen, die sich auf unbewegliches Vermögen oder ein ortsgebundenes Recht beziehen nach dem Gericht am Belegenheitsort (§ 52 Nr. 1 VwGO).

8. Das Nachbarrecht als umfassendes Rechtsgebiet

Die vorstehenden Ausführungen zeigen, dass die Rechtsbeziehungen der Nachbarn untereinander in vielfacher Hinsicht miteinander verbunden und verwoben sind. Öffentlich-rechtliche Verpflichtungen korrespondieren z. T. mit zivilrechtlichen Rechten und Pflichten. Nachbarrechtsvorschriften sind folglich in einer Gemengelage vorzufinden, die dem Laien nicht immer einsichtig und verständlich ist. Entscheidungen mit Auswirkungen auf das nachbarrechtliche Verhältnis werden von den Zivilgerichten aber auch von den Verwaltungsgerichten getroffen. Es würde den Rahmen dieses Kommentars sprengen, auf alle nachbarrechtlichen Bestimmungen und Problemkreise einzugehen. In erster Linie befasst sich daher der Kommentar mit den Bestimmungen des Sächsischen Nachbarrechtsgesetzes und versucht, diese in gebotenem und klarem Umfang verständlich zu erläutern. Der Bezug zu den darüber hinausgehenden Vorschriften des Bürgerlichen Gesetzbuches (BGB) sowie zu den maßgeblichen Vorschriften des öffentlichen Rechts kann dabei nur in dem durch den begrenzten Rahmen vorgegebenen Umfang hergestellt werden.

Gesetzestext
Sächsisches Nachbarrechtsgesetz (SächsNRG)

vom 11. November 1997 (SächsGVBl. S. 582), geändert durch Gesetz vom 8. Dezember 2008 (SächsGVBl. S. 940)

Inhaltsübersicht

Erster Abschnitt
Allgemeine Bestimmungen

§ 1
Nachbar und Eigentümer

(1) Nachbar im Sinne dieses Gesetzes ist der Eigentümer eines Grundstücks, das zu dem Grundstück des verpflichteten Eigentümers in einem engen örtlichen Zusammenhang steht. Eigentümer im Sinne der folgenden Vorschriften ist der verpflichtete Eigentümer eines Grundstücks.

(2) An die Stelle des Eigentümers oder Nachbarn treten

1. der Erbbauberechtigte im Fall der Belastung des Grundstücks mit einem Erbbaurecht und
2. der Nutzer aufgrund eines in die Sachenrechtsbereinigung nach dem Gesetz zur Änderung sachenrechtlicher Bestimmungen (Sachenrechtsänderungsgesetz – SachenRÄndG) vom 21. September 1994 (BGBl. I S. 2457) einbezogenen Rechtsverhältnisses.

§ 2
Nachbarliche Rücksicht

Rechte aus diesem Gesetz dürfen nur unter Rücksichtnahme auf die berechtigten Interessen des Eigentümers oder Nachbarn ausgeübt werden. Sie dürfen nicht zur Unzeit geltend gemacht werden.

§ 3
Verhältnis zu anderen Vorschriften

Die §§ 4 bis 30 gelten nur, soweit der Eigentümer und der Nachbar keine von diesen Bestimmungen abweichenden Vereinbarungen treffen und öffentlich-rechtliche Vorschriften nicht entgegenstehen. Vereinbarungen binden den Rechtsnachfolger nur im Falle der Gesamtrechtsnachfolge oder soweit die sich aus ihnen ergebenden Rechte im Grundbuch eingetragen sind.

Zweiter Abschnitt
Einfriedungen

§ 4
Einfriedungsrecht

Jeder Nachbar darf sein Grundstück einfrieden. Ortsübliche Einfriedungen dürfen auch auf der Grenze errichtet werden. Eine Einfriedung darf bei Grundstücksgrenzen zu dem Gemeingebrauch dienenden Flächen nicht auf der Grenze vorgenommen werden. Die Vorschriften des Dritten Abschnittes bleiben unberührt.

§ 5
Kosten

(1) Wer eine Einfriedung errichtet, trägt die Herstellungs- und Unterhaltungskosten.

(2) Die Kosten für die Unterhaltung einer ortsüblichen Einfriedung auf der Grenze tragen der Eigentümer und der Nachbar zu gleichen Teilen. Die Kosten der Unterhaltung vorhandener Einfriedungen zu dem Gemeingebrauch dienenden Flächen trägt jeder Nachbar selbst. Die Eigentümer von landwirtschaftlich (§ 201 Baugesetzbuch) genutzten Grundstücken und Waldflächen sind nicht zur Tragung von Kosten der Unterhaltung von Einfriedungen verpflichtet.

§ 6
Kostentragungspflicht des Störers

Reicht eine ortsübliche Einfriedung nicht aus, um angemessenen Schutz vor unzumutbaren Beeinträchtigungen durch eine nicht ortsübliche Benutzung des anderen Grundstücks zu bieten, so kann der Nachbar von dem Eigentümer die Erstattung der Mehrkosten der Herstellung und Unterhaltung der Einfriedung verlangen, die für die Verhinderung oder Verminderung der Beeinträchtigungen erforderlich sind.

§ 7
Abstand von der Grenze

(1) Eine Einfriedung muß von der Grenze eines landwirtschaftlich genutzten Grundstücks des Nachbarn 0,6 m zurückbleiben, wenn beide Grundstücke außerhalb eines im Zusammenhang bebauten Ortsteils liegen und nicht in einem Bebauungsplan als Baugebiet ausgewiesen sind. Der Geländestreifen vor der Einfriedung darf bei der Bewirtschaftung des Grundstücks des Nachbarn betreten und befahren werden.

(2) Die Verpflichtung nach Absatz 1 erlischt, wenn eines der beiden Grundstücke Teil eines im Zusammenhang bebauten Ortsteils oder in einem Bebauungsplan als Bauland ausgewiesen wird.

§ 8 (aufgehoben)

Dritter Abschnitt
Grenzabstände für Pflanzen

§ 9
Grenzabstände für Bäume und Sträucher

(1) Der Nachbar kann vom Eigentümer verlangen, daß Bäume, Sträucher oder Hecken innerhalb eines im Zusammenhang bebauten Ortsteils mindestens 0,5 m oder, falls sie über 2 m hoch sind, mindestens 2 m von der Grundstücksgrenze des Nachbarn entfernt sind.

(2) Außerhalb eines im Zusammenhang bebauten Ortsteils genügt ein Grenzabstand von 1 m für alle Anpflanzungen.

(3) § 25 des Waldgesetzes für den Freistaat Sachsen (SächsWaldG) vom 10. April 1992 (SächsGVBl. S. 137) bleibt unberührt.

§ 10
Grenzabstand zu landwirtschaftlichen Grundstücken

Ist das Grundstück des Nachbarn landwirtschaftlich genutzt, ist zu diesem mindestens ein Abstand von 0,75 m oder, falls die Bäume, Sträucher oder Hecken über 2 m hoch sind, ein Abstand von mindestens 3 m einzuhalten, wenn der Schattenwurf die wirtschaftliche Bestimmung des Grundstücks erheblich beeinträchtigen würde.

§ 11
Grenzabstände im Weinbau

(1) Der Nachbar kann vom Eigentümer eines dem Weinbau dienenden Grundstücks bei der Anpflanzung von Rebstöcken die Beachtung folgender Abstände von der Grenze seines Grundstücks verlangen:

1. gegenüber den parallel zu den Rebzeilen verlaufenden Grenzen die Hälfte des geringsten Zeilenabstandes, gemessen zwischen den Mittellinien der Rebzeilen, mindestens aber 0,75 m,
2. gegenüber den sonstigen Grenzen, gerechnet vom äußersten Rebstock oder der äußersten Verankerung der Erziehungsvorrichtung an, mindestens 1 m.

(2) Absatz 1 gilt nicht für die Anpflanzung von Rebstöcken an Grundstücksgrenzen, die durch Stützmauern gebildet werden.

§ 12
Ausnahmen

Die §§ 9 bis 11 gelten nicht für

1. Anpflanzungen an den Grenzen zu dem Gemeingebrauch dienenden Flächen,
2. Anpflanzungen im öffentlichen Straßenraum und an Uferböschungen,
3. Anpflanzungen hinter einer Wand oder einer undurchsichtigen Einfriedung, wenn sie diese nicht überragen.

§ 13
Bestimmung des Abstandes

Abstand nach diesem Abschnitt ist die kürzeste waagerechte Entfernung zwischen der Grenze und der Mitte des Baumstammes, des Strauches oder der Hecke an der Stelle, an der die Pflanze aus dem Boden austritt.

§ 14
Anspruch auf Beseitigung

(1) Der Nachbar kann verlangen, daß Bäume, Sträucher oder Hecken, die über die nach §§ 9 oder 10 zulässigen Höhen hinauswachsen, nach Wahl des Eigentümers zurückgeschnitten oder beseitigt werden.

(2) Der Eigentümer braucht das Zurückschneiden und die Beseitigung von Pflanzen nicht in der Zeit vom 1. März bis zum 30. September vorzunehmen.

§ 15 (aufgehoben)

§ 16
Bestandsschutz

Die Rechtmäßigkeit des Grenzabstandes von Bäumen, Sträuchern, Hecken und Rebstöcken wird durch nachträgliche Grundstücksteilungen, rechtmäßige Änderungen der Grundstücksgrenze oder Grenzfeststellungen nicht berührt. Sie richtet sich bei nachträglichen Grenzfeststellungen nach dem bisher angenommenen Grenzverlauf.

Vierter Abschnitt
Bodenerhöhungen und Aufschichtungen

§ 17
Bodenerhöhungen

Der Nachbar kann verlangen, daß der Eigentümer eines Grundstücks, dessen Oberfläche künstlich erhöht wurde, geeignete Vorkehrungen trifft, die eine durch diese Erhöhung verursachte Gefährdung des Grundstücks des Nachbarn ausschließen.

§ 18
Grenzabstand von Aufschichtungen

(1) Der Nachbar kann verlangen, daß Aufschichtungen von Holz, Steinen, Heu, Stroh, Kompost und ähnlichen Stoffen mindestens 0,5 m von der Grenze entfernt sind. Sind die Aufschichtungen höher als 2 m, so muß der Abstand um soviel über 0,5 m betragen, als ihre Höhe 2 m übersteigt; in Wohngebieten darf eine Aufschichtung nicht höher sein als 2 m.

(2) Als Abstand gemäß Absatz 1 gilt die kürzeste Entfernung von der Grenze zur Aufschichtung.

(3) Diese Vorschriften gelten nicht für Grundstücksgrenzen zu dem Gemeingebrauch dienenden Flächen.

Fünfter Abschnitt
Duldung von Leitungen

§ 19
Duldungspflicht

(1) Der Nachbar darf Wasserversorgungs- oder Abwasserleitungen zu seinem Grundstück durch das Grundstück des Eigentümers führen, wenn

1. der Anschluß an das Wasserversorgungs- oder Entwässerungsnetz anders nicht oder nur mit unverhältnismäßig hohen Kosten durchgeführt werden kann und
2. die damit verbundene Beeinträchtigung des Eigentümers zumutbar ist.

(2) Der Eigentümer ist berechtigt, sein Grundstück an die verlegten Leitungen anzuschließen, wenn diese ausreichen, um die Wasserversorgung oder die Entwässerung beider Grundstücke sicherzustellen. Der Eigentümer kann verlangen, daß die Leitungen so verlegt werden, daß sein Grundstück ebenfalls angeschlossen werden kann; dadurch entstehende Mehrkosten hat er dem Nachbarn zu erstatten.

§ 20
Unterhaltung der Leitungen

Der Nachbar hat die nach § 19 Abs. 1 verlegten Leitungen, der Eigentümer die nach § 19 Abs. 2 verlegten Anschlußleitungen jeweils auf eigene Kosten zu unterhalten. Zu den Unterhaltungskosten der Teile der Leitungen, die vom Eigentümer nach § 19 Abs. 2 mitbenutzt werden, hat dieser einen angemessenen Beitrag zu leisten.

§ 21
Betretungsrecht

Der Eigentümer hat zu dulden, daß der Nachbar das Grundstück des Eigentümers zur Verlegung, Änderung, Unterhaltung oder Beseitigung einer Wasserversorgungs- oder Abwasserleitung betritt, die zu den Arbeiten erforderlichen Gegenstände über dieses transportiert und Erdaushub vorübergehend dort lagert, wenn und soweit

1. das Vorhaben anders nicht oder nur mit unverhältnismäßig hohen Kosten durchgeführt werden kann und

2. die mit der Duldung verbundenen Nachteile und Belästigungen des Eigentümers nicht außer Verhältnis zu dem vom Nachbarn erstrebten Vorteil stehen.

§ 22
Nachträgliche erhebliche Beeinträchtigungen

Führen die nach § 19 Abs. 1 verlegten Leitungen nachträglich zu einer erheblichen Beeinträchtigung, so kann der Eigentümer verlangen, daß der Nachbar die Beeinträchtigung beseitigt. Führt die gemeinschaftliche Nutzung der Leitungen nach § 19 Abs. 2 zu einer erheblichen Beeinträchtigung, so kann der Eigentümer verlangen, daß der Nachbar die Beseitigung der Beeinträchtigung duldet.

§ 23
Anschluß an andere Leitungen

Die Bestimmungen dieses Abschnitts gelten entsprechend für

1. Gas- und Elektrizitätsleitungen,
2. Fernmeldelinien und
3. Einrichtungen zur Versorgung mit Fernwärme, sofern derjenige, der sein Grundstück anschließen will, einem Anschlußzwang unterliegt.

Sechster Abschnitt
Sonstige Nachbarschaftsrechte

§ 24
Hammerschlags-, Leiter- und Schaufelschlagrecht

(1) Der Eigentümer hat zu dulden, daß der Nachbar zur Errichtung, Veränderung, Reinigung, Unterhaltung oder Beseitigung einer baulichen Anlage auf seinem Grundstück das Grundstück des Eigentümers vorübergehend betritt, darauf oder darüber Leitern oder Gerüste aufstellt sowie die zu den Bauarbeiten erforderlichen Gegenstände über das Grundstück des Eigentümers transportiert, wenn und soweit die Voraussetzungen des § 21 vorliegen.

(2) Der Eigentümer hat zu dulden, daß der Nachbar für die Dauer der nach Absatz 1 durchzuführenden Arbeiten Sand, Schlamm oder anderen Erdaushub auf dem Grundstück des Eigentümers lagert, wenn und soweit die Voraussetzungen des § 21 vorliegen. Nach Abschluß der Arbeiten ist dieser von dem Nachbarn unverzüglich zu entfernen.

§ 25
Ableitung des Niederschlagswassers

(1) Die baulichen Anlagen eines Grundstücks müssen so eingerichtet sein, daß abgeleitetes Niederschlagswasser nicht auf das Grundstück des Nachbarn übertritt.

(2) Absatz 1 findet keine Anwendung auf freistehende Mauern an dem Gemeingebrauch dienenden Flächen.

§ 26
Hochführen von Schornsteinen, Lüftungsschächten und Antennen

(1) Grenzt ein Gebäude unmittelbar an ein höheres, so hat der Eigentümer des höheren Gebäudes zu dulden, daß der Nachbar Schornsteine, Lüftungsschächte und Antennenanlagen befestigt, wenn dies für deren Betriebsfähigkeit erforderlich ist und der Eigentümer nicht unverhältnismäßig beeinträchtigt wird.

(2) Der Eigentümer hat ferner zu dulden, daß

1. die höhergeführten Schornsteine, Lüftungsschächte und Antennenanlagen von seinem Grundstück aus unterhalten oder gereinigt werden oder
2. die hierfür erforderlichen Einrichtungen auf seinem Grundstück angebracht werden,

wenn diese Maßnahmen anders nicht oder nur mit unverhältnismäßig hohen Kosten getroffen werden können.

(3) Die Absätze 1 und 2 gelten nicht, soweit der Eigentümer dem Nachbarn die Mitbenutzung einer eigenen geeigneten Anlage gestattet.

Siebenter Abschnitt
Gemeinsame Bestimmungen

§ 27
Anzeigepflicht

(1) Die Ausübung der Rechte aus § 21, § 24 oder § 26 Abs. 2 ist dem Eigentümer spätestens einen Monat, die Ausübung der Rechte aus § 4, § 19 Abs. 1 und § 26 Abs. 1 ist dem Eigentümer spätestens zwei Monate vor Durchführung der geplanten Maßnahme anzuzeigen. Die Ausübung des Rechts aus § 19 Abs. 2 ist dem Nachbarn spätestens einen Monat vor Durchführung der Arbeiten anzuzeigen. Die vorgeschriebenen Tätigkeiten des Bezirksschornsteinfegermeisters, notwendige Besichtigungen zu duldender Anlagen sowie kleinere Arbeiten, die den Eigentümer nicht belästigen, bedürfen keiner Anzeige nach Satz 1.

(2) Die Anzeige muß schriftlich erfolgen und detaillierte Angaben zu Art und Umfang der geplanten Rechtsausübung enthalten.

(3) Etwaige Einwendungen gegen die beabsichtigte Rechtsausübung sollen unverzüglich erhoben werden. Sie sind schriftlich geltend zu machen.

(4) Ist der Aufenthalt des Eigentümers und seines Vertreters nicht bekannt oder sind diese nur mit unverhältnismäßig hohem Aufwand alsbald erreichbar, so genügt die Anzeige an den unmittelbaren Besitzer oder in den Fällen des § 1 Abs. 2 an denjenigen, der im Grundbuch als Eigentümer eingetragen ist.

(5) § 904 des Bürgerlichen Gesetzbuches (BGB) bleibt unberührt.

§ 28
Schadensersatz

(1) Ein Schaden, der dem Eigentümer durch Ausübung der Rechte des Nachbarn nach § 4, § 7 Abs. 1 Satz 2, § 19 Abs. 1, §§ 21, 24 oder § 26 Abs. 1 oder 2 oder aufgrund Geltendmachung seines eigenen Anspruchs nach § 22 entsteht, ist von dem Nachbarn zu ersetzen. Hat der Eigentümer den Schaden mitverursacht, so hängt die Ersatzpflicht sowie der Umfang der Ersatzleistung von den Umständen ab, insbesondere davon, inwieweit der Schaden vorwiegend von dem einen oder anderen Teil verursacht wor-

den ist; in dem Fall des § 22 gilt die Geltendmachung des Anspruches durch den Eigentümer nicht als Mitverschulden.

(2) Absatz 1 gilt entsprechend für einen Schaden, der dem Nachbarn durch Ausübung des Rechts aus § 19 Abs. 2 entsteht.

§ 29
Entschädigung

Für die Duldung der Rechtsausübung nach § 7 Abs. 1 Satz 2, § 19 Abs. 1, §§ 21, 24 oder § 26 Abs. 1 und 2 hat der Nachbar den Eigentümer nach Billigkeit zu entschädigen. Dabei sind die dem Nachbarn durch die Ausübung des Rechts zugute kommenden Einsparungen und der Umfang der Belästigung des Eigentümers angemessen zu berücksichtigen. Bei dauernder Duldungspflicht ist eine Rente jährlich im voraus zu entrichten.

§ 30 (aufgehoben)

§ 31
Verjährung

(1) Ansprüche auf Schadensersatz und andere Ansprüche nach diesem Gesetz, die auf Zahlung von Geld gerichtet sind, sowie Ansprüche aus § 14 Abs. 1 verjähren in drei Jahren.

(2) Absatz 1 gilt auch für Ansprüche auf Beseitigung einer Einfriedung, die einen geringeren als den in § 7 Abs. 1 vorgeschriebenen Grenzabstand hat. Wird die in Satz 1 genannte Einfriedung durch eine andere ersetzt, beginnt die Verjährung des Beseitigungsanspruchs erneut.

(3) Die Vorschriften des Bürgerlichen Gesetzbuches hinsichtlich Beginn, Hemmung, Ablaufhemmung und Neubeginn der Verjährung gelten entsprechend.

Achter Abschnitt
Schlußbestimmungen

§ 32
Übergangsbestimmungen

(1) Einrichtungen und Pflanzen, die bei Inkrafttreten dieses Gesetzes dem bisherigen Recht entsprechen, sind nach Maßgabe des bisherigen Rechts weiter zu dulden.

(2) Nach diesem Gesetz können Ansprüche im Hinblick auf Einrichtungen und Pflanzen, die bei Inkrafttreten dieses Gesetzes dem bisherigen Recht nicht entsprochen haben, aber bis zum 2. Oktober 1990 von staatlichen Stellen geduldet wurden, nicht vor Ablauf von zwei Jahren ab Inkrafttreten geltend gemacht werden, es sei denn, dem Eigentümer war im Zeitpunkt der Errichtung die Rechtslage bekannt.

§ 32a
Überleitungsvorschrift

Artikel 229 § 6 des Einführungsgesetzes zum Bürgerlichen Gesetzbuche in der Fassung der Bekanntmachung vom 21. September 1994 (BGBl. I S. 2494, 1997 I S. 1061), das zuletzt durch Artikel 2 des Gesetzes vom 23. Oktober 2008 (BGBl. I S. 2022) geändert worden ist, ist in der jeweils geltenden Fassung mit der Maßgabe entsprechend anzuwenden, dass an die Stelle des 1. Januar 2002 der 1. Januar 2009 und an die Stelle des 31. Dezember 2001 der 31. Dezember 2008 tritt.

§ 33
Außerkrafttreten von Bestimmungen

Soweit privates Nachbarrecht über den 2. Oktober 1990 hinaus als Landesrecht fortgegolten hat, wird dieses hiermit aufgehoben.

§ 34
Inkrafttreten

Dieses Gesetz tritt am 1. Januar 1998 in Kraft.

Kommentierung Sächsisches Nachbarrechtsgesetz (SächsNRG)

vom 11. November 1997 (SächsGVBl. S. 582) in der Fassung der Änderung durch Artikel 3 des Gesetzes vom 8. Dezember 2008 (SächsGVBl. S. 940), in der Fassung vom 1. Januar 2009

Erster Abschnitt
Begriffsbestimmungen und Anwendungsbereich

§ 1
Nachbar und Eigentümer

(1) Nachbar im Sinne dieses Gesetzes ist der Eigentümer eines Grundstücks, das zu dem Grundstück des verpflichteten Eigentümers in einem engen örtlichen Zusammenhang steht. Eigentümer im Sinne dieses Gesetzes ist der verpflichtete Eigentümer eines Grundstücks.

(2) An die Stelle des Eigentümers oder Nachbarn treten

1. der Erbbauberechtigte im Falle der Belastung des Grundstücks mit einem Erbbaurecht und
2. der Nutzer aufgrund eines in die Sachenrechtsbereinigung nach dem Gesetz zur Änderung sachenrechtlicher Bestimmungen (Sachenrechtsänderungsgesetz – SachenRÄndG) vom 21. September 1994 (BGBl. I S. 2457) einbezogenen Rechtsverhältnisses.

Erläuterungen

1\. Vorweggenommen muss festgestellt werden, dass das **Eigentum** das herausragendste und umfassendste Herrschaftsrecht darstellt, das eine Person über eine Sache oder Immobilie ausüben kann. Der Eigentümer kann grundsätzlich mit seinem Eigentum nach Belieben verfahren und andere Personen von jeder Einwirkung ausschließen. Diesem absoluten Recht sind allerdings Grenzen gesetzt insoweit, dass Rechte Dritter oder gesetzliche Vorschriften der Ausübung dieses absoluten Herrschaftsrechts nicht entgegenstehen dürfen. Diese Grenzen finden sich in verschiedenen Bereichen, vor allem aber im Nachbarschaftsrecht, das die Befugnisse des Eigentümers als Ausfluss der **Sozialgebundenheit** des Eigentums in sozialverträglicher Weise einschränkt.

2. § 1 Abs. 1 enthält die Legaldefinition des Nachbarbegriffs. Eine solche Definition ist notwendig, weil das Gesetz – anders als der allgemeine Sprachgebrauch – mit „**Nachbar**" nicht jeden Bewohner eines Nachbargrundstücks, der die tatsächliche Gewalt über dieses Grundstück ausübt, also Besitzer dieses Grundstücks ist, meint. Die Vorschrift stellt klar, dass nach dem Sprachgebrauch des Gesetzes nur der formalrechtliche **Eigentümer des Grundstücks** Nachbar im Sinne des Gesetzes ist bzw. nach Abs. 2 eine dem dinglichen Eigentümer rechtlich gleichgestellte Person. Auch der **Pächter** oder **Mieter** eines Grundstücks ist demnach im Rechtssinn kein Nachbar. Eine Einbeziehung des nur obligatorisch Berechtigten, z. B. des Mieters oder in sonstiger Weise Nutzungsberechtigten in den personellen Anwendungsbereich des Gesetzes, erschien dem Gesetzgeber angesichts der sich ergebenden formalrechtlichen Komplikationen im Hinblick auf die strikten nachbarrechtlichen Rechte und Pflichten als zu weitgehend (zum privaten Nachbarrecht zwischen Mietern vgl. Siems, JuS 2005, 884). Dies gilt gerade auch für Pächter eines Grundstücks, mögen sie auch umgangssprachlich als „Nachbarn" bezeichnet werden oder unter Umständen sogar ein auf dem gepachteten Grundstück als Scheinbestandteil errichtetes Haus besitzen. Denn eine i. S. d. § 95 BGB errichtete Baulichkeit räumt dem Pächter kein weitergehendes Recht am Grundstück ein als der lediglich obligatorische **Pachtvertrag**, der zwischen dem Eigentümer und dem Pächter ausgehandelt wurde und nicht durch das Gesetz, gegebenenfalls zu Lasten des nur obligatorisch Berechtigten, unangemessen erweitert werden soll.

Mit „**Eigentümer**" im Sinne dieses Gesetzes ist damit der Allein-, Mit- und Wohnungseigentümer gemeint, wie er sich aus der Eintragung im **Grundbuch** ergibt (vgl. auch Postier, BerlNRG, § 1 Anm. 2.1 sowie zur Erläuterung des Nachbarbegriffs, Wieth/Högner/Krzensk, Nachbarschutz im Freistaat Sachsen, I.1.1 sowie Hodes/Dehner für das Hessische Nachbarrecht, Einleitung A. Rdnr. 4 ff.).

3. **Miteigentümer** sind die **Bruchteilseigentümer** i. S. d. §§ 1008, 1011 BGB. Sie üben die Rechte ihrer Bruchteilsgemeinschaft, an der sie mit einem ideellen Anteil beteiligt sind, grundsätzlich gemeinschaftlich aus. Denkbar ist allerdings auch, dass ein Miteigentümer im Wege der gesetzlichen **Prozessstandschaft** für die anderen Miteigentümer im Hinblick auf die dem jeweiligen Grundstück zustehenden Nachbarrechte in einem Rechtsstreit tätig wird. Dies gilt mit der Einschränkung, dass sich die Rechtskraft eines Urteils nur dann auf die übrigen Miteigentümer erstreckt, wenn sie im Rechtsstreit involviert sind und diesem zugestimmt haben (BGH NJW 85, 2825). Trotz des lediglich ideellen Anteils eines jeden Miteigentümers am Grundstück kann es auch unter Miteigentümern zu nicht nur persönlichen, sondern auch nachbarrechtlich relevanten Streitigkeiten kommen. Dies ist z. B. dann möglich und denkbar, wenn im Innenverhältnis der Miteigentümer eine Regelung getroffen wurde, aufgrund derer die Miteigentümer berechtigt sind, reale Teile des ihnen gemeinsam zustehenden Grundstücks für sich alleine zu nutzen. In diesen Fällen ist grundsätzlich davon auszugehen, dass die Regelungen des Nachbarrechts auch für Bruchteilseigentümer zur Anwendung kommen. Für die Ausübung ihrer Rechte im gegenseitigen „Nachbarverhältnis“ gilt dann insoweit in erster Linie die zwischen ihnen getroffene **Nutzungsvereinbarung**, §§ 741, 745 BGB. Fehlt eine solche interne Regelung, kann als Abwehrrecht auf § 1004 BGB in Verbindung mit dem jeweiligen Anspruch aus dem Landesnachbarrecht zurückgegriffen werden (vgl. BGH NJW 2007, 3636).

Eine Anwendung von § 1011 BGB auf **Gesamthandseigentum** scheidet allerdings aus. Dieses besteht an Gegenständen, die zum Vermögen einer sog. Gesamtheitsgemeinschaft gehören (z. B. Gesellschaft des BGB, OHG, KG, nichtrechtsfähiger Verein, Gesamtgut der Gütergemeinschaft, Erbengemeinschaft). Dem Teilnehmer an der Gesamthand steht nur ein Anteil am gesamten Vermögen, nicht aber am einzelnen Vermögensgegenstand zu. Deshalb können nachbarrechtliche Ansprüche der Gesamthänder nur von allen Gesamthändern gemeinsam ausgeübt werden (hierzu auch Stadler, Kapitel 2 A 2c). Bei Ansprüchen gegenüber Gesamthändern gilt dies entsprechend (Palandt-Herrler, § 1011, Anm. 3).

4. Das **Wohnungseigentum** ist als das **Sondereigentum** einer Wohnung in Verbindung mit dem Miteigentumsanteil an dem gemeinschaftlichen Eigentum, zu dem es gehört (§ 1 Abs. 2 WEG), eine besondere Form des Miteigentums (§ 1008 BGB; BGHZ 49, 250f.). Mit dem Sondereigentum haben die Wohnungseigentümer eine Rechtsposition inne, die in weiten Teilen dem Alleineigentum vergleichbar ist und Schutz gegenüber Beeinträchtigungen von außen genießt (§ 13 Abs. 1 WEG; vgl. im Übrigen zur Geltung von Nachbarrecht zwischen Wohnungseigentümern: BGHZ 49, 250, 251; BayObLG, NJW-RR 2005, 385, zur entsprechenden Anwendung bundes- und landesrechtlicher Nachbarrechtsvorschriften auf das nachbarliche Verhältnis von Wohnungseigentümern siehe auch BGHZ 174, 20 sowie Bruns, NJW 2011, 337). Somit steht hinsichtlich des Sondereigentumsbereichs der Wohnungs-/Teileigentümer grundsätzlich dem Grundstückseigentümer gleich (§ 3 Abs. 1; 13 Abs. 1 WEG; BGH NJW 2014, 458; OLG Köln, NJW-RR 1998, 518; Bruns in NJW 2011, 337).

Als „Eigentümer" im Sinne des Gesetzes und damit Anspruchsgegner für Ansprüche aus diesem Gesetz kommen sowohl der/die Eigentümer eines anderen Sondereigentumsbereichs in Betracht, wie auch die Wohnungseigentümer insgesamt im Hinblick auf das Gemeinschaftseigentum, wie auch nach § 10 Abs. 6 WEG die Gemeinschaft der Wohnungseigentümer als teilrechtsfähige Einheit im Hinblick auf das Verwaltungsvermögen der Gemeinschaft (hierzu auch Bauer/Schlick, ThürNRG, § 1, Anm. 2b). Für die **Wohnungseigentümergemeinschaft** tritt der Verwalter in Bezug auf die nachbarrechtlichen Rechte und Pflichten von Gesetzes wegen als deren Vertreter auf (§§ 10 Abs. 1, Abs. 6, 11 WEG).

5. Hinsichtlich des gemeinschaftlichen Eigentums sind die Wohnungseigentümer in der Regel nur berechtigt, Maßnahmen mit Zustimmung der anderen Wohnungseigentümer zu treffen (vgl. § 21 Abs. 2 WEG; BayVGH BauR 2004, 373; im Übrigen: Postier, BbgNRG Anm. 2.1 zu § 2). Ansonsten gelten im Innenverhältnis der Wohnungseigentümer nachbarrechtliche Grundsätze eingeschränkt, weil die Rechtsbeziehungen der Mitglieder einer Wohnungseigentümergemeinschaft, auch soweit es um die Nutzung der Sonderrechtsbereiche (Eigentumswohnungen) geht, in erster Linie durch den Gemeinschaftsaspekt und erst danach durch die Abwehr- und Unterlassungsansprüche geprägt sind. So besteht das **Selbsthilferecht** des § 910 BGB nicht gegenüber anderen Sondereigentümern (OLG Düsseldorf, FGPrax 2001, 188). Maßgeblich sind in erster Linie die Gebrauchsregelungen der jeweiligen **Gemeinschaftsordnung** und deren Inhaltsbestimmungen zu den **Sondernutzungsrechten** (OLG Hamm, ZMR 1997, 34 ff.). Insoweit können auch nicht aus dem **Grundbuch** ersichtliche Wohnungseigentümerbeschlüsse nachträgliche, verbindliche Regelungen geschaffen haben.

Im Innenverhältnis der Miteigentümer können sich trotz der lediglich bestehenden ideellen Anteile Streitigkeiten dann ergeben, wenn die Miteigentümer jeweils reale Grundstücksteile für sich alleine nutzen (vgl. Bauer/Schlick, § 1 Anm. 1b). In diesen Fällen kommt es vorrangig auf die (verbindlichen) Regelungen der Wohnungseigentümer untereinander an. So kann die Gemeinschaftsordnung, aber auch später getroffene Wohnungseigentümerbeschlüsse oder innerhalb der Eigentümergemeinschaft getroffene Vereinbarungen zur **Gebrauchsregelung** nach § 15 WEG ganz oder in bestimmten Bereichen den Miteigentümern auch innerhalb der Gemeinschaft eine Rechtsposition zuweisen, die der eines Alleineigentümers entspricht (OLG Hamm, ZMR 1997, 34). Der Sonderrechtsinhaber kann sich dann in entsprechender Weise unter anderem auf das Nachbarrecht berufen und auf dessen Abwehrrechte.

Etwa dann, wenn eine im benachbarten Sondernutzungsbereich befindliche Anpflanzung oder Aufschichtung im Sinne des § 18 nicht den erforderlichen Grenzabstand einhält, eine unzulässige Bodenerhöhung erfolgt oder wenn der benachbarte Sondernutzungsbereich abweichend von den verbindlichen Regelungen in der Teilungserklärung bzw. den später getroffenen verbindlichen Wohnungseigentümerbeschlüssen genutzt wird (BayObLG FGPrax 1996, 57). Es gelten mithin nicht nur die jeweils einschlägigen nachbarrechtlichen Normen, sondern es liegt in gleicher Weise in der Hand der jeweiligen Wohnungseigentümergemeinschaft, wie sie die Rechtspositionen der einzelnen Eigentümer untereinander regeln will (BGH NJW 2014/2640). Eine generelle Aussage zur Berechtigung einzelner Wohnungseigentümer im Hinblick auf die Geltendmachung von Rechten aus diesem Gesetz verbietet sich daher grundsätzlich mit folgender Einschränkung:

§ 14 WEG enthält eine Regelung, die die besonderen Verpflichtungen der Wohnungseigentümer untereinander festlegt. Die Vorschrift bestimmt, dass die Instandhaltung und das Gebrauchmachen in gegenseitiger Rücksicht zu erfolgen hat und dass diese Pflichten auch für diejenigen gelten, denen das Sonder- oder Gemeinschaftseigentum (zeitweise) überlassen wird. Dies kann z.B. Auswirkungen haben für Ferienwohnungsanlagen mit ständig wechselnden Wohnungsnutzern, wobei allein in dem ständigen Nutzerwechsel eine Störung des Gemeinschaftsverhältnisses nicht gesehen werden kann (BGH NJW 2010, 3093). Außerdem werden im § 14 WEG dem jeweiligen Sonderrechtseigentümer bestimmte Duldungspflichten auferlegt. Gegen Pflichtverletzungen richten sich Ansprüche aus **Besitz- und Eigentumsstörung** bis hin zur Klage auf Entziehung nach § 18 WEG. Insoweit wird das dem § 1004 BGB entstammende Rechtsinstitut des Beseitigungs- und Unterlassungsanspruchs gesondert ins WEG transformiert. Unter Berücksichtigung des § 14 WEG gilt § 906 BGB auch im Verhältnis der Wohnungseigentümer untereinander. Ein Abwehranspruch ist daher schon gegeben, wenn die Gebrauchsbeeinträchtigung nicht nur völlig unwesentlich ist (OLG Köln, WuM 1997, 453; BGH, NJW 2012, 2715 für Belästigungen durch Trittschall; BayObLG,NJW-RR 2001, 141 für Belästigungen durch Küchengerüche oder BayObLG, NJW-RR 1999, 957 für Belästigungen durch Grillen im Bereich der Sondernutzungsfläche). Für das Merkmal der „Wesentlichkeit" dürfte auch entscheidend sein, was als **ortsüblich** anzusehen ist, wobei der Begriff der Ortsüblichkeit durchaus dehnbar ist. Maßgeblich ist jedenfalls, wie die in der näheren Umgebung des betroffenen Grundstücks liegenden anderen Grundstücke genutzt werden. So hat z. B. das LG Frankfurt/Main entschieden, dass Birkenpollen in einem Garten durchaus als ortsüblich anzusehen sind und der Nachbar die Pollen einer Birke ertragen muss, auch wenn er Allergiker ist (Urteil vom 28.06.1995 – 2 S 2131/94).

6. Der Anwendungsbereich des Gesetzes dürfte sich auch auf den Käufer eines Grundstücks erstrecken, auf den Besitz, Nutzung und Lasten bereits übergegangen sind und zu dessen Gunsten eine **Auflassungsvormerkung** im Grundbuch eingetragen ist bzw. der Antrag auf Vollzug der Auflassung durch den Käufer gestellt worden ist. Der Käufer ist nämlich bereits als Auflassungsempfänger durch das Anwartschaftsrecht in eigentumsähnlicher Weise dinglich am Grundstück berechtigt (vgl. Bauer/Schlick, Anm. 2c zu § 1; BGHZ 114, 161, 165 betreffend den Anspruch aus §§ 823 Abs. 2, 909 BGB; BGH, NJW 1998, 3273 betreffend die Verantwortlichkeit des Käufers als Handlungsstörer; andere Ansicht allerdings Postier BbgNRG, § 2 Anm. 2.1). Eine weitere Ausdehnung des „Nachbarbegriffes" erscheint im Übrigen bedenklich, da die maßgebliche Ermächtigungsnorm des Art. 124 EGBGB ausdrücklich nur landesrechtliche Vorschriften zur Eigentumsbeschränkung am Grundstück zulässt. Eine Erweiterung des Nachbarbegriffs auf alle **Nutzungsberechtigte** nach § 286 ZGB der DDR ist aus den gleichen Gründen nicht erfolgt, die auch für Mieter und Pächter gelten. Insofern ist der Regelungsbereich des Gesetzes enger als der des ZGB der DDR.

Entsprechend der Formulierung des Art. 124 EGBGB bezeichnet das Gesetz in den folgenden Abschnitten den Gläubiger, also den

Eigentümer des begünstigten Grundstückes als Nachbarn und den Schuldner, also denjenigen, dem durch das Gesetz eine Belastung auferlegt wird, als Eigentümer des Grundstückes.

7. Anders als beim Begriff des „Nachbarn" erschien dem Gesetzgeber eine Legaldefinition des „Nachbargrundstückes" weder notwendig noch zweckmäßig. Der Begriff des „**Grundstückes**" ist nämlich im Nachbarrecht grundsätzlich der gleiche wie im Grundbuchrecht. Danach ist unter einem Grundstück im Rechtssinn ein räumlich abgegrenzter Teil der Erdoberfläche zu verstehen, der auf einem besonderen Grundbuchblatt allein oder auf einem gemeinschaftlichen Grundbuchblatt unter einer besonderen Nummer im Verzeichnis der Grundstücke gebucht ist (so schon RG 84, 270; OLG Hamm, NJW 1966, 2411; Demhardter, Grundbuchordnung, § 2, Anm. 4a, m. w. N.). Die Grenzen eines Grundstückes sind gedachte, von der Vermessungsbehörde festgelegte Linien, die gewöhnlich durch Grenzeinrichtungen oder meist durch Grenzsteine oder Pflöcke kenntlich gemacht werden (BGH-Grundeigentum, 2011, 1077). Allerdings sind Ausnahmefälle dann denkbar, wenn ein Grundstück lediglich durch tatsächliche Verhältnisse aufgeteilt ist und auf diesem Grundstück unterschiedliche Nutzungsberechtigungen verbunden mit selbständigem Gebäudeeigentum vorhanden sind (vgl. z. B. § 287 ff. ZGB). Wie oben dargestellt, trifft dies entsprechend auch auf die Fälle des Wohneigentums zu, etwa dann, wenn eine Reihenhaus- oder Ferienwohnungsanlage nach dem Wohnungseigentumsgesetz aufgeteilt ist und die jeweiligen Wohnungseigentümer gefestigte Sondernutzungsrechte besitzen. In diesen Fällen können auf einem Grundstück im Rechtssinn zwei oder mehrere Nutzungsberechtigungen bestehen, die nach Abs. 2 Ziff. 2 einer Eigentümerstellung gleichkommen. In der ehemaligen DDR galt die rechtliche Trennung zwischen Gebäudeeigentum und Nutzungsberechtigung am realen Grundstück jedenfalls so lange, bis die reale Teilung des Grundstücks entsprechend den Vorschriften der Sachenrechtsbereinigung erfolgt war, was inzwischen weitgehend erfolgt sein müsste (zu den betroffenen Fällen vgl. unten Anm. 10).

8. Das Gesetz erstreckt sich nicht nur auf die unmittelbar angrenzenden Nachbargrundstücke, sondern bezieht die Grundstücke in den Regelungsgehalt mit ein, die in einem **„engen örtlichen Zusammenhang“** zueinander liegen. Damit ist der Anwendungsbereich des Gesetzes weiter gefasst, als z. B. im Brandenburgischen Nachbarrechtsgesetz, das lediglich das **angrenzende Grundstück** als Nachbargrundstück ansieht (§ 2 Abs. 1 BbgNRG). Eine weitere Definition des „engen örtlichen Zusammenhanges“ wird allerdings nicht vorgenommen, ist wegen der Vielzahl der denkbaren Einzelfälle auch kaum möglich. Die Ausdehnung über das unmittelbar angrenzende Nachbargrundstück hinaus ist zwar nicht unproblematisch (vgl. Dehner, A II S. 6), aber von Art. 124 EGBGB gedeckt, da der Gesetzgeber des Art. 124 EGBGB auch solche (landesrechtlichen) Vorschriften im Auge hatte. Wenn der Begriff auch enger auszulegen sein dürfte als z. B. im öffentlichen Nachbarrecht (Immissionsschutz), so sind hiervon jedenfalls Grundstücke erfasst, die einen unmittelbaren Bezug zueinander haben, die also von den Auswirkungen des verantwortlichen Grundstückes unmittelbar und tatsächlich betroffen sind, also etwaigen Beeinträchtigungen direkt ausgeliefert sind (vgl. auch Birk, § 1, Anm. 8a). So können sich z. B. die Rechte des fünften Abschnittes (Leitungen) auch gegen einen solchen Grundstückseigentümer richten, dessen Grundstück in einiger Entfernung zum berechtigten Nachbarn liegt. Auch können zwei benachbarte Grundstücke durch einen schmalen Weg getrennt sein; eine Begrenzung des Gesetzes lediglich auf das unmittelbar angrenzende Grundstück wäre in diesen Fällen wenig sinnvoll und würde teilweise den örtlichen Gegebenheiten widersprechen.

9. Abs. 2 Ziffer 1 stellt klar, dass im Falle des Bestehens eines **Erbbaurechts** an die Stelle des Eigentümers bzw. Nachbarn der Erbbauberechtigte tritt. Die Rechte und Pflichten aus diesem Gesetz sind also vom Erbbauberechtigten wahrzunehmen bzw. zu dulden; der Grundstückseigentümer hat die Entscheidungen des Erbbauberechtigten in nachbarrechtlichen Angelegenheiten hinzunehmen.

Will der Grundstückseigentümer die Befugnisse des Erbbauberechtigten in nachbarrechtlichen Angelegenheiten einschränken und selbst Einfluss nehmen auf die, wegen ihrer zum Teil langdauernden Wirkungen wichtigen Entscheidungen, so kann er dies nur, wenn er dies mit dem Erbbauberechtigten vertraglich im Innenverhältnis vereinbart hat. Eine solche Vereinbarung kann jedoch keine unmittelbare Wirkung im Außenverhältnis entfalten. Ihre Verletzung durch den Erbbauberechtigten berührt daher grundsätzlich die Wirksamkeit der zwischen dem Erbbauberechtigten und dem Nachbarn getroffenen Vereinbarung nicht. Der Wohnungserbbauberechtigte (§ 30 WEG) ist dem Wohnungseigentümer gleichgestellt und mithin auch dem Grundstückseigentümer (vgl. OVG Berlin-Brandenburg, NJW 2012, 3673; Bauer/Schlick, ThürNRG, § 1 Anm. 2c). Dies gilt auch für das Gebäudeeigentum nach Art. 231 § 5 § 233 § 4 EGBGB. Der gem. § 1030 BGB **Nießbrauchsberechtigte** kann Beeinträchtigungen, die sein Nutzungsrecht betreffen, selbständig gem. §§ 1027, 1004 BGB abwehren. Es verbleibt ihm auch das Recht, im eigenen Namen als **Prozessstandschafter** des Eigentümers entsprechende Abwehrrechte wahrzunehmen (LG Hamburg, ZWE 2015, 224). Allerdings kommt ihm für das Geltendmachen der Grundstückssubstanz betreffenden Einwirkungen die Stellung eines Eigentümers nicht zu (BayObLGZ 1998, 145 ff.). Im Umkehrschluss kann demgegenüber der Nießbraucher aber Störer sein, mit der Folge, dass der Eigentümer mittelbarer Handlungsstörer wird (BGH, NJW 2014,2640).

10. Die gemessen an den Nachbarrechtsgesetzen der alten Länder relativ detaillierte Regelung für den Fall der Belastung mit einem Erbbaurecht war im Hinblick auf die **Sachenrechtsanpassung** sinnvoll, da schon frühzeitig abzusehen war, dass aufgrund der besonderen Eigentumsproblematik an Grund und Boden nach der Wiedervereinigung im Freistaat Sachsen Erbbaurechtsfälle ansteigen würden. Aus diesem Grund sieht das Gesetz in Abs. 2 Ziffer 2 bereits vor, dass die Rechte und Pflichten aus diesem Gesetz anstelle des Grundstückseigentümers auch vom Grundstücksnutzer wahr-

genommen werden können bzw. zu dulden sind, soweit dieser in die Rechtsposition eines Eigentümers oder Erbbauberechtigten eintreten kann. Damit werden die Grundstücksnutzer erfasst, die nach § 15 des Sachenrechtsbereinigungsgesetzes (Gesetz zur Sachenrechtsbereinigung im Beitrittsgebiet vom 21.09.1994, BGBl. I S. 2457) einen Anspruch auf Zuerwerb des Grundstückes bzw. auf Erbbaurechtsbestellung gegen den jeweiligen Grundstückseigentümer haben. Es handelt sich insoweit um eine Sonderregelung, die nur für die neuen Bundesländer in Nachbarrechtsgesetzen Bedeutung haben kann, inzwischen aber weitgehend überholt sein dürfte.

In der ehemaligen DDR gab es in weiten Bereichen eine Trennung von Eigentums- und Nutzungsbefugnissen an Grundstücken. Die Bedeutung des Eigentums an Grundstücken trat gegenüber der des Eigentums an den Gebäuden oder der verliehenen oder zugewiesenen Nutzungsberechtigung zurück. Der Gesetzgeber hat diese besondere Problematik früh erkannt und darauf reagiert. Durch das Sachenrechtsbereinigungsgesetz sind Nutzer, die ihre (mit quasi dinglicher Wirkung) versehenen Rechte im Vertrauen auf den Fortbestand der Zivilrechtsordnung der ehemaligen DDR erworben haben, davor geschützt worden, dass sie diese mit der Übernahme der Zivilrechtsordnung der Bundesrepublik Deutschland ohne Kompensation verlieren.

Daher erfolgte auch für das Nachbarrecht eine entsprechende Ausdehnung auf die Nutzungsberechtigten, die wegen der Nähe zum Grundstück und der uneingeschränkten Nutzungsbefugnis an die Stelle der Grundstückseigentümer treten. In erster Linie wurden hiermit die Grundstücksnutzer erfasst, denen durch das „Gesetz über die Verleihung von Nutzungsrechten an volkseigenen Grundstücken" (Nutzungsrechtsgesetz vom 14.12.1970, Gbl. I Nr. 24, S. 372) ein unbeschränktes und unbefristetes Nutzungsrecht am Grundstück verliehen worden war bzw. denen eine genossenschaftlich genutzte Bodenfläche für den Bau eines Eigenheims durch eine landwirtschaftliche Produktionsgenossenschaft auf der Grundlage von § 291 ZGB in Verbindung mit der „Bereitstellungsverordnung von genossenschaftlich genutzten Bodenflächen zur Errichtung von Eigenheimen auf dem Lande vom 09.09.1967“ (Gbl. I Nr. 35, S. 427) zugewiesen worden war. Erfasst wurden aber auch die weiteren Fälle, die in § 1 des Sachenrechtsbereinigungsgesetzes aufgezählt sind (vgl. hierzu Czub/Schmidt-Räntsch/Frenz, Kommentar zur Sachenrechtsbereinigung, § 1 Rdnr. 13 f.; Thomas in: Kimme, Offene Vermögensfragen, Kommentar, § 1 Sachenrechtsbereinigungsgesetz; Prütting/Zimmermann/Heller, Grundstücksrecht Ost, § 1 Rdnr. 13 f.). Zu beachten ist aber, dass der nutzungsrechtslose bloße Gebäudeeigentümer, dem ein Nutzungsrecht mit dinglicher Wirkung nur für die Gebäudegrundfläche verliehen worden ist, zur Nutzung der so genannten Funktionsfläche (vgl. Art. 233 § 4 Abs. 3 Satz 3 EGBGB) nicht sachenrechtlich befugt ist, sondern nur schuldrechtlich (vgl. Böhringer, DtZ 1996, 290). Der bloß schuldrechtlich Berechtigte fällt aber auch bei dieser Konstellation nicht in den Anwendungsbereich dieses Gesetzes (oben Anm. 1). In der realen Praxis dürften diese Fälle fast 30 Jahren nach der Wiedervereinigung keine besondere Bedeutung mehr haben. Der Gesetzgeber hat aber wegen der Ungewissheit der tatsächlichen Rechtsverhältnisse bisher davon abgesehen, diese Bestimmung aufzuheben. Insoweit ist auch noch auf Folgendes zu verweisen:

Wenn für ein Grundstück ein **Restitutionsantrag** vorliegt (was de facto inzwischen ausgeschlossen sein dürfte), ist zu beachten, dass erst mit der Bestandskraft der Rückübertragungsentscheidung das Grundstückseigentum auf den Antragsteller übergeht (§ 34 Abs. 1 VermG). Allerdings wirkt der für sofort vollziehbar erklärte Rückübertragungsanspruch schon vor seiner Bestandskraft übertragungsähnlich (BGH NJW 1996, 2030) und lässt daher den Antragsteller in eine eigentumsähnliche Rechtsposition eintreten. Ansonsten aber können während eines laufenden Restitutionsverfahrens die nachbarrechtlichen Befugnisse (und Pflichten) nur vom Verfügungsberechtigten (§ 2 Abs. 3 VermG) wahrgenommen werden.

11. Wenn Erbbauberechtigte oder Nutzer nach Abs. 2 in Betracht kommen, treffen den Grundstückseigentümer keine Rechte und

Pflichten im Außenverhältnis. Zwischen Erbbauberechtigtem und Grundstückseigentümer kann es allerdings besondere interne schuldrechtliche Vereinbarungen geben, die allerdings nur die Vertragschließenden binden. Die Klärung bzw. Auseinandersetzung muss dann auch im Innenverhältnis erfolgen; im Außenverhältnis bleibt es dabei, dass allein der Erbbauberechtigte Berechtigter bzw. Verpflichteter aus diesem Gesetz ist.

§ 2
Nachbarliche Rücksicht

Rechte aus diesem Gesetz dürfen nur unter Rücksichtnahme auf die berechtigten Interessen des Eigentümers oder Nachbarn ausgeübt werden. Sie dürfen nicht zur Unzeit geltend gemacht werden.

Erläuterungen

1. Das Nachbarrecht insgesamt hat in erster Linie die Aufgabe, dem Rechtsfrieden unter Nachbarn zu dienen. Das Recht stellt Regeln auf, die ein gutnachbarliches Zusammenleben ermöglichen und beidseitig jedem Nachbarn vom Grunde her die Freiheit ermöglichen sollen, sein Umfeld und sein Leben nach eigenen Vorstellungen zu gestalten. Im Interesse der anderen Nachbarn setzen sie ihm allerdings gleichzeitig Grenzen und verpflichten ihn zur **Rücksichtnahme**. Die Bestimmung des § 2 konkretisiert den allgemein geltenden Grundsatz von Treu und Glauben des § 242 BGB dementsprechend dahingehend, dass der Nachbar bei der Ausübung seiner Rechte größtmögliche Rücksicht auf Belange des Eigentümers zu nehmen hat und umgekehrt. Der Wortlaut der Vorschrift steht insoweit auch mit § 316 ZGB der DDR im Einklang, um deutlich zu machen, dass sich auch nach der Wiedervereinigung an der grundsätzlichen Orientierung für gutnachbarrechtliche Beziehungen nichts geändert hat. Im Kern besagt dieser Grundsatz nichts anderes, als dass jeder Nachbar aus den besonderen Umständen der nachbarlichen Situation heraus gehalten ist, auch über die strikte Befolgung rechtlicher Vorschriften hinaus die gebotene und zumut-

bare Rücksicht auf die Nachbarschaft zu üben. Eigentlich eine Selbstverständlichkeit im Verhältnis von Nachbarn untereinander. Dem Gesetzgeber war allerdings daran gelegen, diesen allgemein geltenden Grundsatz auch ins Nachbarrechtsgesetz aufzunehmen. Eine weitergehende als diese allgemeingültige Wirkung kommt dem § 2 allerdings nicht zu. Insbesondere stellt § 2 keine Generalklausel dar, wie z. B. § 1 BbgNRG, da eine Generalklausel, die die nachbarrechtlichen Beziehungen auch über die Ermächtigung des Art. 124 EGBGB an die Erfordernisse einer guten Nachbarschaft bindet, verfassungsrechtlich bedenklich wäre (vgl. Dehner, DtZ 1997, 313). Entsprechend einschränkend weist Postier, BbgNRG, Anm. 1 zu § 1) darauf hin, dass der Grundsatz des § 1 BbgNRG allein der Harmonisierung und der wertenden Festlegung des Nachbarrechtsverhältnisses dienen soll. Ähnlich ist auch die Bestimmung des § 2 im Sächsischen Nachbarrechtsgesetz zu sehen (kritisch zu sog. „Wohlverhaltensklausel", Diederich, NJ 1998, 182 ff.).

2. Unter Berücksichtigung dieser Wertung bedeutet § 2 demnach einerseits nicht, dass ein berechtigter Nachbar bei der Ausübung der Rechte aus diesem Gesetz in jedem Fall verpflichtet wäre, unter mehreren ihm eingeräumten Möglichkeiten unbedingt die für den belasteten Grundstückseigentümer schonendste zu wählen (vgl. BGH LM Nr. 2 zu § 906 BGB). Es kommt jeweils im Einzelfall darauf an, ob und inwieweit es dem Nachbarn zugemutet werden kann, sein Recht gar nicht oder nur in Abweichung zur geplanten Maßnahme auszuüben oder ob er letztlich auch bereit sein muss, auch eine an sich von Gesetzes wegen unzulässige **Beeinträchtigung** hinzunehmen (vgl. hierzu die Fälle bei Dehner, A § 1 II S. 11). Grundsätzlich ist für die Lösung von Interessenkonflikten daher auch in besonderer Weise auf die **Interessenabwägung** abzustellen, die der Gesetzgeber getroffen hat; denn allein die objektive Wertung des Gesetzgebers vermag einer Rechtsunsicherheit oder Rechtsungleichheit vorzubeugen. Insoweit enthält § 2 keinen Widerspruch zum BGB, sondern wiederholt für den Bereich des Landesgesetz-

gebers lediglich, wie dargetan, den sich aus § 242 BGB ergebenden Grundsatz von Treu und Glauben für den Bereich des „nachbarlichen Gemeinschaftsverhältnisses". Und hierzu gehört im Wesentlichen das **Rücksichtnahmegebot** (vgl. BVerwG, NJW 1998, 329), das auch und gerade für das Zivilverfahren gilt (vgl. hierzu Postier, BbgNRG, § 1 Anm. 1).

3. Es lässt sich somit festhalten, dass der Umfang der Inanspruchnahme des Nachbargrundstückes nur in dem Maße zulässig ist, als es zur Durchführung einer an sich rechtlich zugelassenen Maßnahme erforderlich ist, ohne selbst in nicht gebotener und unverhältnismäßiger Art und Weise auf das Nachbargrundstück einzuwirken. Maßnahmen, die ausschließlich der Schikane dienen, sind danach ausgeschlossen. Auch das **Schikaneverbot** ist Ausdruck eines allgemein im Rechtsleben geltenden Grundsatzes, der sich in § 226 BGB wiederfindet, wobei allein kleinkariertes Denken noch nicht als Schikane angesehen werden kann (Stadler, § 226 BGB, Anm. 2). Schikane liegt dementsprechend nur vor, wenn jemand von einem ihm eigentlich zustehenden Recht Gebrauch macht, das ihm allerdings objektiv keinen Vorteil bringen kann und lediglich zur Schädigung eines anderen taugt (Ffm, NJW 79, 1613; Begehren von Rückschnitt von altem Pflanzenbestand auf einem ohnehin nur eingeschränkt nutzbarem Grundstück, wenn nachweislich der alleinige Klagegrund darin besteht, dass eine Anzeige des Nachbarn wegen einer Trunkenheitsfahrt zum Führerscheinentzug geführt hat – AG Husum, Urteil vom 16.06.2009, Az. 2 C 243/09; Gestatten des Überfahrens seines Grundstücks für die Allgemeinheit unter Ausschluss eines alleinigen missliebigen Nachbarn, AG Bremen, Urteil vom 18.06.2015, Az. 10 C 67/15; Errichten eines Schuppens auf seinem Grundstück direkt vor der Terrasse des Nachbarn, sodass dessen direkter Ausblick in die freie Natur verbaut ist, VGH Baden-Württemberg, Urteil vom 15.04.2008, Az. S 98/08). Eine schikanöse Rechtsausübung ist rechtswidrig (RGZ 58, 216) und kann mitunter auch **Schadenersatzforderungen** begründen. Die Beweislast für das Vorliegen schikanöser Rechtsausübung trägt der-

jenige, der sich darauf beruft, was im Einzelfall durchaus schwierig sein kann.

4. Ebenfalls darf die Dauer der Inanspruchnahme des Nachbargrundstückes nicht länger anhalten als unbedingt nötig. Bei der Durchführung der Arbeiten sind die Belästigungen des betroffenen Nachbarn auf das gebotene Mindestmaß zu reduzieren. Insbesondere gehört es sich im Rahmen der Sorgfaltspflichten auch, Vorkehrungen zur Minderung der Nachteile und Belästigungen für das Nachbargrundstück zu treffen. Was hierbei als geeignetes Mittel in Betracht kommt, lässt sich nicht generell sagen. Ausschlaggebend hierfür sind, wie in nahezu allen Bereichen des Nachbarrechts, im Regelfall die Gegebenheiten des Einzelfalles. Bei Arbeiten mit schweren Maschinen ergibt sich aber jedenfalls die Verpflichtung zu schalldämpfenden Maßnahmen; wenn bei Arbeiten mit erheblicher Staubentwicklung zu rechnen ist, dann sind staubschützende Vorkehrungen (Abdeckplanen o.Ä.) erforderlich. Auch sonstige Schutzmaßnahmen und sonstige gefahrmindernde Vorkehrungen sind zu treffen: ein Umstand, der eigentlich im nachbarrechtlichen Gemeinschaftsverhältnis eine Selbstverständlichkeit darstellen sollte.

5. In gleicher Weise versteht sich das Verbot der Ausübung eines an sich bestehenden Rechts zur **Unzeit** eigentlich von selbst. Das Gesetz enthält zwar keine Definition des Begriffs „Unzeit". Auch hierbei kommt es insoweit darauf an, ob die Durchführung einer bestimmten Maßnahme zu einer bestimmten Zeit dem verpflichteten Eigentümer unter Berücksichtigung des **Verhältnismäßigkeitsgrundsatzes** zugemutet werden kann. Maßgebend sind auch hier, wie in den meisten Fällen nachbarschaftlicher Beziehungen, sowohl die Besonderheiten des Einzelfalles als auch das, was als „**ortsüblich**" angesehen werden kann (vgl. zur Ortsüblichkeit oben, § 1 Anm. 5; Stadler, Kapitel 6 B 5). So ist in jedem Fall die „Nachtruhe" zu wahren, also die Zeit zwischen 22.00 Uhr und 6.00 Uhr, wie auch andere, gegebenenfalls in **Gemeindesatzungen** festgelegte

Ruhezeiten. Auch dürfte es für den Eigentümer unzumutbar sein, wenn der Nachbar in Ausübung des Hammerschlags- und Leiterrechts des § 24 Gegenstände über das Grundstück des Eigentümers transportiert, wenn auf dessen Grundstück zu diesem Zeitpunkt gerade eine Familienfeier oder eine andere größere Veranstaltung stattfindet. Gleiches gilt z. B. auch, wenn bei der Inanspruchnahme eines benachbarten Hotel-, Restaurant- oder Pensionsgrundstückes für eine nicht unaufschiebbare Maßnahme die Hochsaison ausgesucht wird; ein Verschieben in eine weniger publikumsträchtige Zeit ist dem Berechtigten im Regelfall zuzumuten; wie überhaupt das **Abwägungsgebot** der gegenseitigen Interessen im Nachbarschaftsrecht ebenfalls die gehörige Beachtung finden muss.

6. Der Maßstab für ein gutes nachbarliches Verhältnis und auch dafür, was das Gebot der gegenseitigen Rücksichtnahme erfordert, orientiert sich nach dem Empfinden eines **verständigen Durchschnittsmenschen**. Es kommt weder auf den hypersensiblen, noch auf den situativ spontan reagierenden Nachbarn an, sondern quasi auf eine „Kunstfigur", welche – als Leitbild gedacht – vernünftig und einsichtig auch das Gesamtwohl nicht aus dem Auge verliert, indem sie von sich aus mit Blick auf die Lage und die Gegebenheiten des Geländes von bestimmten Formen der Nutzung auch absehen kann" (BGH, DVBl. 1996, 671 ff.; vgl. zum Maßstab einer solchen Beurteilungsperson auch BGH, NJW 1993, 925 ff.). Jedenfalls ist immer die erforderliche Güterabwägung und die Suche nach einem möglichst schonenden Interessenausgleich unter Wahrung der Rechte am Eigentum der widerstreitenden Parteien im Auge zu behalten (vgl. zum Gebot der Rücksichtnahme LG Zwickau, Urteil vom 16.08.2005, 6 S 112/05). Das Nachbarrecht insgesamt hat grundsätzlich ein gedeihliches und verständiges Miteinander der Nachbarn vor Augen und versucht, dieses in die gesetzliche Formulierung einzubinden. Allein auch deshalb, um unnötige Prozesse zu vermeiden und die Gerichte von solchen Streitigkeiten freizuhalten, die auch Fernwirkung zeitigen können und damit zu untragbaren Beziehungen der Nachbarn untereinander für die Zukunft

führen können. Denn letztlich müssen auch in Zukunft die Nachbarn miteinander leben und auskommen; nicht die Richter und Rechtsanwälte, die in einem Prozess involviert sind und das Verfahren nach der Entscheidung abschließen können.

§ 3
Verhältnis zu anderen Vorschriften

Die §§ 4 bis 30 gelten nur, soweit der Eigentümer und der Nachbar keine von diesen Bestimmungen abweichenden Vereinbarungen treffen und öffentlich-rechtliche Vorschriften nicht entgegenstehen. Vereinbarungen binden den Rechtsnachfolger nur im Falle der Gesamtrechtsnachfolge oder soweit die sich aus ihnen ergebenden Rechte im Grundbuch eingetragen sind.

Erläuterungen

1. Das Nachbarrechtsgesetz regelt allein **privatrechtliche Ansprüche**. Es ist daher dispositiv und stellt es dem jeweils Berechtigten grundsätzlich frei, ob er die sich ergebenden Ansprüche überhaupt geltend macht. Daher bleibt es den betroffenen Parteien auch unbenommen, von den Bestimmungen dieses Gesetzes abweichende Vereinbarungen zu treffen, die grundsätzlich keiner Form bedürfen (vgl. aber Satz 2). Die Vorschriften dieses Gesetzes greifen nur dann ein, wenn entsprechende Vereinbarungen der Parteien nicht zustande gekommen sind. In jedem Fall ist aber zu berücksichtigen, dass von diesem Gesetz abweichende Vereinbarungen nicht gegen öffentlich-rechtliche Bestimmungen verstoßen dürfen, da diese als allgemein geltende Bestimmungen grundsätzlich Vorrang haben vor den, die Rechtsbeziehungen zwischen den Privatleuten regelnden zivilrechtlichen Normen; jedenfalls dann, wenn es sich um zwingende **öffentlich-rechtliche Bestimmungen** handelt. Derartige öffentlich-rechtliche Bestimmungen haben zunehmend auch Auswirkungen auf das nachbarrechtliche Verhältnis (vgl. oben Einleitung Anm. 4; auch Birk, Nachbarrecht für Baden-Württemberg, Anm. III, S. 45 ff.).

2. Vereinbarungen zwischen Eigentümer und Nachbar gehören zur **Privatautonomie** der Parteien im Zivilrecht, sodass es ihnen auch grundsätzlich überlassen bleibt, wie sie ihr Nachbarrechtsverhältnis gestalten wollen. Solche Verträge können die Form von Vergleichen, privatrechtlichen und auch öffentlich-rechtlichen, sogar von mündlich geschlossenen Verträgen haben. Der Gesetzgeber hat ein Bedürfnis für den Erlass zwingender privatrechtlicher Vorschriften im nachbarschaftlichen Verhältnis (zwingende öffentlich-rechtliche Bestimmungen sind unabhängig davon von den Parteien in jedem Fall einzuhalten) nicht für erforderlich gehalten. Der Sinn des Nachbarrechtsgesetzes besteht nämlich in einer zwischen den Parteien ausgleichenden Wirkung, die im Regelfall durch eine Verständigung der betroffenen Parteien selbst über Fragen, die ihr Nachbarrechtsverhältnis berühren, am ehesten und komplikationslos herbeigeführt werden kann. Die Grundstücksnachbarn sollen es grundsätzlich selbst in der Hand haben, ihre nachbarschaftlichen Beziehungen zu regeln, indem sie sich etwa über Grenzabstände von Pflanzen oder über die Art und Weise der Bepflanzung einigen, Fragen zum Überwuchs, zur Einfriedung ihrer Grundstücke oder auch Betretungsrechte klären. Auch können bei einer Grundstücksteilung Duldungspflichten und Nutzungsrechte (BGH, NJW- RR 2013,652) oder Versorgungspflichten begründet werden (BGH, NJW-RR 2013, 650). Die Möglichkeiten der Nachbarn untereinander, sich in dieser Weise gegenseitig vertraglich zu binden, sind vielfältig.

Nur wenn zwischen den Parteien kein **Einvernehmen** mit getroffenen bzw. zu treffenden Maßnahmen besteht, sollen die Vorschriften dieses Gesetzes (dem Richter oder Streitschlichter) Kriterien zur Streitbeilegung an die Hand geben. Die Leitgedanken des Gesetzes können ihnen dabei als Vorbild dienen für eine parteiorientierte und ausgewogene Vergleichsgrundlage.

Sind die Nachbarn bereit, über strittige Punkte eine **Nachbarrechtsvereinbarung** abzuschließen, dann muss diese allerdings klar und unmissverständlich sein und erkennbar zum Ausdruck bringen, welche Nachbarrechte in welchem Umfang eingeschränkt werden (vgl. Frankenstein, BauR 2002, 1041). Ein **Schriftformerfordernis** für derartige Parteivereinbarungen besteht zwar grundsätzlich nicht. Dennoch bietet sich die schriftliche Niederlegung einer zwischen Grundstücksnachbarn getroffenen Regelung an. Denn es ist denkbar, dass Eigentümer und Nachbar im Nachhinein unterschiedliche Auffassungen vom Inhalt der getroffenen Vereinbarung haben, was zu Konflikten und zur grundsätzlichen Störung des nachbarschaftlichen Verhältnisses führen kann, z. B. dann, wenn man sich unter Grundstücksnachbarn mündlich über die Art und Weise einer Einfriedung oder Grenzeinrichtung geeinigt hat und eine Seite nach Fertigstellung davon nichts mehr wissen will. Das Landgericht Coburg geht sogar so weit, dass es eine mündliche Zusage (Gestattung des Betretens des Grundstückes durch den Nachbarn zwecks Reparatur des Daches) lediglich als unverbindliche Gefälligkeit ohne herleitbare Ansprüche angesehen hat (LG Coburg, Urteil vom 27.09.2017, Az. 23 O 477/17). Andererseits bejaht das OLG Nürnberg die Gültigkeit eines durch formlosen Vertrag eingeräumten **Wegerechts** auch ohne Grundbucheintrag (Urteil vom 07.09.2010, Az. 1 U 258/10).

Den Inhalt einer nachbarrechtlichen Vereinbarung hat im Streitfall derjenige zu beweisen, der aus dem Vertrag Rechte in Anspruch nehmen will, die sich nicht bereits aus dem Gesetz ergeben. Eine Vereinbarung können die Parteien auch im Wege eines Vergleichs vor einer gemeindlichen **Schiedsstelle** treffen (SächsSchiedsstG, § 1). Eine solche Vereinbarung kann auch Teil eines größeren Vertragswerkes sein (z. B. Bauträger-Kaufvertrag, OLG Koblenz, OLGR 1999, 507 f.). Auch hier ist auf eine klare und unmissverständliche Formulierung zu achten, bereits mit Rücksicht auf eine mögliche Zwangsvollstreckung. Mit Recht weisen Bauer/Schlick (§ 2 Anm. 1) zum Thüringer Nachbarrechtsgesetz darauf hin, dass diese Vorschrift nicht gilt für die in Abweichung von § 743 Abs. 2 BGB getroffenen Abreden betreffend Nutzung und Verwaltung des gemeinschaftlichen Eigentums oder für die in den zu den Teilungserklärungen nach § 8 WEG gehörenden bzw. nach § 10 Abs. 2 Satz 2, § 15 Abs. 1 WEG begründeten **Benutzungsordnungen**. Es geht hier um Regelungen, für die das Mehrheitsprinzip gilt (§ 745 BGB). Derartige Regelungen binden grundsätzlich nur die an ihrem Zustandekommen Beteiligten (OLG Köln, ZMR 2002, 73 f.). Erst die Eintragung ins Grundbuch bewirkt die Bindung von Sonderrechtsnachfolgern (vgl. § 5 Abs. 4; § 10 Abs. 2 WEG; auch BGH, NJW 1998, 3711; OLG Köln NJW-RR 1998,1625).

3. Den Nachbarverträgen entsprechen allerdings auch Vereinbarungen zwischen **Bruchteilseigentümern**, wenn für die Miteigentümer auf realen Teilen des Grundstücks Alleinbesitzrechte begründet sind, sodass sich die Miteigentümer auf diesen realen Flächen zueinander wie Nachbarn verhalten (BGH, NJW 2007, 3636). Dies gilt auch, wenn Wohnungseigentümer bestimmte Verhaltenspflichten mit ausschließlichem Bezug auf ihre Sondereigentumseinheit festgelegt haben (vgl. oben zu § 1 Anm. 2 und 3).

4. Die vom Gesetz abweichenden Parteivereinbarungen können sich auf alle mit einem bestimmten Sachverhalt zusammenhängenden Fragen beziehen (z. B. Einfriedungen, Grenzabstände für Pflanzen usw.) oder lediglich auf bestimmte Einzelpunkte (z. B. einmalige Gestattung des Betretens eines Grundstücks). Im erstgenannten Fall bleibt für die Anwendung des Gesetzes kein Raum. Dagegen greifen im letztgenannten Fall die Vorschriften dieses Gesetzes und die ungeschriebenen Regeln des **nachbarrechtlichen Gemeinschaftsverhältnisses** ergänzend ein. In der inhaltlichen Gestaltung ihrer Vereinbarungen sind die Nachbarn grundsätzlich frei. Inhaltlich sind die Vereinbarungen lediglich den Schranken der §§ 134, 138 BGB unterworfen. So kann eine nachbarrechtliche Vereinbarung wegen Gesetz- oder **Sittenwidrigkeit** unwirksam sein. Allein der Umstand, einen nachbarrechtlich begründeten Abwehranspruch gegen Zahlung eines Geldbetrages aufzugeben, begründet noch keine Sittenwidrigkeit (BGHZ 79, 131 f.). Hierzu bedarf es einer weiteren Prüfung, etwa ob die in Aussicht gestellte Zahlung

wucherisch hoch ist (vgl. dazu Bauer/Schlick, ThürNRG, § 2 Anm. 2). Bei Parteivereinbarungen mit Langzeitwirkung ist es nicht ausgeschlossen, dass sich die tatsächlichen Verhältnisse mit der Zeit ändern und eine Anpassung der Vereinbarung erforderlich ist. Kommt eine solche nicht zustande, wird bei einer **Vertragsauslegung** auf die §§ 313 ff. BGB zurückzugreifen sein sowie auf die von der Rechtsprechung entwickelten Grundsätze zum Wegfall der Geschäftsgrundlage (so auch Bauer/Schlick, a. a. O. § 2 Anm. 2).

5. Der Regelungsgehalt des Satzes 2 ist zweifach: Zum einen enthält er die Aussage, dass Vereinbarungen zwischen Nachbarn und Eigentümern i. S. d. § 1 nur insoweit Wirkung entfalten können, als öffentlich-rechtliche Vorschriften nicht entgegenstehen. Zum anderen wird klargestellt, dass auch die Vorschriften der §§ 4 bis 30 nur insoweit gelten, als öffentlich-rechtliche Vorschriften nicht entgegenstehen. Dadurch ergibt sich, dass dem öffentlichen Recht der Vorrang eingeräumt wird: Das private Nachbarrecht wird von öffentlich-rechtlichen Vorschriften überlagert. Das private Nachbarrecht soll und kann nicht eine Handlung gestatten, die vom öffentlichen Recht grundsätzlich untersagt ist (vgl. hierzu Dehner, A § 7 Satz 6 ff.). Es gehört zum Wesen der Rechtsordnung, dass keine **Normwidersprüche** entstehen und dass dann, sollten sie tatsächlich vorhanden sein, jedenfalls feststehen muss, welcher Regelung der Vorrang gebührt. § 3 stellt daher klar heraus, dass aus dem Nachbarrechtsgesetz keine Rechte hergeleitet werden können, die zwingenden öffentlich-rechtlichen Vorschriften, insbesondere bau- und naturschutzrechtlicher Art, entgegenstehen. Der Vorrang des öffentlichen Rechts ist aber auf diese „zwingenden" öffentlich-rechtlichen Bestimmungen begrenzt, zu denen auch bestandskräftige, den Nachbarn bindende Verwaltungsakte gehören. Allein zwingende öffentlich-rechtliche Vorschriften verdrängen also insoweit im Einzelfall entgegenstehende zivilrechtliche Abwehransprüche des Nachbarn. Soll- und Kann-Vorschriften des öffentlichen Rechts binden die Nachbarn, die eine individuelle vertragliche Vereinbarung treffen wollen, grundsätzlich nicht, weil derartigen

Vorschriften eine konkrete Einzelfallregelung nicht zukommt (hierzu auch Birk, Nachbarrecht für Baden-Württemberg, Anm. III, S. 45 ff.).

6. Das heißt aber nicht, dass die Ausübung von Rechten nur dann zulässig ist, wenn die nach öffentlichem Recht zu erfüllenden formalen Voraussetzungen gegeben sind. Es bedarf zum Beispiel nicht einer rechtswirksamen und bestandskräftigen Baugenehmigung, sondern es genügt, dass das Grundstück nach dem einschlägigen materiellen Baurecht bebaut werden darf. Die Befugnis, ein Grundstück zu bebauen, ist Ausfluss des Eigentums am Grundstück (Grundsatz der Baufreiheit). So kann der Anspruch auf ein **Leitungsrecht** nach diesem Gesetz bestehen, bevor der Bauherr das **Baugenehmigungsverfahren** betreibt (vgl. BGH, NJW 1991, 176 ff.). Maßgeblich ist also lediglich, ob die beabsichtigte Ausübung eines vereinbarten oder in diesem Gesetz geregelten Rechts mit dem materiellen öffentlichen Recht im Einklang steht. Dies ist letztlich im Streitfall auch von den Zivilgerichten zu prüfen. Wenn sich z. B. die Nachbarn über die gemeinsame Errichtung einer Grenzmauer geeinigt haben, dann darf deren Errichtung dennoch nicht öffentlich-rechtlichen Vorschriften entgegenstehen. Ein Gebäude muss dem materiellen Baurecht entsprechen. Entspricht das Vorhaben des Nachbarn nicht den öffentlich-rechtlichen Bestimmungen, so braucht der Eigentümer die Inanspruchnahme seines Grundstückes (z. B. beim Hammerschlags-, Leiter- und Schaufelschlagrecht, vgl. § 24) nicht zu dulden. Diese öffentlich-rechtlichen Bestimmungen sind aber auch dann zu beachten, wenn behördliche Genehmigungen nicht erforderlich sind. Auch bei nichtgenehmigungspflichtigen Bauvorhaben hat im Streitfall das Zivilgericht selbst in vollem Umfang zu prüfen, ob Bestimmungen des **Baurechts** verletzt werden. Gleiches gilt auch für andere öffentlich-rechtliche Belange, die im nachbarrechtlichen Bereich Bedeutung haben können (z. B. Vorschriften des Immissionsschutzrechtes oder des Naturschutzrechtes). Ist das Vorhaben genehmigungspflichtig und ist die erforderliche Genehmigung unanfechtbar erteilt, dann können aus öf-

fentlich-rechtlichen Gesichtspunkten insoweit, als die Genehmigung reicht, keine Einwendungen mehr gegen die Zulässigkeit des Vorhabens erhoben werden (zum Verhältnis von privatem Nachbarrecht zum öffentlichen Recht insoweit vgl. ausführlich Postier, BbgNRG § 3 Anm. 2 sowie oben, Einleitung unter Ziff. 6).

7. Der Einwand, die Genehmigung sei rechtswidrig erteilt, ist unzulässig und kann vor den Zivilgerichten nicht überprüft werden. Hat das Verwaltungsgericht rechtskräftig über die Zulässigkeit eines Vorhabens nach öffentlich-rechtlichen Gesichtspunkten entschieden, so ist das Zivilgericht an die Entscheidung gebunden (vgl. BGH, LM § 322 ZPO Nr. 12; NJW 1979, 34, 35; Schäfer zum Nachbarrecht in NRW, § 21 Erl. 7). Wenn ein Gebäude unter Verstoß sowohl gegen das private Nachbarrecht als auch gegen öffentliches Baurecht errichtet wird, besteht insoweit die Möglichkeit einer Zivilklage. Es gibt aber auch die Möglichkeit, im öffentlich-rechtlichen Verfahren gegen die Baubehörde vorzugehen, weil diese fehlerhaft z. B. eine Baugenehmigung erteilt hat oder gegen einen „Schwarzbau" nichts unternehmen will. Zum Umfang der Prüfungspflichten des Zivilgerichts bezüglich öffentlich-rechtlicher Normen und Befreiungstatbestände vgl. BGH, NJW 1993, 925 ff. Für nachbarschaftliche – privatrechtliche – Rechtsbeziehungen, zu denen aber z. B. eine Baugenehmigung keine Aussage trifft, kann eine Bindungswirkung nicht eintreten (BVerwG, NVwZ 1999, 413). Bedeutung hat dies insbesondere für Genehmigungen, die im vereinfachten Verfahren (§ 63 ff. SächsBauO) mit ihren Einschränkungen im bausicherheitsrechtlichen und -technischen Bereich (vgl. z. B. BayVGH, BayVGl. 2000, 377) ergehen.

8. Andererseits hat die Behörde, die über einen Genehmigungsantrag zu entscheiden hat, sich allein an den öffentlich-rechtlichen Vorschriften zu orientieren. Vorschriften dieses Gesetzes zu überprüfen sind ihr untersagt: ihre Prüfung hat sich auf die Zulässigkeit des beabsichtigten Vorhabens nach öffentlich-rechtlichen Vorschriften zu beschränken. So bestimmt auch § 72 Abs. 4 Sächs-

BauO, dass die Baugenehmigung unbeschadet privater Rechte Dritter erteilt wird.

9. Die Nachbarvereinbarung hat grundsätzlich nur schuldrechtliche Wirkung; d.h. sie bindet nur die Personen, die die Vereinbarung ausgehandelt haben sowie ihre **Gesamtrechtsnachfolger** (z.B. Erben, vgl. BGHZ 91, 282ff.; BGH, NJW-RR 2006, 1160f., da diese in vollem Umfang in die Rechtsstellung des Voreigentümers eintreten). Dies gilt auch dann, wenn die getroffene Parteivereinbarung Inhalt eines Prozessvergleichs ist (§ 779 BGB). Eine privatrechtlich abgeschlossene Nachbarvereinbarung bzw. Einwilligung in eine vom Nachbarn geplante Maßnahme bindet auch nicht die Bauaufsicht hinsichtlich der von ihr zu prüfenden Genehmigungsvoraussetzungen (VGH Kassel, NVwZ-RR 2006, 772).

10. Nach Satz 2 können Vereinbarungen zwischen Nachbar und Eigentümer den jeweiligen **Sonderrechtsnachfolger** (z.B. bei Kauf) grundsätzlich nur dann binden, wenn sie in Form einer **Grunddienstbarkeit** im Grundbuch eingetragen worden sind. Ansonsten ist die Einwilligung des Sonderrechtsnachfolgers oder die ausdrückliche Übernahme der Vereinbarung notwendig (vgl. Schäfer zum Nachbarrecht NRW, § 3 Erl. 8, Hodes/Dehner, § 1 Rdnr. 2, auch Palandt/Herrler, § 921 Rdnr. 8 m.w.N.), soweit nicht der Anspruch auf Beseitigung einer Maßnahme aus anderen Gründen (z.B. § 8) ausgeschlossen ist. Die bloße Kenntnis vom Vorhandensein einer Beeinträchtigung stellt sich nicht als Einwilligung bzw. Übernahme der vertraglichen Verpflichtung dar (BGH, NJW-RR 2014, 1043; NJW- RR 2008, 827). Besteht die Übernahme der Leistungsverpflichtung in einem Leihvertrag (§ 598 BGB; zum Beispiel die Gestattung, das Grundstück zu überfahren) oder einem vergleichbaren Dauerschuldverhältnis, so ist dieses jederzeit kündbar (vgl. BGH-RR 2010, 346). Mit dem Wirksamwerden der Kündigung endet die Duldungspflicht (§§ 605, 314 BGB). Eine solche Kündigung ist auch nach langer vertraglicher Duldung möglich (BGH, NJW RR 2015, 1234), sofern nicht außergewöhnliche Umstände dem ent-

gegenstehen (z.B. Gestattung eines Notwegerechts nach § 917 BGB). Bei der Prüfung, ob vertragliche Verpflichtungen auf einen Sonderrechtsnachfolger übergehen, ist auch das Gebot des **nachbarschaftlichen Gemeinschaftsverhältnisses** zu beachten sowie auch der **Grundsatz von Treu und Glauben** (§ 242 BGB). Erfolgt nämlich die Veräußerung eines Grundstückes allein zu dem Zweck, eine schuldrechtliche Verpflichtung zu unterlaufen, bleibt es bei der bestehenden Bindungswirkung (vgl. Bauer/Schlick, § 2 Anm. 3a mit Hinweis auf BGH, NJW-RR 2012, 346).

In Ausnahmefällen wirkt eine getroffene Vereinbarung zwischen Nachbarn auch gegenüber dem Sonderrechtsnachfolger. Das ist zum Beispiel der Fall bei einer in einem Miet- oder Pachtvertrag enthaltenen Verpflichtung nach §§ 566, 581 Abs. 1 Satz 2 BGB. So hat eine Vereinbarung über eine gemeinsame Grenzanlage dingliche Wirkung für die Dauer des Bestehens dieser Anlage. Einem Grenzfeststellungsvertrag, in dem sich die Nachbarn auf der Grundlage einer vorgenommenen Vermessung auf einen bestimmten Verlauf der Grundstücksgrenze einigen, kommt diese dingliche Wirkung ebenfalls zu (vgl. OLG Brandenburg, NJW-RR 2009, 1097 ff.). Zu weiteren Ausnahmefällen vgl. Bauer/Schlick, § 2 Anm. 3b.

11. Der Gesetzgeber hat im Übrigen aber bewusst davon abgesehen, eine Regelung zu schaffen, nach der vertragliche Vereinbarungen ohne Weiteres auch auf den Sonderrechtsnachfolger übergehen, da dies im Hinblick darauf, dass solche Vereinbarungen auch mündlich getroffen werden können, zu Unsicherheiten beim Rechtsnachfolger und zu Beweisschwierigkeiten führen kann. Wird eine Verpflichtung auch des Sonderrechtsnachfolgers gewünscht, so empfiehlt sich die Bestellung einer Grunddienstbarkeit gem. der §§ 1018 ff. BGB, was durch Satz 2 zweite Alternative klargestellt wird oder aber die ausdrückliche Übernahme der Verpflichtung durch den Erwerber, etwa im Kaufvertrag (siehe oben Anm. 2).

Zweiter Abschnitt
Einfriedungen

Einführung vor §§ 4 ff.

1. Die §§ 4 ff. ergänzen die §§ 921, 922 BGB. Dort sind lediglich Regelungen über sog. **Grenzanlagen** enthalten. Hierunter versteht man Einrichtungen auf der Grenze, deren Zweck es ist, die Grundstücke voneinander zu trennen (a. A. Palandt/Herrler, § 921 Rdnr. 1; wie hier RGZ 70, 200) und die zum Vorteil beider Grundstücke dienen. Dieser Vorteil kann darin bestehen, dass die Grundstücke durch die Trennung eine gewisse Abgeschlossenheit erlangen, es kommen aber auch andere Zwecke in Betracht, wie z. B. eine gemeinsame Entwässerung bei einer auf der Grenze angelegten Drainage oder eine gemeinsame Garagenzufahrt als Grenzanlage (OLG Düsseldorf, MDR 1968, 322).

2. Eine Grundstückseinfriedung ist nur dann Grenzanlage i. S. d. BGB, wenn sie auf der Grenze (wenngleich nicht notwendig mit der Mittellinie) errichtet ist und auch dem Nachbarn zum Vorteil dient. Für die Beurteilung ist nicht auf den Zeitpunkt der Anpflanzung, sondern auf den aktuellen Zustand abzustellen (BGH NJW 2000, 512). Dann gilt hinsichtlich der Unterhaltungskosten § 922 Satz 2 BGB, der eine hälftige Teilung vorsieht. In diesem Fall steht die Einfriedung im Miteigentum von Nachbar und Eigentümer (str., wie hier Dehner, B § 7 III 3; a. A. die h. M. vgl. Palandt/Herrler, § 921 Rdnr. 4; BGH NJW 2015, 2489; RGZ 70, 200: jedem Nachbarn gehört der auf seinem Grundstück stehende Teil; offen gelassen in BGH NJW 2000, 512). Für derartige Grenzanlagen darf der Landesgesetzgeber keine abweichenden Vorgaben treffen. In den übrigen Fällen (die Einrichtung steht nicht auf der Grenze, sie dient nur zum Vorteil einer der Parteien oder ist ausdrücklich gegen den Widerspruch des Eigentümers errichtet worden) greifen die §§ 921, 922 BGB nicht; stattdessen gelten die §§ 903 ff. BGB mit der Folge, dass der errichtende Nachbar grundsätzlich keinen Beschränkungen unterliegt.

3. Hier hat der Landesgesetzgeber nach Art. 124 EGBGB die Möglichkeit, die Rechte des Eigentümers in Bezug auf eine Einfriedung seines Grundstückes zu begrenzen. Von dieser Befugnis ist in den einzelnen Landesgesetzen in unterschiedlicher Weise Gebrauch gemacht worden. Während in den meisten Ländern eine Einfriedungspflicht besteht, die von einer Verpflichtung, die rechte Grundstücksseite auf eigene Kosten einzufrieden (z. B. § 24 BerlNRG; § 28 BbgNRG) bis zur Einfriedungspflicht auf allen Grundstücksseiten (§ 14 HessNRG) reicht, hat sich der Sächsische Gesetzgeber für einen **Verzicht auf eine Einfriedungspflicht** entschieden. Hiermit bleibt er noch hinter § 317 ZGB zurück, der zwar eine Einfriedungspflicht enthielt, diese aber nur in Ausnahmefällen vorsah. Der Nutzungsberechtigte hatte hiernach sein Grundstück einzuzäunen, wenn die Art und Weise der Nutzung, die Interessen des Grundstücksnachbarn, die Verkehrssicherheit oder andere „gesellschaftliche Interessen“ dies erforderten. Nach § 333 DBO, der bis zum 20.07.1990 fortgalt, bestand des Weiteren eine Einfriedungspflicht an der Grenze zu öffentlichen Verkehrs- und Grünflächen, die von der Staatlichen Bauaufsicht durchgesetzt wurde. Der Verzicht auf eine Einfriedungspflicht im Sächsischen Nachbarrechtsgesetz beruht auf der Erwägung, dass eine einklagbare Verpflichtung generell zur Streitvermeidung nicht geeignet ist und sich in der Rechtspraxis gezeigt hat, dass in den meisten Fällen, in denen eine Einfriedung wegen der Nutzung der Grundstücke erforderlich ist, eine Einigung der betroffenen Parteien über Bauweise und Kostentragung ohnehin erfolgt, die über eine Grunddienstbarkeit auch gegenüber dem Einzelrechtsnachfolger abgesichert werden kann. Eine solche Einigung ist gegenüber den §§ 4 ff. vorrangig (§ 3). Gleichfalls vorrangig sind Vorschriften des öffentlichen Rechts, die Regelungen über Grundstückseinfriedungen treffen. Derartige Einfriedungspflichten sind beispielsweise in vielen gemeindlichen Satzungen enthalten, die zur Regelung eines einheitlichen Ortsbildes nach den Vorschriften des BauGB (§§ 9 Abs. 1 Nr. 25, 178 BauGB) erlassen wurden. Sie können sich ferner aus Grünordnungsplänen gem. § 6 Abs. 2 SächsNatschG ergeben. Eine Einfrie-

dungspflicht können auch die in Kleingärten nach dem Bundeskleingartengesetz erlassenen Kleingartenordnungen enthalten; diese Kleingartenordnungen sind regelmäßig Bestandteil der Pachtverträge nach § 4 BKleingartenG zwischen der Kleingartenorganisation und dem Kleingärtner und binden diesen im Verhältnis zu seinem Pächter und mittelbar auch zu den anderen Pächtern (vgl. Einleitung Anm. 1). Demgegenüber ist in der neuen sächsischen Bauordnung die Regelung in § 10 SächsBauO a. F., wonach Baugrundstücke entlang der öffentlichen Verkehrsfläche ganz oder teilweise eingefriedet oder abgegrenzt werden mussten, wenn die Sicherheit dies erforderte, aus Deregulierungsgründen nicht mehr fortgeführt worden.

Ein öffentlich-rechtliches **Einfriedungsverbot** regelt andererseits § 27 Abs. 2 SächsStrG, für die Fälle, in denen durch die Einfriedung die Sicherheit und Leichtigkeit des Verkehrs gefährdet wäre. § 11 Abs. 2 BFernStrG enthält das Verbot, Anpflanzungen, Zäune und mit dem Grundstück nicht fest verbundene Einrichtungen anzulegen, wenn sie die Verkehrssicherheit von Bundesfernstraßen beeinträchtigen. Diese Regelungen sind nicht nachbarschützend.

§ 4
Einfriedungsrecht

Jeder Nachbar darf sein Grundstück einfrieden. Ortsübliche Einfriedungen dürfen auch auf der Grenze errichtet werden. Eine Einfriedung darf bei Grundstücksgrenzen zu dem Gemeingebrauch dienenden Flächen nicht auf der Grenze vorgenommen werden. Die Vorschriften des Dritten Abschnittes bleiben unberührt.

Erläuterungen

1. Satz 1 statuiert ein **Einfriedungsrecht** des Nachbarn. Zum Begriff des Nachbarn vgl. § 1 Abs. 1 Satz 1 und Abs. 2 und die Kommentierung hierzu in § 1 Anm. 1. Allerdings ist die offizielle Paragraphenüberschrift zu § 4 nicht ganz exakt, da sich aus der Zusammenschau mit § 5 ergibt, dass die Vorschriften des Nachbar-

rechtsgesetzes neben einem Rechtsanspruch auch eine Obliegenheit des Nachbarn zur Einfriedung ergeben, da er bei einem Verzicht „riskiert", sich an den Unterhaltungskosten einer von dem Eigentümer errichteten Einfriedung beteiligen zu müssen; die Vorschriften sind somit durchaus „einfriedungsfreundlich". Anders als in einigen Nachbarrechtsgesetzen, die eine Einfriedungspflicht enthalten (§ 39 Abs. 1 ThürNRG; § 39 Abs. 1 RhpflNRG; § 32 Abs. 1 NWNRG; § 28 Abs. 1 SchlHNRG) gelten die Einfriedungsvorschriften des Sächsischen Nachbarrechtsgesetzes unabhängig davon, ob sich das Grundstück innerhalb eines im Zusammenhang bebauten Ortsteils nach § 34 BauGB oder im Außenbereich befindet. Lediglich bei pflanzlichen Einfriedungen sind unterschiedliche Abstandsregelungen zu beachten (Satz 4 i. V. m. §§ 9 ff.).

2. Die Vorschrift hat lediglich deklaratorischen Charakter, da sich ein Einfriedungsrecht bereits aus den §§ 903 ff. BGB i. V. m. Art. 14 Abs. 1 GG ergibt (s. o. Einleitung). Sie dient aber der Klarstellung in Abgrenzung von anderen landesgesetzlichen Regelungen, die eine Einfriedungspflicht ausdrücklich vorsehen. Ausnahmsweise soll ein Einfriedungsrecht nach dem nachbarschaftlichen Gemeinschaftsverhältnis nicht bestehen, wenn über Jahrzehnte ein gemeinsamer Zugang von der Straße auf beide Grundstücke erfolgte und die Zuwegung sich so über beide Grundstücke windet, dass durch die Errichtung der Einfriedung der Nachbar sein Grundstück nunmehr nicht mehr betreten könnte (LG Leipzig 16 S 697/05, Urteil vom 04.08.2006 https://www.justiz.sachsen.de/lentschweb/documents/16S6975.pdf)

3. Gem. § 3 sind bei der Errichtung einer Einfriedung die entgegenstehenden Vorschriften des öffentlichen Rechts zu beachten. Nach § 61 Abs. 1 Nr. 7a SächsBauO sind Mauern und Einfriedungen **bis 2 m Höhe** außer im Außenbereich genehmigungsfrei; gegenüber dem alten Recht, das eine Höhe bis 1,8 m vorsah, bedeutet dies eine geringfügige Erleichterung. Wird diese Höhe überschritten oder liegt das Vorhaben im Außenbereich, richtet sich die Zulässig-

keit einer Einfriedung oder Mauer nach den §§ 62 bis 64 SächsBauO. Im Zivilprozess kann der Nachbar aber nicht allein deshalb die Beseitigung einer Einfriedung verlangen, weil ein notwendiges Genehmigungsverfahren nicht durchgeführt oder eine Freistellung nicht erteilt wurde. Auch inhaltlich sind die Anforderungen an die Errichtung von Einfriedungen gelockert worden: Nach § 6 Abs. 7 Nr. 3 SächsBauO bleiben Stützmauern und geschlossene Einfriedungen in Gewerbe- und Industriegebieten generell, außerhalb dieser Gebiete bis zu einer Höhe von 2 m in den Abstandsflächen eines Gebäudes sowie ohne eigene Abstandsflächen zulässig, auch wenn sie nicht an die Grundstücksgrenze oder das Gebäude angebaut werden. Im Übrigen gilt für sie das Verunstaltungsverbot des § 9 SächsBauO, ergänzt durch kommunale Satzungen oder Bebauungspläne. Ein Beseitigungsanspruch nach §§ 1004, 823 BGB soll aus einem Verstoß gegen das Verunstaltungsverbot allerdings nicht hergeleitet werden können (OLG Naumburg, Urteil vom 12.10.2015 – 12 U 165/14 –, juris).

4. Eine Definition des **Begriffes der Einfriedung** enthält das Gesetz nicht. Herkömmlicherweise wird unter einer Einfriedung eine beliebige Einrichtung verstanden, die geeignet ist, ein Grundstück gegenüber den von der Außenwelt eindringenden, störenden Einwirkungen abzuschirmen (Stadler, Bayerisches Nachbarrecht, Kap. 4 E 1). Ob eine Anlage diese funktionalen Eigenschaften erfüllt, richtet sich nicht nach den subjektiven Absichten des Bauherrn, sondern allein nach objektiven Kriterien. Maßgeblich ist das Urteil eines verständigen Durchschnittsbetrachters. Es kommt bei einer Anlage mit mehreren Funktionen auch nicht entscheidend darauf an, wie sie im allgemeinen Sprachgebrauch bezeichnet wird (VGH Baden-Württemberg, Beschluss vom 01.08.2018 – 5 S 272/18 –, Rdnr. 35, juris). Der Begriff ist weiter als derjenige der baulichen Anlage im Sinne der SächsBauO. Eine Grenzscheidungsfunktion wie in § 921 BGB ist nicht erforderlich, da das nach Satz 1 gewährte Recht, das Grundstück beliebig einzufrieden, nur für Einfriedungen gilt, die sich hinter der Grenze befinden.

5. Eine Einfriedung nach Satz 1 kann aus vielfältigen **Materialien** bestehen, da das Gesetz – anders als etwa § 11 BWNRG – keine allgemeine Regel über die Beschaffenheit der Einfriedung enthält. Es kommen hier insbesondere in Betracht Hecken, Zäune, Stacheldrahtverhaue und Gräben, nicht aber eine Grenzabmarkung (Trennpfosten, Randsteine u. Ä.) i. S. d. § 919 BGB (Stadler a. a. O.). Die Einfriedung muss nicht das gesamte Grundstück umfassen, sondern kann sich auf einzelne Grenzteile beschränken. Zu fordern ist aber, dass sie fest mit Grund und Boden verbunden ist, weshalb ein beweglicher Sichtschutz nur dann eine Einfriedung darstellt, wenn er mit einer feststehenden Anlage verbunden ist (Stadler, a. a. O.; a. A. LG Görlitz, Beschluss vom 01.06.2018 – 2 S 21/18 für eine Sichtschutzmatte). Eine bloße Stützmauer stellt noch keine Einfriedung dar (BGH NJW-RR 1997, 16; OLG Dresden, Beschluss vom 02.01.2018 – 4 U 1400/17 –, juris; differenzierend VGH Baden-Württemberg a. a. O.). Überragt eine Stützmauer indes die „natürliche Geländehöhe", gilt sie als Einfriedung, auch wenn sie nicht gleichzeitig als Abgrenzung gegenüber dem Nachbargrundstück dient (a. A. allerdings OLG Stuttgart, Beschluss vom 28.07.2016 – 1 U 80/16 –, juris). Auch ein mobiler Elektro-Weidezaun ist keine Einfriedung im Sinne des Nachbarrechts (AG Brandenburg, Urteil vom 05.08.2015 – 34 C 93/12 –, juris).

Die Offenheit des Gesetzes für verschiedenste Einfriedungsarten besagt indes nicht, dass der Nachbar ohne Beteiligung des Eigentümers tatsächlich eine beliebige Einfriedung errichten könnte: Er hat in jedem Fall die Anzeigepflicht nach § 27 zu beachten, die dem Eigentümer die Geltendmachung seiner möglicherweise entgegenstehenden Rechte offenhalten soll. Dass allgemeine Verbot des Rechtsmissbrauches gilt auch bei der Errichtung von Einfriedungen. Hiernach ist es dem Nachbarn, der auf der Grenze eine ortsübliche Einfriedung errichtet hat, beispielsweise verboten, direkt daneben eine nicht ortsübliche Einfriedung zu setzen, da hierdurch der Gesamteindruck der Anlage wesentlich geprägt wird und sich diese für das Auge des Betrachters als eine Einheit darstellt. Die vom BGH (in BGHZ 73, 272 (274)) aufgestellten Grundsätze müssen auch für die Nachbarrechtsgesetze gelten, die keine Einfriedungspflicht vorsehen (AG Bremen, Urteil vom 04.02.2011 – 7 C 268/2010 –, juris: für das Berliner NRG auch AG Berlin-Wedding, Grundeigentum 2007, 1261: Wenn auf der Grenze ein ortsüblicher Maschendrahtzaun vorhanden ist, darf der Nachbar nicht zusätzlich einen 2 m hohen Schilfmattenzaun errichten; anders aber Dehner B § 9 III 5). Dies gilt jedenfalls dann, wenn – wie in § 4 – die optisch-ästhetische Beschaffenheit einer Einfriedung auf der Grenze ausdrücklich geregelt wird (vgl. BGH, Urteil vom 21.09.2018 – V ZR 302/17 –juris). Ausnahmen bestehen aber im Rahmen der nach § 12 Nr. 3 zulässigen Bepflanzung, da von Anpflanzungen hinter einer undurchsichtigen Mauer keine Störungen ausgehen können.

6. Nach Satz 2 dürfen „ortsübliche" Einfriedungen auch auf der Grenze errichtet werden. Das Gesetz greift hier die aus § 906 Abs. 2 BGB bekannte Begrifflichkeit auf. Eine Einfriedung ist daher als **ortsüblich** anzusehen, wenn in dem maßgebenden Vergleichsbezirk eine Mehrheit von Grundstücken mit einer annähernd gleichen Einfriedung bebaut ist. Ist dies der Fall und hat sich eine einheitliche Übung herausgebildet, schadet es auch nicht, wenn einige wenige Grundstücke „aus dem Rahmen fallen" (Dehner B § 9 III 4).

a) Die Ortsüblichkeit wird häufig durch Vorschriften des öffentlichen Bau-, Straßen- und Ordnungsrechts vorgegeben. Regelt etwa eine Ortssatzung, dass die Einfriedung in einer bestimmten Form erfolgen soll, so ist diese Form als ortsüblich anzusehen. Das Gleiche gilt beispielsweise bezüglich der Kleingartenordnung in einer Kleingartensparte.

b) Die Ortsüblichkeit kann aber nicht durch **vertragliche Vereinbarung** festgelegt werden: In einem Urteil aus dem Jahre 1992 (BGH, NJW 1992, 2569) hatte der BGH einen Fall zu entscheiden, in dem ein Bauträger in Verträgen mit Kaufinteressenten die Klausel aufgenommen hatte „Die Grundstücksgrenzen der Häuser sind durch eine Heckenbepflanzung gekennzeichnet". Der BGH entschied, dass allein diese Klausel noch nicht zur Festlegung einer Ortsüblichkeit einer Heckenbepflanzung ausreiche. Es sei vielmehr auf die Einfriedungsart abzustellen, die sich nach Fertigstellung der von dem Bauträger errichteten Reihenhaussiedlung als die vorherrschende ergebe.

c) Ferner soll hiernach die Ortsüblichkeit einer Einfriedung nicht nach den Verhältnissen im Zeitpunkt ihrer Errichtung, sondern im Streitfall nach denjenigen zur Zeit der letzten mündlichen Verhandlung in der Tatsacheninstanz zu beurteilen sein (BGH, a. a. O.; a. A. Dehner, B 9 III. 4: Der Anspruch des Nachbarn auf Herstellung einer ortsüblichen Einfriedung sei durch Erfüllung untergegangen. Diese Begründung greift jedoch nicht gegenüber dem Anspruch des Nachbarn auf Beseitigung einer nachträglich aus der Ortsüblichkeit herausgefallenen Einfriedung). Es ist jedoch fraglich, ob dies auch bei der **Beseitigung** einer Einfriedung gelten kann, wenn sich die entsprechenden Maßstäbe in der Zwischenzeit geändert haben. Die §§ 1004 BGB i. V. m. 4 ff. haben lediglich den Zweck, den Eigentümer von der Errichtung solcher Einfriedungen abzuhalten, die sich erkennbar nicht in den baulichen Gesamtzusammenhang eines Vergleichsgebiets einfügen. Er soll hingegen nicht gezwungen werden, sich jeder Veränderung seines baulichen Umfeldes anpassen zu müssen. Dies folgt aus dem Rechtsgedanken des § 2 ebenso wie aus § 32. Diese Vorschrift begründet einen Bestandsschutz für Einrichtungen, die am 01.01.1998 dem bisherigen Recht entsprachen. Ebenso wie die Änderung der rechtlichen Verhältnisse, die trotz der Ablösung altrechtlicher Normen des SächsBGB bzw. des ZGB durch das Nachbarrechtsgesetz keine Rolle für die Rechtmäßigkeit einer Einfriedung spielt, kann dies im Fall der Änderung der **tatsächlichen Verhältnisse** der Fall sein. Hiergegen spricht auch, dass bei einer Einfriedung der Vergleich mit § 906 Abs. 2 BGB häufig nicht passt, da eine nicht ortsübliche Einfriedung noch nicht zu einer wesentlichen Beeinträchtigung führen muss. Entgegen dem BGH wird man daher einen auf § 1004 BGB i. V. m. § 4 gestützten Beseitigungsanspruch des Nachbarn gegenüber einer nach ihrer

Errichtung „ortsunüblich“ gewordenen Einfriedung ablehnen müssen (ebenso Grziwotz/Lüke/Saller 2. Teil B Rdnr. 71). Für eine Klage auf Beseitigung einer Einfriedung ist daher die Ortsüblichkeit im Zeitpunkt ihrer Errichtung maßgeblich. Ist der Nachbar vor Errichtung der Einfriedung gem. § 27 beteiligt worden, wäre ihm eine Berufung auf eine nachträgliche Änderung der Ortsüblichkeit wegen des Verbots widersprüchlichen Verhaltens **(venire contra factum proprium)** ohnehin verwehrt.

d) Nur nachrangig ist zur Beurteilung der Ortsüblichkeit auf die **tatsächliche** Ortsübung abzustellen.

aa) Dabei stellt sich die Frage, welcher räumliche Bereich als **Vergleichsmaßstab** heranzuziehen ist. Dies ist eine Wertungsfrage, die den Belangen der Nachbarn an einer ihnen auch optisch und ästhetisch zumutbaren Beschaffenheit der Einfriedung Rechnung tragen muss (BGHZ 73, 272 [275]; BGH, NJW 1992, 2569 [2570]) und die im Streitfall der Tatrichter im Wege eines Augenscheins nach §§ 371 ff. ZPO zu beurteilen hat. Es kann hierbei als Vergleichsgebiet ein ganzer Ort, aber auch lediglich ein Straßenzug oder eine Häuseransammlung in Betracht kommen.

bb) Die beabsichtigte Einfriedung muss sich in dieses Vergleichsgebiet **einfügen**, wobei hier die zu § 34 Abs. 1 BauGB entwickelten Maßstäbe entsprechend herangezogen werden können. Hiernach fügt sich eine Einfriedung in die Umgebung ein, wenn sie sich in dem durch die umgebenden Baulichkeiten und Einfriedungen vorgegebenen Rahmen hält (vgl. BVerwGE 55, 369 [385–387]; NVwZ 1990, 755; zur Einfügung einer Einfriedung vgl. OLG Köln, WuM 1993, 77); es ist nicht erforderlich, dass die Art der Anlage oder die verwendeten Pflanzen absolute Übereinstimmung mit der Nachbarschaft aufweisen. Eine quantitative Festlegung der Ortsüblichkeit mit der Angabe von Prozentquoten, von denen ab eine Einfriedung als ortsüblich anzusehen ist, ist ebenfalls abzulehnen (so für den Fall einer „50 %-Quote“ auch Dehner, B § 9 III 4, der aber daran festhält, dass die beabsichtigte Einfriedung in exakt der gleichen Art im Vergleichsgebiet vorkommen müsse).

cc) Fraglich ist die Rechtslage, wenn **keine** Einfriedung als ortsüblich anzusehen ist. Dieser Fall kann beispielsweise in Neubaugebieten auftreten, in denen es sowohl an einer Absprache der Nachbarn untereinander, als auch an einer entsprechenden Ortssatzung fehlt. In diesen Fällen ist § 4 streng nach seinem Wortlaut auszulegen, sodass der Nachbar überhaupt keine Einfriedung auf der Grenze errichten darf, bis sich in der Umgebung ein Vergleichstyp als ortsüblich durchgesetzt hat, indem etwa mehrere Nachbarn **hinter** der Grenze einfrieden (diese Möglichkeit verkennen Kayser/Keinhorst § 4 Rdnr. 9). Die Alternative, jede Einfriedung als ortsüblich anzusehen, würde angesichts der damit einhergehenden Kostentragungspflicht des § 5 Abs. 2 Satz 1 zu für den Eigentümer untragbaren Ergebnissen führen. Die Entscheidung des BGH vom 17.01.2014 – V ZR 292/12, der angenommen hat, wenn sich eine Ortsüblichkeit nicht feststellen lasse, könne es keine Einfriedung geben, die nicht ortsüblich sei, selbst wenn diese Einfriedung ästhetisch unschön und sonst nirgends vertreten sei, ist vor dem Hintergrund der in Nordrhein-Westfalen bestehenden Einfriedungspflicht ergangen und daher auf das SächsNRG nicht übertragbar. Auf eine Regelung, die subsidiär einen Maschendrahtzaun als ortsübliche Einfriedung definiert (wie z.B. § 39 Abs. 2 ThürNRG; § 32 Abs. 1 BbgNRG) hat der Sächsische Gesetzgeber verzichtet, da es in diesen Fällen dem Nachbarn zuzumuten ist, die Einfriedung vollumfänglich auf seinem Grundstück zu errichten und Maschendrahtzäune im Übrigen von zweifelhaftem ästhetischem Wert sind. Davon zu unterscheiden ist der Fall, dass mehrere Einfriedungsarten nebeneinander als ortsüblich anzusehen sind, was allerdings nur dann anzunehmen ist, wenn von allen grundsätzlich in Betracht kommenden Einfriedungsarten sich im Vergleichsgebiet nur eine eng begrenzte Zahl durchgesetzt hat (Dehner a.a.O.). Das wahllose Vorkommen aller möglichen Einfriedungsarten ohne ersichtlichen Vorrang berechtigt den Nachbarn hingegen nicht, eine beliebige Einfriedung auf die Grenze zu setzen. Sind verschiedene Einfriedungen ortsüblich, darf der Bauwillige wählen, welche Einfriedung er errichten will; er muss nicht die am häufigsten vorkommende Ausführungsart auswählen und umsetzen (LG Oldenburg (Oldenburg), Urteil vom 13.06.2017 – 5 S 550/16 –, juris)

e) Die ortsübliche Einfriedung i. S. v. § 4 Satz 2 ist grundsätzlich mit ihrer **Mittellinie** auf die Grenze zu setzen. Es würde jedoch einen Verstoß gegen § 2 sowie das Schikaneverbot in § 226 BGB darstellen, wenn sich der Eigentümer gegen eine Einfriedung, die lediglich Abweichungen im Zentimeterbereich aufweist, mit der Beseitigungsklage zur Wehr setzen könnte. Daher ist eine geringfügige Überschreitung der Grenze, die nur auf Messungenauigkeiten zurückzuführen ist, noch als zulässig anzusehen (so auch die Begründung zum Regierungsentwurf, LT-Drs. 2/4529, S. 20); als geringfügig ist aber nur eine solche Abweichung einzuschätzen, die sich im Zentimeterbereich bewegt, wobei die Grenze im Streitfall aus dem Liegenschaftskataster zu entnehmen ist. Auch eine lediglich geringfügige Grenzüberschreitung darf aber nicht vorsätzlich oder grob fahrlässig im Hinblick auf den genauen Grenzverlauf herbeigeführt worden sein. Die Regelung des § 912 BGB ist hier analog heranzuziehen. Ebenso wie bei einem Überbau i. S. d. BGB muss der Nachbar daher auch eine Einfriedung wieder entfernen, wenn der Eigentümer vor der Errichtung auf den genauen Grenzverlauf hingewiesen hatte und gegen die Grenzüberschreitung Widerspruch eingelegt hatte. Eine Kenntnis seines Architekten (etwa bei der Gestaltung seiner Mauer) ist dem Bauherrn zuzurechnen (BGH, NJW 1977, 375).

f) Befindet sich die Einfriedung demgegenüber hinter der Grenze auf dem Grundstück des Eigentümers, kommt es auf die Ortsüblichkeit nach dem eindeutigen Gesetzeswortlaut nicht an. Gegenüber derartigen Einfriedungen kann der Nachbar weder nach dem SächsNRG noch nach dem BGB einen Unterlassungsanspruch herleiten (AG Hoyerswerda, Urteil vom 27.09.2016 – 1 C 313/15 n. v.). Anders ist dies aber, wenn von dem auf dem Eigentümergrundstück befindlichen Zaun eine Gefahr für das Nachbargrundstück ausgeht (AG Hoyerswerda, Urteil vom 16.06.2016 – 1 C 187/14 n. v.). Dort hatte der Eigentümer auf einem auf seinem Grundstück errichteten Flechtknotenzaun eine Folienschicht und eine Drahtzaunschicht an der dem Nachbargrundstück zugewandten Seite angebracht, wobei spitze Enden auf das Nachbargrundstück ragten).

7. Nach § 27 Satz 1 ist die Errichtung einer Einfriedung zwei Monate vor Durchführung der Maßnahme dem Eigentümer **anzuzeigen**. Dies gilt sowohl für Einfriedungen an der Grenze, als auch für solche, die auf der Grenze stehen. Es handelt sich insofern um eine verfassungsmäßige Inhalts- und Schrankenbestimmung gem. Art. 14 Abs. 1 GG. Dem Eigentümer soll damit die Möglichkeit eröffnet werden, etwaige Einwendungen bereits im Vorfeld geltend zu machen, um einen potenziellen Konflikt im Nachbarschaftsverhältnis zu entschärfen. Führt der Nachbar ein solches Anzeigeverfahren durch und wird nach dessen Abschluss oder mit Einverständnis des Eigentümers eine ortsübliche Einfriedung auf der Grenze errichtet, so erwächst die Einfriedung analog § 16 in Bestandsschutz; ein nachträglicher Wegfall der Ortsüblichkeit bleibt für die bestehende Einfriedung ohne Belang (vgl. oben Anm. 6c).

8. Satz 3 begründet ein Privileg für Flächen im **Gemeingebrauch**. Hierunter sind vor allem öffentliche Straßen, Wege und Grünflächen sowie Gewässer zu verstehen, die nach § 23 WHG i. V. m. § 34 SächsWassG in begrenztem Umfang im Gemeingebrauch stehen. Diese Flächen sollen für den Gemeingebrauch in vollem Umfang erhalten bleiben, da hier der öffentliche Zweck gegenüber dem privaten Einfriedungsinteresse des Nachbarn als vorrangig angesehen wird. Wird eine Fläche erst nach Errichtung der Einfriedung für den Gemeingebrauch gewidmet, so bleibt es auch hier bei dem (zivilrechtlichen) Bestandsschutz. Dies hindert die Behörde nicht, eine Beseitigungsanordnung zu erlassen, wenn die öffentliche Sicherheit oder Ordnung dies erfordert, so etwa, wenn eine Hecke die Sichtverhältnisse an einer Straßenkreuzung beeinträchtigt (vgl. § 3).

9. Die Verweisung in Satz 4 auf die Vorschriften des Dritten Abschnittes stellt klar, dass für **Einfriedungen pflanzlicher Art** die Abstandsvorschriften der §§ 9 bis 11 gelten. Gegen den Willen des Eigentümers darf demnach eine Hecke aus lebenden Pflanzen nicht **auf** die Grenze gesetzt werden; vielmehr sind hier stets Abstände einzuhalten. Gelingt es nicht, eine Einigung herbeizuführen, so ist innerhalb eines im Zusammenhang bebauten Ortsteils ein Mindestabstand von 0,5 m einzuhalten (vgl. § 9). Bei höheren Anpflanzungen, an der Grenze zu landwirtschaftlich genutzten Grundstücken und im Weinbau sind entsprechend größere Abstände einzuhalten (vgl. §§ 9 bis 11). Dies führt dazu, dass in einem Gebiet, in dem beispielsweise Hecken oder Baumreihen die ortsübliche Einfriedungsart darstellen, überhaupt nicht auf der Grenze eingefriedet werden darf. Auf den ersten Blick mag dies so aussehen, als habe der Gesetzgeber hier dem Nachbarn mit der einen Hand ein Recht eingeräumt, das er mit der anderen sofort wieder zurückgenommen habe. Diese Betrachtung greift jedoch zu kurz. Bei pflanzlichen Einfriedungen ist nämlich neben dem Schutz des Eigentümers vor Sichtbehinderungen durch die nachbarliche Einfriedung zu beachten, dass hierdurch noch weitere Beeinträchtigungen hervorgerufen werden können (wie z. B. Auflockerung des Bodens durch übergreifende Wurzeln, Laubfall u. Ä.). Hinzu kommt, dass die Einschränkung für pflanzliche Einfriedungen nicht allzu groß ist, da der Abstand zur Grenze nach § 13 in der Mitte der Pflanze an der Stelle gemessen wird, an der diese aus dem Boden austritt, sodass Äste, Ranken u. Ä. ohne Weiteres bis an die Grenze wachsen dürfen.

§ 5
Kosten

(1) Wer eine Einfriedung errichtet, trägt die Herstellungs- und Unterhaltungskosten.

(2) Die Kosten für die Unterhaltung einer ortsüblichen Einfriedung auf der Grenze tragen der Eigentümer und der Nachbar zu gleichen Teilen. Die

Kosten vorhandener Einfriedungen zu dem Gemeingebrauch dienenden Flächen trägt jeder Nachbar selbst. Die Eigentümer von landwirtschaftlich (§ 201 Baugesetzbuch) genutzten Grundstücken und von Waldflächen sind nicht zur Tragung von Kosten der Unterhaltung von Einfriedungen verpflichtet.

Erläuterungen

1. Die Vorschrift enthält ein abgestuftes System der Kostenverteilung zwischen Nachbar und Eigentümer. Da es in Sachsen keine Einfriedungspflicht gibt, betrifft sie ausschließlich die freiwillige Einzäunung. Dabei wird in verschiedener Hinsicht differenziert: Es kommt darauf an, ob Herstellungs- oder Unterhaltungskosten in Rede stehen, ob die Einfriedung an oder auf der Grenze liegt und ob der Eigentümer nicht nach Abs. 2 Satz 2, 3 privilegiert ist. Ebenso wie in den Fällen des § 922 BGB (vgl. hierzu OLG Karlsruhe MDR 2008, 855; (Staudinger/Roth (2016) BGB § 922, Rdnr. 6) können die Beteiligten eine hiervon abweichende Kostenregelung treffen (§ 3).

2. Abs. 1 stellt den Grundsatz für die Kostentragungspflicht auf: Wer eine Einfriedung errichtet, soll demnach für **sämtliche** Kosten aufkommen.

a) Bezüglich der Errichtungskosten gilt dies sowohl für Einfriedungen an als auch für solche **auf der Grenze**. Das Gesetz geht insoweit davon aus, dass derjenige, der eine Einfriedung errichtet, ein genügend großes Eigeninteresse hat, um es gerechtfertigt erscheinen zu lassen, ihm die Kosten hierfür in vollem Umfang aufzubürden. Diese Regelung weicht von der Verteilung in § 317 Abs. 3 ZGB ab, der eine hälftige Kostentragung vorsah. Das ZGB knüpfte allerdings an eine Einfriedungspflicht an, wie sie in § 317 Abs. 1 ZGB vorgesehen war, und ist insofern schon von der Interessenlage her nicht vergleichbar. Häufig wurde aber auch zu DDR-Zeiten, entgegen § 317 Abs. 3 ZGB oder wenn eine Einfriedungspflicht nicht bestand, die Kostenverteilung so gelöst, dass jeder Nachbar nur die

Kosten einer Einfriedung an seiner rechten Grundstücksseite zu tragen hatte. Diese Regelung ging auf §§ 162 ff. I 8 des Allgemeinen Preußischen Landrechts (ALR) aus dem Jahre 1794 zurück, die freilich nur in den ehemals zu Preußen gehörenden Sächsischen Landesteilen Geltung erlangt hatten. Auch diese Normen korrespondierten aber mit einer Einfriedungspflicht; aus diesem Grund und weil sich eine durchgängige Tradition dieser Art in Sachsen nicht nachweisen ließ, wurde ausweislich der Gesetzesbegründung auf eine derartige Kostenverteilung verzichtet.

b) Ein ungelöstes Problem stellt die Frage dar, wer für die **Errichtungskosten** einer Einfriedung auf der Grenze aufkommen soll, wenn **beide Nachbarn einfrieden** wollen, einer der Nachbarn aber vorzeitig mit dem Bau einer (ortsüblichen) Einfriedung auf der Grenze beginnt, bevor eine Einigung vorliegt. Nach dem Wortlaut des § 5 Abs. 1 wäre er in diesem Fall alleine zur Kostentragung verpflichtet, ohne dass der andere sich finanziell beteiligen müsste. Dies erscheint sinnwidrig, da das Errichtungsinteresse in diesem Fall bei beiden Parteien besteht. Nach der Gesetzesbegründung sollte die Konstellation, dass sowohl Nachbar als auch Eigentümer einfrieden wollen, durch vertragliche Vereinbarung der Parteien geklärt werden (vgl. Begründung zum Regierungsentwurf, LT-Drs. 2/4529, S. 21). § 5 ist daher auf diesen Fall einzuschränken. Für die Fälle des beiderseitig geäußerten Errichtungswillens besteht eine Regelungslücke, die durch Rückgriff auf die allgemeinen Vorschriften des BGB zu schließen ist. Hier kann ein **Aufwendungsersatzanspruch** aus §§ 683, 670 BGB (Geschäftsführung ohne Auftrag) in Betracht kommen. Zwar besorgt der errichtende Nachbar mit der Herstellung der Einfriedung nicht ausschließlich ein fremdes Geschäft; die Wahrnehmung eigener Interessen bei einem auch fremden Geschäft schließt aber den Fremdgeschäftsführungswillen nicht aus (BGHZ, 63, 167; 110, 313). In der Literatur wird allerdings ein Anspruch aus Geschäftsführung ohne Auftrag auf Aufwendungsersatz für die Erstellungskosten einer Einfriedung für den Fall abgelehnt, dass vor Baubeginn die Zustimmung des Eigentümers des Nachbargrundstückes nicht vorlag (Dehner, a. a. O., B § 9 II 2). Begründet wird dies damit, dass eine Ersatzpflicht vor allem dann abzulehnen sei, wenn sich der Nachbar durch den Bau der Einfriedung ungefragt in die Geschäfte des Eigentümers einmische. Diese Argumentation überzeugt in der vorliegenden Konstellation nicht, die dadurch gekennzeichnet ist, dass beide Nachbarn die Errichtung einer Einfriedung auf der Grenze wünschen, es jedoch nicht zu einer vertraglichen Vereinbarung kommt und somit eine Partei einseitig mit der Einfriedung beginnt. Allerdings hat bei einem Rechtsstreit derjenige Nachbar, der Erstattung von Unterhaltungskosten begehrt, zu beweisen, dass auch der Eigentümer eine Einfriedung wollte und er daher in dessen mutmaßlichem Wille handelte.

Der einfriedende Nachbar kann **Aufwendungsersatz** für die anlässlich der Erstellung aufgewendeten Materialien, Pflanzen, Lohnkosten etc. und zur Kostendeckung von dem Eigentümer auch einen Teilvorschuss verlangen (§ 669 BGB). Er ist aber nicht berechtigt, seine eigene Arbeitskraft als Aufwendung abzurechnen (vgl. Palandt/Sprau, a. a. O., § 670 Rdnr. 3).

3. Auch die **Unterhaltungskosten** sind nach Abs. 1 im Grundsatz von dem Errichtenden zu tragen. Allerdings stellt Abs. 2 insofern einige Ausnahmen auf. Dehner (B § 9 III Nr. 5) hält diese Vorschrift wegen Verstoßes gegen höherrangiges Bundesrecht für verfassungswidrig, weil ein Anspruch auf Vorschusszahlung oder Erstattung von Aufwendungen sich allein nach den §§ 683, 684, 812, 922 BGB richte und Art. 124 EGBGB insofern keine weitergehende Ermächtigung an den Landesgesetzgeber enthalte. Hierbei wird freilich übersehen, dass auch die gesetzliche Auferlegung einer Beteiligung an den Kosten einer durch den Nachbarn errichteten Einfriedung eine Eigentumsbeschränkung darstellt, auf die Art. 124 EGBGB Anwendung findet.

a) Nach Abs. 2 Satz 1 gilt für die Unterhaltungskosten einer Einfriedung auf der Grenze der **Grundsatz der Kostenteilung**. Er gilt auch dann, wenn die Einfriedung den Nachbarn unterschiedliche Vorteile bietet, oder wenn die Kosten nur durch die Benutzung durch einen Nachbarn entstanden sind (so für die Grenzeinrichtung auch Staudinger/Roth a.a.O. Rdnr. 6). Dies entspricht § 922 Satz 2 BGB; es handelt sich daher nicht lediglich um eine Beweislastverteilung, wie sie in den §§ 742, 746 BGB für die Gemeinschaft geregelt ist. Die Regelung hat für den Nachbarn, der eine Beteiligung des Eigentümers an den Unterhaltungskosten begehrt, den Vorteil, dass es sich nicht um eine Grenzanlage handeln muss, also die (zumindest stillschweigende) Zustimmung des Eigentümers in diesem Bereich nicht erforderlich ist. Gleichwohl ist nicht zu befürchten, dass ein Nachbar eine „Luxuseinfriedung" errichtet und den Eigentümer gegen dessen Willen auf die Hälfte der Unterhaltungskosten in Anspruch nimmt, da auf der Grenze ohnehin nur eine ortsübliche Einfriedung errichtet werden darf, die den Eigentümer im Regelfall nicht über Gebühr belastet. Dies ergibt sich bereits aus § 4 Satz 2. § 5 Abs. 1 Satz 1 stellt dies noch einmal ausdrücklich klar.

aa) Der Begriff der **Unterhaltungskosten** ist entsprechend § 922 Satz 2 BGB auszulegen. Unterhaltungskosten umfassen demzufolge nur diejenigen Aufwendungen, die erforderlich sind, um die Einfriedung in einer ihrem Zweck entsprechenden Beschaffenheit zu erhalten (Staudinger/Roth, § 922 Rdnr. 6). Hierzu zählen etwa die Kosten des Abbruchs bei einer drohenden Gefahr (BGHZ 16, 12 [16 f.]) und die Kosten für das fachgerechte Schneiden einer Hecke oder das Zurückschneiden eines Baumes. Keine Unterhaltungskosten sind die Kosten die dadurch entstehen, dass einer der Nachbarn die gemeinsame Einfriedung beschädigt oder zerstört (BGHZ 78, 397; Staudinger/Roth, § 922 Rdnr. 8; Grziwotz/Lüke/Saller 2. Teil Rdnr. 88). Abgrenzungsschwierigkeiten können sich bei (im Einvernehmen auf der Grenze errichteten oder von Bestandsschutz umfassten) pflanzlichen Einfriedungen ergeben. Während bei einer Baumreihe oder einer Hecke das Nachpflanzen einzelner Gehölze noch als Unterhaltungsmaßnahme anzusehen ist (Staudinger/Roth,

§ 922 Rdnr. 7), sind Kosten für die vollständige Neuanpflanzung nicht als Unterhaltungskosten umwälzbar. Würde man den Begriff der Unterhaltungskosten derart weit fassen, wäre für eine solche Einfriedung ein Bestandsschutz gegeben, der nach der Konzeption des NRG gerade nicht bestehen soll, da ansonsten ein (etwa infolge einer nachträglichen Grenzfeststellung, vgl. § 16) eigentlich rechtswidriger Zustand aufrechterhalten bliebe. Macht der Nachbar einen Anspruch auf Unterhaltungskosten geltend, so hat er die Notwendigkeit der von ihm vorgenommenen Unterhaltungsmaßnahme darzulegen und zu beweisen.

bb) Die Regelung differenziert nicht danach, ob die Einfriedung vor oder nach Inkrafttreten des Gesetzes (§ 34) errichtet wurde. Allerdings kann ein Anspruch auf Erstattung der Unterhaltungskosten nicht rückwirkend geltend gemacht werden, wenn bislang eine Kostenteilung nicht bestand. Die Ansprüche verjähren in drei Jahren (§ 31 Abs. 1).

cc) Ist eine auf der Grenze stehende, nicht ortsübliche Einfriedung bestandsgeschützt (vgl. § 32) kann der Nachbar die Hälfte derjenigen Kosten verlangen, die für die Unterhaltung einer ortsüblichen Einfriedung anfielen.

b) Eine weitere Ausnahme von dem Grundsatz der alleinigen Kostentragungspflicht des Errichtenden enthalten die Privilegierungen der **Gemeingebrauchsflächen** in Abs. 2 Satz 2 und der land- und forstwirtschaftlichen Flächen in Abs. 2 Satz 3. Im Unterschied zu der Regelung in Abs. 2 Satz 1 stellt Satz 2 auf die bereits bei Inkrafttreten des Gesetzes vorhandenen Flächen ab, da eine neue Einfriedung nach § 4 Satz 2 an der Grenze zu einem solchen Grundstück nicht errichtet werden darf. Die Privilegierung der Gemeingebrauchsflächen beruht auf der Erwägung, dass der öffentliche Zweck, dem diese Flächen dienen, gefährdet würde, wenn die öffentliche Hand von privaten Nachbarn an den Unterhaltungskosten beteiligt würde. Ob eine solche Privilegierung heute noch zeitgemäß ist, mag man bezweifeln.

c) Die Privilegierung in Satz 3 für **Land- und Forstwirte** berücksichtigt das geminderte Interesse an einer Einfriedung zu diesen Grundstücken, da die hiervon ausgehenden Störungen in der Regel geringer sein dürften als in Gebieten mit einer stärkeren Wohnnutzung und eine Beteiligung von Landwirten angesichts der längeren Grundstücksgrenzen für diese zu einer nur schwer tragbaren Belastung führen könnte. Auch dürfte eine Einfriedung zu landwirtschaftlich genutzten Grundstücken in der Regel weder sinnvoll noch üblich sein. Nach seinem Wortlaut greift § 5 Abs. 2 Satz 3 auch in dem Fall ein, in dem der Eigentümer des land- oder forstwirtschaftlich genutzten Grundstückes die Einfriedung errichtet hat. Für diesen Fall gilt die Vorschrift nach ihrem Sinn und Zweck jedoch nicht; dies wäre auch mit der Verantwortlichkeit des Eigentümers für die Einfriedung nicht zu vereinbaren. Errichtet daher der Eigentümer eines land- oder forstwirtschaftlich genutzten Grundstückes eine Einfriedung auf der Grenze, richtet sich die Kostenverteilung nicht nach § 5 Abs. 2 Satz 3, sondern nach § 5 Abs. 2 Satz 1. Handelt es sich bei einer vorhandenen Einfriedung um eine Grenzanlage i. S. d. § 921 BGB, so kann der Nachbar abweichend von § 5 Abs. 2 Satz 3 von dem Eigentümer des land- oder forstwirtschaftlich genutzten Grundstücks gem. § 922 Satz 2 BGB die Hälfte der Unterhaltungskosten verlangen; Fälle dieser Art dürften freilich in der Praxis eher selten sein. Bei landwirtschaftlichen Grundstücken scheidet in der Regel eine Erstattungspflicht für die Unterhaltungskosten bereits unabhängig von § 5 Abs. 2 Satz 3 deshalb aus, weil zu diesen nach § 7 Abs. 1 ein Grenzabstand von 0,6 Metern eingehalten werden muss, wenn beide Grundstücke im Außenbereich liegen und dann ohnehin gem. § 5 Abs. 1 die Unterhaltungskosten vollständig von dem Errichtenden zu tragen sind.

d) Der Begriff der **Landwirtschaft** ist i. S. v. § 201 des Baugesetzbuches zu verstehen. Erfasst sind daher Ackerbau, Wiesen- und Weidewirtschaft einschließlich Pensionstierhaltung auf überwiegend eigener Futtergrundlage, die gartenbauliche Erzeugung, der

Erwerbsobstbau, der Weinbau, die Imkerei und die Binnenfischerei. Voraussetzung ist aber stets, dass eine unmittelbare Bodennutzung betrieben wird und der Boden planmäßig und eigenwirtschaftlich bewirtschaftet wird. Landwirtschaft kann daher auch bei einer lediglich kleingärtnerischen Nutzung des Grundstückes bestehen. Für den Begriff des Waldes kann auf die Definition in § 2 SächsWaldG zurückgegriffen werden.

4. Keine Regelung trifft das Gesetz zur Frage der Benutzung der auf der Grenze stehenden Einfriedung, weil diese bereits in § 922 BGB geregelt ist. Danach kann jeder Nachbar die Einfriedung im Ausmaß ihrer Beschaffenheit nutzen, soweit hierdurch nicht die Mitbenutzung durch den anderen Teil eingeschränkt ist. Liegt die Einfriedung vollständig auf dem Grundstück des Eigentümers, so ist der Nachbar nicht berechtigt, diese für eigene Zwecke mitzubenutzen, etwa Haken oder Gestänge hieran anzubringen (ebenso für den Fall einer grundsätzlichen Einfriedungspflicht nach § 35 BbgNRG Postier, § 35 Rdnr. 2).

Einführung vor § 6

1. § 6 enthält für einen Ausschnittbereich den allgemeinen Grundsatz der **Störerhaftung**. Ersatzpflichtig sind aber nur der Eigentümer bzw. die Personengruppen, die nach § 1 dem Eigentümer gleichgestellt sind. Der Eigentümer kann Verhaltens- oder Zustandsstörer sein.

2. Keine Anspruchsgrundlage bietet die Vorschrift hingegen im Verhältnis zu einem **Mieter** oder **Pächter** des Nachbargrundstückes, da es insofern an einer Regelungskompetenz des Landesgesetzgebers fehlt. Auch in diesen Fällen muss sich der gestörte Nachbar daher an den Grundstückseigentümer halten, der dann seinerseits aus dem Vertragsverhältnis gegen den Mieter/Pächter vorgehen muss. Kommt es durch das Verhalten eines nur schuldrechtlich Berechtigten zu einem Schaden an einem absolut geschützten

Rechtsgut des Nachbarn, so kann dieser freilich nach den allgemeinen Bestimmungen (§§ 823 ff. BGB) Schadenersatz und Unterlassung verlangen.

§ 6
Kostentragungspflicht des Störers

Reicht eine ortsübliche Einfriedung nicht aus, um angemessenen Schutz vor unzumutbaren Beeinträchtigungen durch eine nicht ortsübliche Benutzung des anderen Grundstückes zu bieten, so kann der Nachbar von dem Eigentümer die Erstattung der Mehrkosten der Herstellung und Unterhaltung der Einfriedung verlangen, die für die Verhinderung oder Verminderung der Beeinträchtigungen erforderlich sind.

Erläuterungen

1. Die Vorschrift ist auf der Tatbestandsseite relativ unpräzise gefasst und lässt breiten Spielraum für richterliche Gestaltungsfreiheit, insbesondere bezüglich der Frage, welcher Schutz des Nachbarn als „angemessen“ zu bezeichnen ist. Zur Auslegung der Tatbestandsmerkmale des § 6 können aber §§ 906, 1004 BGB sowie die hierzu ergangene Rechtsprechung herangezogen werden.

a) Eine **unzumutbare Beeinträchtigung** i. S. d. § 6 liegt daher immer dann vor, wenn von dem Grundstück des Eigentümers eine Beeinträchtigung ausgeht, die auch nach § 906 BGB nicht hingenommen werden muss. Die Beeinträchtigung muss nach dem Wortlaut von § 6 noch nicht eingetreten sein. Es reicht vielmehr aus, wenn der verpflichtete Eigentümer einen Zustand unterhält, der eine erstmalige, schwere Beeinträchtigung alsbald erwarten lässt (der eben erst erworbene Hund des Eigentümers erweist sich als ungehorsam, Beispiel nach Bauer/Schlick ThürNRG § 39 Rdnr. 4b). Eine einmalige Beeinträchtigung reicht allerdings nicht aus, erforderlich ist vielmehr eine gewisse Dauer der Störung bzw. eine Wiederholungsgefahr (Bauer/Schlick ThürNRG a. a. O.). § 6 Satz 1 verlangt nicht einen umfassenden, sondern nur einen angemessenen Schutz vor unzumutbaren Beeinträchtigungen.

b) Eine Beschränkung auf die in § 906 BGB aufgeführten Imponderabilien besteht nicht. Unzumutbarkeit ist daher bei jeder wesentlichen, nicht **ortsüblichen Beeinträchtigung** des Nachbargrundstückes anzunehmen. Hierunter fallen allerdings nicht die sog. negativen und immateriellen Einwirkungen. Bei Ersteren handelt es sich um Handlungen, die der Eigentümer auf seinem Grundstück vornimmt und die dazu führen, dass natürliche Vorteile und Zuführungen vom Nachbargrundstück abgehalten werden (Palandt/Herrler, § 903 Rdnr. 9). Beispiele sind Behinderungen der Licht- und Luftzufuhr durch das Errichten von Mauern, Störungen des Satellitenempfangs durch einen auf dem Nachbargrundstück stehenden Baum oder durch Bepflanzung aber auch deren Beseitigung, wenn hierdurch das vorher abgeschottete Nachbargrundstück für jedermann einsehbar wird (BGH, Urteil vom 10.07.2015 – V ZR 229/14 –, juris; LG Koblenz, Beschluss vom 11.10.2018 – 6 S 204/18; vgl. OLG Köln NJW-RR 1992, 526). Unter immateriellen (ideellen) Einwirkungen sind solche zu verstehen, die das ästhetische oder sittliche Empfinden der Nachbarn verletzen oder zu einer Minderung des Verkehrswerts des Grundstücks führen. Eine analoge Anwendung der §§ 1004, 906 BGB kommt hier nicht in Betracht. Das Gesetz enthält hinsichtlich solcher Einwirkungen keine Lücke, sondern belässt es insoweit bewusst bei der Freiheit des Grundstückseigentümers, seine Sache im Rahmen der Gesetze nach Belieben zu benutzen (§ 903 BGB), solange er die Grenzen zu dem Nachbargrundstück nicht durch das Zuführen unwägbarer Stoffe überschreitet (vgl. BGH NJW-RR 2003, 1313 ff.; OLG Hamm, Urteil vom 19.05.2014 – I-5 U 190/13 –, Rdnr. 48, juris für die ästhetische Beeinträchtigung eines Nachbargrundstückes durch einen an der Grundstücksgrenze errichteten Spielturm). Für solche Einwirkungen, die nicht unter §§ 823, 1004 BGB fallen, gewährt auch § 6 selbst dann keinen Kostenerstattungsanspruch, wenn eine solche Nutzung nicht ortsüblich ist.

c) Maßstab für die Wesentlichkeit einer Belastung ist nicht der konkret gestörte Nachbar, sondern das **Empfinden eines verständi-**

gen Durchschnittsnutzers, wobei allerdings die konkrete Nutzung des betroffenen Grundstückes in die Wertung mit einbezogen werden muss (BGH, NJW 1993, 925 [929]; 1656; Palandt/Herrler, § 906 Rdnr. 17). So wird sich z.B. der Eigentümer eines kleingärtnerisch genutzten Grundstückes durch starken Unkrautsamenflug vom Grundstück des Nachbarn stärker gestört fühlen dürfen als der Eigentümer eines brach liegenden Baugrundstückes.

d) Auch eine wesentliche, ortsübliche Beeinträchtigung muss nur dann hingenommen werden, wenn der Nachbar diese nicht durch Maßnahmen verhindern kann, die ihm wirtschaftlich zumutbar sind, wie z.B. Filteranlagen, Zäune u.Ä.

2. Liegen die o.a. Voraussetzungen vor, kann der gestörte Nachbar nach §§ 1004, 823 BGB auf **Unterlassung** der Störung oder **Beseitigung** der bereits eingetretenen Störung klagen. Bei dem Klageantrag handelt es sich um einen Antrag auf Vornahme einer vertretbaren Handlung oder auf Unterlassung einer Handlung, der nach § 887 ZPO (durch Ersatzvornahme) oder § 890 ZPO (Ordnungsgeld oder Ordnungshaft) vollstreckt wird. Bei der Geltendmachung eines Beseitigungsanspruches bleibt die Abhilfe aber dem Störer vorbehalten. Der Kläger kann insoweit nur verlangen, dass diese erfolgt (st. Rspr., vgl. z.B. BGH, NJW-RR 1996, 659, vgl. oben Einleitung 6.). Auch kann er nach dem Bürgerlichen Gesetzbuch keine Erstattung von dem Störer verlangen, wenn er sein Grundstück durch bauliche Maßnahmen selbst gegen weitere Störungen absichert. Durch die Regelung in § 6 wird dem gestörten Nachbarn somit ein zusätzlicher Anspruch gewährt, da er hiernach einen Erstattungsanspruch für die Aufwendungen erhält, die über diejenigen hinausgehen, die er nach § 5 Abs. 1 ohnehin zu tragen hätte. Ein Recht des Nachbarn, zur Beseitigung der Störung von § 4 abzuweichen und etwa eine nicht ortsübliche Einfriedung auf die Grenze zu setzen, gewährt § 6 indes nicht (anders aber Schäfer, § 6 Rdnr. 1; wie hier Dehner B § 9 IV). Die Vorschrift gilt für Störungen aller Art, wie z.B. das unzumutbare Eindringen von Hühnern und Katzen auf das Nachbar-

grundstück. Die Rechtsprechung, die das Eindringen von Tieren unter Berufung auf das nachbarschaftliche Gemeinschaftsverhältnis unter gewissen Voraussetzungen für duldungspflichtig erklärt (z.B. OLG Köln, NJW 1985, 2338; OLG Celle, NJW-RR 1986, 821; LG Itzehoe, NJW-RR 1995, 979), gilt allerdings auch hier. Zugleich enthält § 6 einen Rechtfertigungsgrund für einen auf §§ 1004, 823 Abs. 1 BGB gestützten Beseitigungsanspruch des Störers gegen den Nachbarn, wenn die auf der Grenze stehende Einfriedung im Anschluss an die von diesem vorgenommene Sicherungsmaßnahme nicht mehr ortsüblich ist.

§ 6 enthält aber **keine Anspruchsgrundlage** des Nachbarn gegen den störenden Eigentümer auf Errichtung einer Einfriedung, da es sich ausschließlich um eine Aufwendungsersatzregelung handelt. Eine solche Einfriedungspflicht des Störers regelt beispielsweise das Niedersächsische Nachbarrechtsgesetz in § 29 Abs. 2. Diese Pflicht stellt aber lediglich einen Sonderfall der generellen Einfriedungspflicht dar, die das NdsNRG unter bestimmten Voraussetzungen vorsieht. Eine derartige Einfriedungspflicht würde im Regelungskonzept des Sächsischen Nachbarrechtsgesetzes, das in den §§ 4 ff. ausdrücklich von einer solchen Pflicht Abstand genommen hat, einen Fremdkörper darstellen und ist deshalb auch für die Störerhaftung des § 6 abzulehnen.

3. Voraussetzung für einen Anspruch aus § 6 ist, dass eine bestehende Einfriedung zur Abwehr der Störung **nicht ausreicht**. Ein Erstattungsanspruch steht dem Nachbarn aber nicht nur dann zu, wenn er bereits eine Einfriedung errichtet hat, sondern, als Anspruch auf Vorschusszahlung, auch dann, wenn er die Errichtung einer Einfriedung erst beabsichtigt. Durch § 6 wird zwischen Nachbar und Störer insoweit ein gesetzliches Schuldverhältnis i.S.d. §§ 241, 311 BGB begründet, als die Abwehr der nicht ortsüblichen Benutzung des Eigentümergrundstückes betroffen ist. Nach §§ 670, 669 BGB analog ist hier von einer Vorschusspflicht des Eigentümers auszugehen (vgl. BGH NJW 1990, 2058). Unerheblich hierfür ist es, ob die Einfriedung sich auf oder an der Grenze befindet. Der Begriff

der „Ortsüblichkeit“ dient in § 6 ersichtlich nur dazu, die Trennlinie zwischen erstattungsfähigen und nicht erstattungsfähigen Aufwendungen zu markieren. Bis zur Höhe der Kosten für eine ortsübliche Einfriedung hat der Eigentümer die Kosten nach Maßgabe des § 5 zu tragen; die darüber hinausgehenden Kosten fallen unter § 6 (s. im Einzelnen unter Nr. 7). Die Beweislast für die Erforderlichkeit der Mehrkosten trägt nach allgemeinen Grundsätzen der Nachbar, der den Aufwendungsersatz begehrt.

4. Aus § 6 lässt sich kein Recht des gestörten Nachbarn ableiten, eine Einfriedung, die von dem **Störer** errichtet wurde und in dessen Eigentum steht, so auszubauen, dass hierdurch die Störung vermindert oder beseitigt wird, und anschließend von diesem die hierfür erforderlichen Aufwendungen zu verlangen. Erst recht gibt die Vorschrift dem störenden Eigentümer keinen Anspruch gegenüber dem gestörten Nachbarn, wenn er auf dessen Intervention hin an einer in seinem Eigentum stehenden Einfriedung selbst Veränderungen vornimmt, durch die die Störung abgestellt wird (offengelassen von Dehner B § 9 III). Handelt es sich bei der Einfriedung um eine Grenzanlage i. S. v. § 921 BGB, ist eine Veränderung wegen § 922 Satz 3 BGB ausgeschlossen. In diesem Fall bleibt nur der allgemeine Störungsbeseitigungsanspruch aus § 1004 i. V. m. § 823 Abs. 1 BGB. Ein weiteres Tatbestandsmerkmal von § 6 ist daher, dass die Einfriedung im Eigentum des gestörten Nachbarn steht.

5. Der Nachbar kann die Einfriedung so ausbauen, dass weitere von dem Grundstück des Eigentümers ausgehende unzumutbare Störungen vermindert oder verhindert werden, da es dem Störer vorher jederzeit möglich ist, den Erstattungsanspruch durch Beseitigung der Beeinträchtigung (etwa durch Abschaffung oder Einzäunung der störenden Tiere) abzuwenden. In diesem Fall entfällt die „**Erforderlichkeit**“ i. S. v. § 6. Er ist grundsätzlich nicht gezwungen, sich mit einer Verbesserung zufrieden zu geben, die lediglich zu einer Verminderung der Störungen führt, wenn gleichzeitig die Möglichkeit bestünde, durch eine andere angemessene Maßnahme

die Störung vollständig zu verhindern. Nur in den Fällen, in denen Kosten und Nutzen in keinem angemessenen Verhältnis zueinander stehen, fehlt es an der „Erforderlichkeit" i. S. d. § 6 (so zu § 670 BGB BGH, NJW 1994, 87); diese immanente Beschränkung des Aufwendungsersatzanspruches folgt aber bereits aus § 2 und aus § 242 BGB sowie dem Rechtsgedanken des § 906 Abs. 2 Satz 1 BGB. Ist hiernach die Erstattung von Aufwendungen für den Eigentümer unzumutbar (z. B. das Grundstück des in Anspruch genommenen Hartz-IV-Empfängers weist eine sehr lange Grundstücksgrenze auf, die von seinen Hühnern 1- bis 2-mal im Jahr überschritten wird), ist der Nachbar ausnahmsweise nach Treu und Glauben daran gehindert, sich auf § 6 zu berufen. Die Frage, ob eine Maßnahme in diesem Sinne erforderlich war, muss aber immer anhand der Umstände des konkreten Einzelfalles – ggfs. durch Sachverständigengutachten – beurteilt werden. In der Praxis dürften sich hier die meisten Streitfragen entzünden. Im Unterschied zu § 670 BGB ist bei § 6 aber ein streng **objektiver Maßstab** anzulegen. Es kommt mithin nicht darauf an, ob der Nachbar die Aufwendungen „für erforderlich halten durfte", sondern ob sie tatsächlich erforderlich sind. Bei fehlender objektiver Notwendigkeit ist ein Anspruch daher auch dann nicht gegeben, wenn der Nachbar nach sorgfältiger Prüfung von der Notwendigkeit der von ihm getätigten Aufwendungen ausgehen konnte.

6. Hat der Nachbar die Baumaßnahmen vorgenommen, so kann der Störer gegenüber dem Aufwendungsersatzanspruch nicht mehr einwenden, dass er die Störung mittlerweile selbst abgestellt habe, sofern diese im Zeitpunkt der Baumaßnahmen noch bestand. Die Erforderlichkeit einer Maßnahme ist bezogen auf den Zeitpunkt ihrer Vornahme zu beurteilen.

7. Der Begriff der **„Mehrkosten"** beinhaltet die Kosten, die über eine ortsübliche Einfriedung hinaus für die Verhinderung oder Verminderung der Beeinträchtigung erforderlich sind. Dabei geht das Gesetz, indem es an die Terminologie in § 5 anknüpft, stillschwei-

gend davon aus, dass ein Erstattungsanspruch nach § 6 nur im Anschluss an die Verbesserung einer auf der Grenze stehenden Einfriedung (die nach § 4 immer ortsüblich sein muss) geltend gemacht wird (a. A. aber Kayser/Keinhorst § 6 Rdnr. 6). Bessert der Nachbar allerdings eine allein auf seinem Grundstück stehende Einfriedung aus, die nicht ortsüblich ist, ist fraglich, in welcher Höhe er Aufwendungsersatz fordern kann.

Beispiel: A hat auf seinem Grundstück eine niedrig wachsende Hecke errichtet. Ortsüblich sind aber niedrige Mauern. Vom Grundstück des B dringen regelmäßig Hühner ein, die die Beete des A erheblich verunreinigen.

Hätte A auf der Grenze eine niedrige Mauer errichtet (= ortsübliche Einfriedung) könnte er die Kosten für die Erhöhung der Mauer nach § 6 von B ersetzt verlangen. Verbessert er aber die auf seinem Grundstück errichtete Einfriedung (beispielsweise durch Ergänzung um einen Maschendrahtzaun), so muss ihm ebenfalls ein solcher Erstattungsanspruch zustehen, da es sinnwidrig wäre, von ihm die Beseitigung der Hecke und die Errichtung einer Mauer zu verlangen, um gegenüber B einen Erstattungsanspruch geltend machen zu können. Allerdings darf dies nicht dazu führen, dass der Nachbar deutlich erhöhte Mehrkosten für die Verbesserung einer zuvor von ihm errichteten **„Luxuseinfriedung“** geltend machen kann, beispielsweise Erhöhung einer Natursteinmauer in einer von Jägerzäunen gepragten Nachbarschaft. Nach dem Sinn des Gesetzes ist vielmehr der Kostenerstattungsanspruch auf die Höhe begrenzt, die bei der Verbesserung einer ortsüblichen Einfriedung entstanden wäre. Im Streitfall ist dies durch ein Sachverständigengutachten zu klären. Für die Frage der Ortsüblichkeit wird im Prozess in der Regel eine Augenscheinseinnahme erforderlich sein. Hätte A im Beispielsfall überhaupt noch keine Einfriedung errichtet, so könnte er auch auf seinem Grundstück eine beliebige Einfriedung vornehmen, die zur Verminderung der Störung beiträgt. Auch hier wäre der Aufwendungsersatz aber wieder auf den Betrag begrenzt, der (fiktiv) für die Verbesserung einer ortsüblichen Einfriedung anfiele. In jedem

Fall ist der Aufwendungsersatzanspruch auf die tatsächlich angefallenen Kosten begrenzt, auch dann, wenn die Verbesserung einer nicht ortsüblichen Einfriedung geringere Kosten verursacht. Eine „Genugtuungsfunktion“ kommt dem Anspruch aus § 6 nicht zu.

Erhöhen sich durch die Verbesserung einer Einfriedung des Nachbarn über die Ortsüblichkeit hinaus auch die Unterhaltungskosten, so hat der Störer auch diese Mehrkosten zu tragen. Bei einer Einfriedung **auf der Grenze** kommt es dann zu einer Abweichung von § 5 Abs. 2 Satz 1, bei einer Einfriedung an der Grenze entsteht die Unterhaltungskostenverpflichtung des Eigentümers neu.

§ 7
Abstand von der Grenze

(1) Eine Einfriedung muss von der Grenze eines landwirtschaftlich genutzten Grundstücks des Nachbarn 0,6 m zurückbleiben, wenn beide Grundstücke außerhalb eines im Zusammenhang bebauten Ortsteils liegen und nicht in einem Bebauungsplan als Baugebiet ausgewiesen sind. Der Geländestreifen vor der Einfriedung darf bei der Bewirtschaftung des Grundstücks des Nachbarn betreten und befahren werden.

(2) Die Verpflichtung nach Abs. 1 erlischt, wenn eines der beiden Grundstücke Teil eines im Zusammenhang bebauten Ortsteils oder in einem Bebauungsplan als Bauland ausgewiesen wird.

Erläuterungen

1. § 7 verdrängt in seinem Anwendungsbereich die Grundregel des § 4. Auch eine ortsübliche Einfriedung darf hiernach nicht auf der Grenze errichtet werden. Soweit es sich um eine pflanzliche Einfriedung handelt, geht § 10 den Abstandsvorschriften des § 7 vor, sofern die dortigen Abstände größer sind (anders aber Schäfer § 45 Erl. 7; ebenso Bauer/Schlick, § 42 Anm. 1, jeweils zum ThürNRG; wie hier Kayser/Keinhorst § 7 Rdnr. 1).

2. Die Vorschrift ist ein Schutzgesetz i. S. d. § 823 Abs. 2 BGB und enthält i. V. m. § 1004 BGB das Recht des Nachbarn, von dem Eigen-

tümer die Einhaltung des vorgeschriebenen Grenzabstandes zu fordern. Abs. 1 Satz 2 enthält den Anspruch des Nachbarn, das Grundstück des Eigentümers im Rahmen der Bewirtschaftung in Anspruch zu nehmen. § 7 gilt nur für landwirtschaftlich genutzte Grundstücke. Zum Begriff der Landwirtschaft vgl. § 201 BauGB und oben § 5 Anm. 3d.

3. Wird das Nachbargrundstück nicht nur **vorübergehend** nicht mehr landwirtschaftlich genutzt, kann der Eigentümer eine Einfriedung wieder grundsätzlich bis an die Grenze setzen. Der Nachbar hat bei Wiederaufnahme der landwirtschaftlichen Tätigkeit dann auch keinen Beseitigungsanspruch. Solange allerdings noch für einen unbeteiligten Dritten die Absicht des Nachbarn erkennbar ist, die landwirtschaftliche Nutzung in der nächsten Zeit wiederaufzunehmen, besteht auch der Anspruch aus § 7 fort.

4. Bei dem Recht aus Abs. 1 Satz 2 handelt es sich um das sog. **Anwende- und Schwengelrecht** (auch Tret- oder Trepprecht genannt), das vereinzelt bereits in altrechtlichen Gesetzen enthalten (vgl. die Zusammenstellung bei Dehner, § 28 III) und auch in der DDR gewohnheitsrechtlich anerkannt war. Es erlaubt dem Eigentümer landwirtschaftlich genutzter Flächen, diese bis zur Grundstücksgrenze ordnungsgemäß zu bestellen und zu bearbeiten und stellt eine im Allgemeininteresse liegende öffentlich-rechtliche Eigentumsbeschränkung des Nachbargrundstückes dar, die die vollständige und ungehinderte Bewirtschaftung von Ackerland gewährleisten soll. Zu diesem Zweck hat der Grundstücksnachbar auf seinem Grundstück einen Streifen von 60 cm Breite entlang der Grenze freizuhalten, um ein über die Grenze hinausragenden Zugschwengel, ein Flugrat oder eine Radachse nicht zu behindern. Das Schwengelrecht gilt auch, wenn ein Acker nicht mehr mit Zugtieren, sondern mit Zugmaschinen bestellt wird (hierzu OVG Bremen, Urt. v. 14.02.1989 – 1 BA 64/88 –, NVwZ-RR 1990, 62, 62;VG Hannover, Urteil vom 14.06.2017 – 7 A 4022/16 –, Rdnr. 37, juris). Zur Durchsetzung dieses Rechts wurde zu DDR-Zeiten ein Anspruch

auf Einräumung eines Mitbenutzungsrechts nach §§ 321, 322 ZGB gewährt, wenn dies im Interesse der ordnungsgemäßen Nutzung des benachbarten Grundstückes erforderlich war. Das Anwende- und Schwengelrecht kommt in der Regel in den kleinstrukturierten Lagen der klassischen Ackerbaugebiete vor, die noch nicht flurbereinigt sind. Es wird ergänzt durch das in § 917 BGB gewährleistete Notwegerecht, das den Zugang zu einem Grundstück ermöglicht. Eine zivilrechtlich wirkende Baubeschränkung kann hieraus nicht abgeleitet werden; insoweit sind allein die zivil- und öffentlich-rechtlichen Vorschriften heranzuziehen.

5. Im Vergleich zu anderen Nachbarrechtsgesetzen (vgl. etwa § 42 ThürNRG) ist die sächsische Regelung „landwirtschaftsfreundlich“, da die dort geregelte Abstandsvorschrift in jedem Fall einzuhalten und nicht auf die Nutzbarkeit des Grundstückes mit „Gespann und Schlepper“ beschränkt ist und dem Landwirtschaft betreibenden Nachbarn ausdrücklich ein Anwende- und Schwengelrecht eingeräumt wird. Auch hat der einfriedende Eigentümer den Abstand selbst dann einzuhalten, wenn der Nachbar ihn hierzu nicht ausdrücklich auffordert; in der Regel kann auch das bloße Schweigen des Nachbarn auf die nach § 27 Abs. 1 obligatorische Anzeige des einfriedungswilligen Eigentümers nicht als stillschweigende Zustimmung ausgelegt werden, wenn nicht in anderem Zusammenhang ein entsprechender Wille geäußert wurde. Dem **Schweigen** kommt nur in eng begrenzten Ausnahmefällen eine Rechtswirkung zu, namentlich in den Fällen, in denen der Schweigende nach Treu und Glaube verpflichtet gewesen wäre, seinen entgegenstehenden Willen zu äußern (Palandt/Ellenberger, Einf. 6 vor § 116). Eine solche absolute Verpflichtung lässt sich der Formulierung in § 27 Abs. 3 aber wohl nicht entnehmen (vgl. § 27 Anm. 5). In der Literatur (Kayser/Keinhorst § 7 Rdnr. 3) wird noch weitergehend bereits das Bestehen einer Anzeigepflicht des einfriedungswilligen Eigentümers abgelehnt. § 7 modifiziert indes lediglich die Abstandsvorschriften, lässt die Grundregel in § 4 aber unberührt. Die in § 27 aufgeführte Anzeigepflicht im Falle der be-

absichtigten Einfriedung eines Grundstückes greift daher auch gegenüber landwirtschaftlich genutzten Grundstücken ein.

6. Voraussetzung für die Anwendung von § 7 ist die Lage beider Grundstücke außerhalb des unbeplanten Innenbereiches nach § 34 BauGB oder eines durch Bebauungsplan ausgewiesenen Baugebietes gem. § 5 Abs. 1 Nr. 1 BauGB. Die im Bereich des Baurechts auftretenden **Abgrenzungsprobleme** stellen sich auch hier. So bilden z. B. nach ständiger Rechtsprechung weder befestigte Stellplätze (BVerwG, BRS 54 Nr. 65) noch Datschen in einem Kleingartengelände (BVerwG, NJW 1984, 1576) oder ein Reitplatz (BVerwG, BRS 54, Nr. 64) einen Bebauungszusammenhang.

Bei Grundstücken in unmittelbarer Nähe eines im Zusammenhang bebauten Ortsteils i. S. v. § 34 BauGB ist nach den örtlichen Verhältnissen im Einzelfall zu ermitteln, ob das Grundstück noch an dem Bebauungszusammenhang teilhat oder ob es sich bereits im Außenbereich nach § 35 BauGB befindet. Dabei reicht der Bebauungszusammenhang so weit, wie die Bebauung dem Betrachter noch einen Eindruck von Geschlossenheit vermittelt (BVerwGE 41, 227; BauR 1999, 152 (156); OVG Bautzen, Urteil vom 04.07.2018 – 1 A 150/18 – juris; vgl. im einzelnen Grizwotz/Lüke/Saller 5. Teil Rdnr. 165 ff.). Gleiches gilt für ein Grundstück, das zwar von einer geschlossenen Bebauung umgeben ist, selbst aber nicht am Eindruck der Geschlossenheit und Zusammengehörigkeit teilnimmt (OVG Bautzen, Urteil vom 04.07.2018 – 1 A 150/18 –, juris). In all diesen Fällen muss der Abstand nach § 7 eingehalten werden, wenn sie sich in der Nachbarschaft eines landwirtschaftlichen Grundstückes befinden.

7. Die Abstandsvorschrift von 0,6 m entspricht nach der Begründung des Regierungsentwurfes der traditionellen Fahrzeugbreite. Für moderne Landmaschinen dürfte sie jedoch nicht ausreichen. Eine wesentlich großzügigere Abstandsregelung wäre allerdings wohl auch unter Berücksichtigung des Eigentumsrechts des Grundstückseigentümers unverhältnismäßig gewesen. Das Abstandsrecht

gilt nur gegenüber dem landwirtschaftlich genutzten Teil des Nachbargrundstücks; reine Wirtschaftswege zählen hierzu nicht, eine Regelung hierzu ist in das Sächsische Nachbarrechtsgesetz nicht aufgenommen worden (anders etwa § 42 Abs. 1 Satz 3 ThürNRG)

8. Die in § 7 Abs. 1 Satz 2 umschriebenen Tätigkeiten sind **abschließend**. Klargestellt wird insbesondere, dass auch das über den traditionellen Anwendungsbereich des Anwende- und Schwengelrechts hinausgehende Befahren mit maschinengetriebenen Fahrzeugen (Traktoren, Mähdreschern u. Ä.) grundsätzlich zulässig ist. Entsteht bei der Ausübung des Anwende- und Schwengelrechts ein Schaden auf dem Grundstück des Eigentümers, so ist der Nachbar nach § 28 ersatzpflichtig, ohne dass es auf ein Verschulden ankäme (vgl. die Ausführungen zu § 28 Anm. 1).

9. Nach Abs. 2 erlöschen die Verpflichtung, den in Abs. 1 vorgeschriebenen Abstand einzuhalten und das Anwende- und Schwengelrecht des Nachbarn, wenn eines der beiden Grundstücke Bestandteil des unbeplanten Innenbereichs oder als Baugebiet ausgewiesen wird. Die mit dieser Veränderung des rechtlichen Zustandes einhergehende Wertsteigerung des Grundstückes würde dann auch die Aufrechterhaltung dieser Ansprüche nicht mehr rechtfertigen. Der Wunsch des benachbarten Landwirtes, sein Grundstück möglichst bis an die Grenze mit Ackergeräten zu bewirtschaften, muss in diesen Fällen zurücktreten.

§ 8
(aufgehoben)

Die Vorschrift betraf in Verbindung mit den §§ 15 und 30 die Ausschlussfrist für die Geltendmachung des Beseitigungsanspruchs auf eine Einfriedung. Sie ist durch das Gesetz zur Anpassung landesrechtlicher Verjährungsvorschriften an die Vorschriften des BGB zum 01.01.2009 aufgehoben worden. Vgl. zur alten Rechtslage die 2. Auflage.

Dritter Abschnitt
Grenzabstände für Pflanzen

§ 9
Grenzabstände für Bäume und Sträucher

(1) Der Nachbar kann vom Eigentümer verlangen, dass Bäume, Sträucher oder Hecken innerhalb eines im Zusammenhang bebauten Ortsteils mindestens 0,5 m oder, falls sie über 2 m hoch sind, mindestens 2 m von der Grundstücksgrenze des Nachbarn entfernt sind.

(2) Außerhalb eines im Zusammenhang bebauten Ortsteils genügt ein Grenzabstand von 1 m für alle Anpflanzungen.

(3) § 25 des Waldgesetzes für den Freistaat Sachsen (SächsWaldG) vom 10. April 1992 (SächsGVBl. S. 137) bleibt unberührt.

Erläuterungen

1. Das BGB enthält keine Bestimmungen über **Grenzabstände** für Bäume und Pflanzen; der jeweilige Landesgesetzgeber kann daher landesspezifische Regelungen über Grenzabstände treffen. Diese sollen vorbeugend wirken, indem sie schon den **Überwuchs** von Wurzeln und Zweigen verhindern, sodass es gar nicht erst zu den Voraussetzungen des § 910 BGB (Selbsthilferecht bei Überhang und Überwuchs) kommen soll (Staudinger, § 910 Rdnr. 35). Ein Anspruch auf z. B. Entfernung eines über die Grenze ragenden Astes oder Zweiges besteht z. B. auch dann, wenn eine kommunale Baumschutzsatzung dies verbietet, da diese Satzung keine landesrechtliche Vorschrift i. S. d. § 111 EGBGB ist (AG Kerpen vom 12.04.2011, Az. 110 C 140/10; anders aber z. B. AG Hamburg-Blankenese vom 07.11.2012, Az. 531 C 6/12). Überhängende Zweige eines Baumes sind aber zu dulden, wenn der Baum unter Naturschutz steht, wie z. B. eine Rotbuche, und die Beseitigung der Äste nicht aus Gefahrgründen zwingend geboten ist, LG Koblenz, Urteil vom 03.07.2007, Az. 6 S 162/05). Denn die Vorschriften zum Naturschutz von Bund und Ländern sowie auch **Baumschutzsatzungen**, die z. B. auf der Grundlage der §§ 12, 18 Abs. 1 Satz 2 BNatSchG in

Verbindung mit dem jeweiligen Landesrecht ergangen sind, binden die Eigentümer des jeweils geschützten Baumes und die durch den Baum beeinträchtigten Nachbarn. Wollen die Nachbarn die Beeinträchtigung verhindern, haben sie die privatrechtliche (nachbarrechtliche) und öffentlich-rechtliche (naturschutzrechtliche) Rechtslage zu beachten und müssen, soweit dies rechtlich möglich ist, auf eine Ausnahmegenehmigung hinwirken (vgl. hierzu ausführlich Bauer/Schlick, § 44, Anm. 2a).

Regelungen zum Grenzabstand sind auch erforderlich, da z.B. durch die **Schattenwirkung** von Bäumen erhebliche **Beeinträchtigungen** des Nachbargrundstücks verursacht werden können und Abwehransprüche gegen die „Entziehung von Licht und Luft" nach herrschender Meinung (vgl. BGH, NJW 1992, 2569, OLG Hamburg, MDR 1963, 135; NJW 1975, 170; NJW-RR 1989, 464; BGH, NJW-RR 2003, 1313; Palandt/Herrler, § 909, Rdnr. 9 m.w.N.) sich nicht aus dem BGB ergeben (so genannte **negative Einwirkungen**, die grundsätzlich zu dulden sind; vgl. hierzu auch zum fehlenden Anspruch auf Rückschnitt von Bäumen OLG Hamm, Urteil vom 28.09.1998, 5 U 67/98). Solche negativen Einwirkungen können nur dann als Eigentumsbeeinträchtigung i.S.d. § 1004 Abs. 1 BGB angesehen werden, wenn die betreffende Beeinträchtigung gegen eine Rechtsnorm verstößt, die den Inhalt des Eigentumsrechts im Interesse des Nachbarn beschränkt und damit zugleich dessen Eigentumssphäre entsprechend erweitert. Dies festzustellen ist Sache des Landesnachbargesetzes (vgl. u.a. BGH vom 10.07.2015, V ZR 229/14). Dementsprechend besteht der Regelungsgrund der Grenzabstandsvorschriften vor allem darin, möglichen Kontroversen vorzubeugen und den Grundsatz der gegenseitigen Rücksichtnahme im Nachbarrecht durch allgemein geltende Grenzabstandsbestimmungen zu statuieren (vgl. Urteil des BGH vom 02.06.2017, V ZR 230/16). Die auf das privatrechtliche Nachbarrecht bezogenen Vorschriften des Dritten Abschnittes dieses Gesetzes gelten allerdings unbeschadet anderer Beschränkungen des Anpflanzungsrechts. Hier können öffentlich-rechtliche Bestimmungen Inhalt und

Schranken des Eigentums konkretisieren (vgl. BVerfG, NJW 1990, 1229; BGHZ 120, 239). Solche öffentlich-rechtlichen Bestimmungen finden sich insbesondere im Straßenrecht und auch im Bau- und Naturschutzrecht (z. B. § 9 Abs. 1 Nr. 25; § 189 BauGB) sowie in weiteren öffentlich-rechtlichen Bestimmungen (zum Verhältnis privates Nachbarrecht zu öffentlich-rechtlichen Vorschriften vergl. oben § 3 Anm. 5; zu weiteren privatrechtlich geregelten Beschränkungen vgl. unten, Anm. 8).

2. Das ehemalige Sächsische Bürgerliche Gesetzbuch (SächsBGB vom 02.01.1863, GVBl. S. 6) enthielt keine Regelungen über Grenzabstände von Pflanzen. In der ehemaligen DDR waren privatrechtliche Rechtsnormen über die Grenzabstände von Pflanzen nach Inkrafttreten des ZGB nur noch in dessen § 319 i. V. m. der Generalklausel des § 316 geregelt (vgl. Janke, NJ 1983, 17 ff., 55). Daneben galt in Anlagen des Verbandes der Kleingärtner, Siedler und Kleintierzüchter (VKSK) dessen Kleingartenordnung (veröffentlicht z. B. in Kleingartenwesen, Kleintierzucht, Kleintierhaltung, Textausgabe 1987, Staatsverlag der DDR), die konkrete Bestimmungen über Grenzabstände enthielt. Diese wurde weitgehend auch außerhalb der VKSK-Anlagen als Richtlinie herangezogen. Nr. 4.2 der Kleingartenordnung bestimmte unter anderem:

4.2 Anpflanzungen

(...) um Beeinträchtigungen der Nachbargärten zu vermeiden sind folgende Pflanz- und Grenzabstände einzuhalten:

Apfel, Niederstamm, Stammhöhe bis 60 cm	2,00 m
Viertelstamm 80 cm	3,00 m
Sauerkirsche, Niederstamm	2,00 m
Obstgehölze in Heckenform	2,00 m
Himbeeren, Brombeeren als Spalier	0,75 m
Ziergehölze und Hecken mindestens	1,00 m

3. Eine Übernahme dieser komplizierten Regelung erschien dem Gesetzgeber des Sächsischen Nachbarrechtsgesetzes mit dem Be-

streben, klare und einfache Normen zu schaffen, nicht vereinbar. In dem Bemühen, allgemein verständliche und für jeden Grundstückseigentümer, auch den, der über keine botanischen Kenntnisse verfügt, leicht nachvollziehbare Regelungen zu entwickeln, hat der Gesetzgeber auch darauf verzichtet, unterschiedliche Anforderungen für Bäume und Sträucher einerseits sowie Hecken andererseits, zu statuieren (so aber z. B. das Berliner Nachbarrecht, §§ 27, 28 – vgl. Postier, Nachbarrecht in Berlin, § 27 Anm. 1) sowie auch die komplizierten Regelungen im hessischen Nachbarrecht (dazu: Hodes/Dehner, § 38) oder im Thüringer Nachbarrecht (§ 44). Mit der Regelung des § 9 soll der Nachbar in erster Linie vor unzumutbarem Schattenwurf geschützt werden. Dies soll durch den speziell geregelten Anspruch auf Beseitigung nach § 14 gewährleistet werden. Mit Rücksicht auf diese Intention des Gesetzes schien es nicht geboten, von den in nachbarrechtlicher Beziehung stehenden Beteiligten besondere Kenntnisse in Bezug auf die jeweilige **Anpflanzung** abzufordern.

4. Das Gesetz stellt auf die tatsächliche Höhe der jeweiligen Anpflanzung ab und nicht, wie in einigen anderen Landesnachbargesetzen, auf die Art der Anpflanzung. Denkbar wäre es gewesen, die einzuhaltenden Abstände nicht unmittelbar von der tatsächlichen Höhe der in Betracht kommenden Hölzer und Sträucher abhängig zu machen, sondern nur mittelbar, indem das Gesetz darauf abstellt, ob es sich um mehr oder weniger stark wachsende Bäume handelt oder ob Obstgehölze auf stärker oder schwächer wachsender Unterlage veredelt sind (so z. B. § 44 ThürNRG). Dies hätte aber zur Folge, dass in diesen Fällen schon beim Anpflanzen die vorgeschriebenen Abstände einzuhalten wären, ohne Rücksicht auf die angebliche oder spätere Höhe der Bäume oder Sträucher (vgl. Schäfer, Thüringer Nachbarrechtsgesetz, § 44 Erl. 2). Wie schwierig eine solche Klassifizierung im Gesetz ist, zeigt sich daran, dass je nach Bundesland die Anpflanzung unterschiedlich eingeordnet wird. So gilt z. B. die Linde in Hessen als „ sehr stark wachsend“, in Berlin nur als „stark wachsend“ und in Baden-Württemberg le-

diglich als „großwüchsig“. Von den 22 in mehreren Landesnachbargesetzen beispielhaft erwähnten Baumsorten werden nur acht übereinstimmend in dieselbe Kategorie eingeordnet. Ein derartig kompliziertes und unübersichtliches Regelungssystem hat der Gesetzgeber des Sächsischen Nachbarrechtsgesetzes aus den geschilderten Gründen vermieden. Gegen die Einteilung der Pflanzen in Gruppen besteht auch das Bedenken, dass es dem Nachbarn mit durchschnittlichen botanischen Kenntnissen häufig nicht möglich sein dürfte, rechtzeitig zu erkennen, welcher Art das junge Bäumchen angehört oder ob es zu den sehr stark wachsenden oder zu stark wachsenden Arten zu zählen ist. Auch erschien es unbillig, dass der Eigentümer einen ganz kleinen Baum, der den Nachbarn noch gar nicht stört, sogleich wieder entfernen sollte. Unter Umständen müsste der Nachbar über einen aufgrund des nachbarrechtlichen Gemeinschaftsverhältnisses (§ 242 BGB) zugestandenen Anspruch auf Auskunftserteilung Klage erheben mit dem Ziel, Mitteilung über die Klassifizierung des Baumes oder Strauches zu erhalten. Auch der Umstand, dass in Ziergärten zunehmend nicht generell in Mitteleuropa vorhandene Bäume und Sträucher angepflanzt werden, birgt die Gefahr in sich, dass es zwischen Nachbarn über die Klassifizierung der Pflanzen zu Streitigkeiten kommt. Dies will aber das Nachbarrechtsgesetz gerade vermeiden. Wie dargestellt, hat sich der Gesetzgeber in § 9 bemüht, eine Regelung zu schaffen, die einfach zu handhaben und jedermann einsichtig ist.

5. § 9 enthält den Grundsatz für die Festlegung des Grenzabstandes von Anpflanzungen zum Nachbargrundstück. Die nachfolgenden Bestimmungen gehen auf (örtliche) Besonderheiten ein oder regeln Ausnahmen.

Die Abstände sind vom Gesetzgeber so gewählt, dass auch in relativ eng bebauten **Neubauwohngebieten** eine ausreichende Begrünung mit Pflanzen und Bäumen gewährleistet ist. Bei den vor allem in städtischen Bereichen vielfach nur sehr kleinen Flächen, die einer gärtnerischen Nutzung, sei es als Kleingarten oder auch als Erholungsgrundstück zur Verfügung stehen, spielt zwar die rationelle

Nutzung eine wichtige Rolle. Es soll aber durch die Regelung gleichzeitig auch gewährleistet werden, dass eine den herkömmlichen Ortsbildern entsprechende Bepflanzung auch bei den im neuzeitlichen Wohnungsbau überwiegend kleinflächigen Grundstückszuschnitten überhaupt noch entstehen kann. Angesichts der fortschreitenden Verdichtung der Wohngebiete wird zunehmend auf ökologische Gesichtspunkte geachtet, die auf eine intensive Begrünung auch kleinerer Flächen gerichtet sind und damit letztlich auch der Umweltbelastung entgegenwirken. Der Gesetzgeber hat daher versucht, den **Interessenwiderstreit** durch eine einfache und unkomplizierte Regelung zu umgehen und festgelegt, dass Bäume, Sträucher oder Hecken unterhalb einer Größe von 2 m innerhalb eines im Zusammenhang bebauten Ortsteiles mindestens 0,5 m von der Grundstücksgrenze entfernt sein müssen; Anpflanzungen, die über 2 m hoch sind, müssen mindestens 2 m von der Grundstücksgrenze des Nachbarn entfernt sein. Da sich die Grenzabstände der Bäume und Pflanzen nach der Höhe der Pflanzung zu richten haben, kann jeder, der einen Baum oder Strauch pflanzt, dem Gesetz entnehmen, welche Höhe die an dieser Stelle stehende Pflanze ohne Zustimmung oder stillschweigende Duldung des Nachbarn nicht überschreiten darf. Der Eigentümer kann sich von vornherein überlegen, ob er den Baum oder Strauch später – falls er selbst dies für geboten hält oder der Nachbar dies verlangt (§ 14) – durch wiederholtes Zurückschneiden auf der zulässigen Höhe halten oder ihn dann wieder beseitigen will (vgl. AG Görlitz, Urteil vom 05.07.2005, 1 C 1111/04).

6. § 9 gilt für Bäume und Sträucher (**Gehölzpflanzen**) mit der Ausnahme von **Rebstöcken** (siehe hierzu § 11). Mit **Stauden** – auch großen Stauden wie z. B. Sonnenblumen – brauchen die im Gesetz erwähnten Grenzabstände nicht eingehalten zu werden. Der Unterschied zwischen Stauden und Sträuchern besteht darin, dass bei Stauden jährlich am Ende der Vegetationsperiode die oberirdischen Teile oder die Pflanze selbst ganz oder teilweise absterben. Dies gilt z. B. auch für Elefantengras, das vom LG Coburg weder als Busch

noch als Baum angesehen wurde (LG Coburg, Beschluss vom 27.07.2009, Az. 32 S 23/09). Bäume sind ausdauernde Holzgewächse mit ausgeprägtem Stamm und bevorzugtem Längenwachstum an den Spitzen des Sprosssystems. Sträucher, die ebenfalls zu den Holzgewächsen gehören, zeichnen sich dadurch aus, dass eine basisbetonte Verzweigung aus mehr oder weniger zahlreichen Seitenachsen mit schwächerem Wuchs besteht, wobei die Hauptachse meistens verkümmert ist. Hiervon betroffen sind im Regelfall auch die **Hecken**, für die ebenfalls die Abstand- und Höhenregelungen des § 9 gelten, sofern die Abstände des § 7 nicht unterschritten werden. Die Abstandsregelung des § 9 ist auch dann zu beachten, wenn die Hecke sich als Grundstückseinfriedung darstellt (vgl. oben, Anm. 9 zu § 5). Eine Hecke ist eine Anpflanzung, bei der die Sträucher, aber auch Bäume, in dichter Reihe angepflanzt sind und die im Regelfall der Einfriedung des Grundstückes dient, wobei sie im Allgemeinen – mindestens zur Grenze hin – beschnitten wird oder beschnitten werden soll. Nach dem OLG Karlsruhe sollen auch Bambuspflanzen eine Hecke bilden können (OLG Karlsruhe, Urteil vom 25.07.2014, Az. 12 U 162/13).

7. Die Abstands- und Höhenbegrenzungen gelten auch für Pflanzen, die nicht durch menschliches Zutun entstanden sind, sondern die sich z. B. selbst ausgesät haben oder durch natürlichen **Samenflug** gewachsen sind. Eine besondere Vorschrift für derartige **wildwachsende Pflanzen** hielt der Gesetzgeber nicht für notwendig (anders z. B. das BbgNRG, § 43), da der Wortlaut des § 9 erkennbar alle Pflanzen erfasst und sie dem Verantwortungsbereich des Grundstückseigentümers, auf dem sie stehen, zuordnet.

8. Der dritte Abschnitt (Grenzabstände) regelt ausschließlich das Verhältnis der Höhe einer Anpflanzung in Bezug auf den Abstand zur Grundstücksgrenze. Beeinträchtigungen des Nachbarn, die von der Anpflanzung – abgesehen von deren Höhe – ausgehen können, fallen nicht in den Regelungsgehalt dieser Vorschriften. Wenn das Eigentum des Nachbarn durch **Unkrautsamenflug** oder durch Ab-

fallen von **Laub** und Blütenteilen beeinträchtigt wird, können sich Abwehr- und Beseitigungsansprüche aus § 1004 BGB ergeben. Eine derartige Beeinträchtigung muss aber rechtswidrig sein, was dann nicht der Fall ist, wenn der Eigentümer aus einem besonderen Rechtsgrund verpflichtet ist, die Beeinträchtigung zu dulden (§ 1004 Abs. 2 BGB). Duldungspflichten können sich aus einer Vereinbarung, aber auch aus dem Gesetz direkt ergeben, wobei § 906 BGB in diesem Fall von besonderer Bedeutung ist. Zwar werden Laubbefall, Pollenflug u. Ä. ausdrücklich nicht in § 906 Abs. 1 Satz 1 erwähnt; sie gehören jedoch nach gefestigter Rechtsprechung und herrschender Meinung ebenfalls zu den „ähnlichen Einwirkungen“ im Sinne dieser Vorschrift (vgl. Palandt/Herrler, § 906 Rdnr. 22; OLG Stuttgart, NJW 1986, 2768; OLG Frankfurt, NJW-RR 1987, 1101; BGH, NJW 2004, 1037; dazu auch Dehner, B § 16 S. 9 ff.). Einwirkungen i. S. d. § 906 BGB hat der Nachbar allerdings grundsätzlich zu dulden, wenn sie die Benutzung des eigenen Grundstücks nicht oder nur unwesentlich beeinträchtigen. Hierbei ist nicht auf das Empfinden des gerade betroffenen Nachbarn abzustellen, da besondere Empfindlichkeiten bei der objektiven Bewertung der Erheblichkeit einer Einwirkung außer Betracht zu bleiben haben. Im Streitfall ist vielmehr auf das Empfinden eines **verständigen Durchschnittsmenschen** abzustellen (vgl. BGH, NJW 1993, 925 und NJW 1993, 1658). Zu dulden ist eine Beeinträchtigung auch, wenn sie zwar wesentlich ist, die Benutzung des störenden Grundstücks aber **ortsüblich** ist und die Beeinträchtigung nicht durch wirtschaftlich zumutbare Maßnahmen verhindert werden kann. Im letzteren Fall kann der Nachbar Entschädigung in Geld verlangen. Ortsüblich ist die Benutzung eines Grundstücks immer dann, „wenn im maßgeblichen Vergleichsbezirk die Mehrheit der Grundstücke mit nach Art und Wirkung annähernd gleich beeinträchtigender Einwirkung auf Nachbargrundstücke genutzt werden“ (BGH, NJW 1983, 751; Schäfer, ThürNRG, Vorb. § 44 Erl. 7 m. w. N.). Das Vergleichsgebiet ist daher so zu umgrenzen, wie es sich dem Beobachter infolge des dem betreffenden Umkreis eigentümlichen Gepräges als zusammengehörig darstellt, auch wenn die

Teile des Vergleichsgebiets verschiedenen Ortsgemeinden, Verwaltungsbezirken oder sogar Ländern angehören (vgl. ausführlich Dehner, B § 16, S. 63 ff.; vgl. zur Ortsüblichkeit auch § 4 Anm. 6a; Wenzel, NJW 2005, 241, 245). Danach ist es durchaus möglich, dass in einem weitgehend ländlich geprägten Bereich eine Beeinträchtigung eher hinzunehmen ist als in einem durch enge Bebauung geprägten Stadt- oder Stadtrandbezirk.

9. Für den **Überhang** (Wurzeln eines Baumes oder eines Strauchs, herüberragende Zweige oder Äste) trifft das BGB in § 910 ebenfalls eine (abschließende) Regelung, sodass nicht auf den dritten Abschnitt dieses Gesetzes zurückgegriffen werden kann. Danach kann der Nachbar Wurzeln eines Baumes oder eines Strauchs, die von dem anderen Grundstück auf seines eingedrungen sind, abschneiden und behalten, wenn durch das Eindringen die Benutzung des eigenen Grundstücks beeinträchtigt wird. Bei nur unerheblicher Beeinträchtigung gilt aber das Selbsthilferecht des § 910 BGB nicht (NJW-RR 1989, 1177; 1997, 656; Palandt/Herrler, § 910 Rdnr. 3). Auch herüberragende Zweige und Äste kann der Nachbar unter den gleichen Voraussetzungen abschneiden, wenn er dem Eigentümer des beeinträchtigenden Grundstücks eine angemessene Frist zur Beseitigung gesetzt hat und die Beseitigung nicht innerhalb der Frist erfolgt ist. Die Wachstums- und Obsternte-Zeiten sind allerdings bei der Fristsetzung zu berücksichtigen (Palandt/Herrler, § 910 Rdnr. 2). Auch ist zu berücksichtigen, dass der Überhang geduldet werden muss, wenn ein Eingriff in den Bestand des Baumes aufgrund einer vorhandenen **Baumschutzsatzung**, die allerdings allgemein verbindliche Regelungen enthalten muss, untersagt ist und eine Befreiung vom Verbot nicht möglich ist (vgl. oben Anm. 1 sowie Schäfer, a. a. O., Erl. 27). Die Kosten der Beseitigung in Ausübung eines **Selbsthilferechts** nach § 910 BGB hat der zu tragen, der das Recht wahrnimmt und die Beeinträchtigung im Wege der Selbsthilfe beseitigt (LG Frankfurt, NJW-RR 1986, 503).

10. Da der Gesetzgeber den Grenzabstand von Anpflanzungen explizit geregelt hat, ist für die Anwendung des Grundsatzes über das sogenannte nachbarrechtliche Gemeinschaftsverhältnis grundsätzlich kein Raum. Es sind dennoch Ausnahmefälle denkbar, in denen aufgrund des allgemein geltenden Gebots von Treu und Glauben (§ 242 BGB) ein Nachbar vom Grundstückseigentümer verlangen kann, dass dieser sich hinsichtlich der Anpflanzung an der Grenze weitergehenden Beschränkungen unterwirft, als dies in den §§ 9 ff vorgesehen ist. Dies setzt jedoch voraus, dass aufgrund besonderer und außergewöhnlicher Umstände trotz Einhaltung des vorgesehenen Abstandes eine erheblich stärkere Beeinträchtigung des Nachbargrundstücks gegeben ist, als das Gesetz es für den Normalfall vorsieht. Dies kann z.B. der Fall sein in besonders eng bebauten Reihenhaussiedlungen oder Ferienwohnanlagen, wenn die Einhaltung der Abstandsvorschriften zu nicht hinnehmbaren Beeinträchtigungen führen würde. Aber auch dann muss es dem verpflichteten Grundeigentümer bzw. Sondernutzungsberechtigten zuzumuten sein, eine solche Beschränkung seiner Eigentumsposition hinzunehmen (vgl. Dehner, B § 22 S. 4 m.w.N.), wenn die Besonderheiten des Einzelfalles dies gebieten. Eine generelle Aussage in dieser Hinsicht verbietet sich insoweit.

11. Abs. 2 ist im Zusammenhang mit Abs. 1 zu lesen. Außerhalb eines im Zusammenhang bebauten Ortsteils lässt Abs. 2 bei über 2 m hohen Bäumen, Sträuchern und Hecken einen Grenzabstand von 1 m zu. Durch diese Regelung wird bei Grundstücken, die naturgemäß im Regelfall größer sind als Grundstücke in im Zusammenhang bebauten Ortsteilen und nicht die Enge haben, wie gewöhnlich Grundstücke im innerörtlichen Bereich, erreicht, dass einerseits ein gewisser Abstand der Anpflanzungen zum Nachbargrundstück besteht, andererseits aber vermieden wird, dass die Anpflanzungen ständig zurückgeschnitten werden müssen, wenn sie eine bestimmte Höhe überschritten haben. Für Anpflanzungen, die ein Höhenmass von 2 m noch nicht erreicht haben, bleibt es bei dem Grenzabstand von 0,5 m des Abs. 1. Dies folgt aus dem Wort

„genügt“ in Abs. 2. Es wäre mit dem Gesetzeszweck im Übrigen nicht vereinbar, wollte man den Eigentümer eines außerhalb einer zusammenhängenden Bebauung liegenden Grundstückes schlechter stellen als den Eigentümer nach Abs. 1.

12. § 25 SächsWaldG wird trotz des Generalvorbehalts in § 3 Satz 1 in Abs. 3 gesondert genannt, da jedenfalls die Absätze 1 und 2 des § 25 SächsWaldG dem Privatrecht und nicht dem öffentlichen Recht zuzuordnen sind. Es handelt sich insofern um eine dynamische Verweisung auf die aktuelle Fassung. Nach § 25 Abs. 2 des SächsWaldG in der geltenden Fassung hat bei der Neubegründung eines Waldes der Waldbesitzer zwischen den äußeren Forstpflanzen und der Grenze zum Nachbargrundstück einen Abstand von 6 Metern einzuhalten, wenn das Nachbargrundstück nicht forstwirtschaftlich genutzt wird. Auch hier bleibt es den Grundstücksbesitzern überlassen, andere Abstände zu vereinbaren. Zu den Besonderheiten des SächsWaldG im Übrigen wird auf den Anhang verwiesen.

13. Daneben besteht aber der Generalvorbehalt des § 3 Satz 1. Öffentlich-rechtliche Vorschriften zum Anpflanzen und Entfernen von Gehölzen bestehen unter anderem in §§ 10 Abs. 1 und 11 Abs. 2 Bundesfernstraßengesetz in der Fassung der Bekanntmachung vom 20.02.2003 (BGBl. I S. 286). Nach § 10 können Waldungen und Gehölze in einem Streifen von bis zu 40 m Tiefe längs der Bundesfernstraße zu Schutzwaldungen erklärt werden, deren Unterhaltung dem Eigentümer oder Nutznießer obliegt. Nach § 11 Abs. 2 haben die Eigentümer die Beseitigung von Anpflanzungen zu dulden, die die Verkehrssicherheit beeinträchtigen.

In diesem Zusammenhang kommt auch den regionalen und kommunalen **Baumschutz- und Gehölzschutzsatzungen** eine besondere Bedeutung zu (vgl. oben, Anm. 1). Soweit diese allgemein verbindliche Regelungen enthalten, was jeweils im Einzelfall zu prüfen ist, überlagern sie die Bestimmungen des Nachbarrechtsgesetzes. Allerdings dürften derartige Fälle nur selten in Betracht kommen. Dennoch empfiehlt es sich, sich vor der Geltendmachung eines entsprechenden Anspruchs im örtlichen und kommunalen Bereich kundig zu machen, welche besonderen Bestimmungen für den örtlichen Bereich gelten.

14. Auch § 9 ist, wie die meisten Bestimmungen des privatrechtlichen Nachbarrechts, dispositiv. Das heißt, der Eigentümer und der Nachbar können sich daher selbstverständlich auf andere Abstandsregelungen von Pflanzen verständigen oder die Anpflanzungen einfach dulden. Privatrechtliche Vereinbarungen, auch insoweit es die Abstandsflächen von Pflanzen zur Grundstücksgrenze betrifft, binden allerdings im Regelfall nur diejenigen, die die Vereinbarung abgeschlossen haben und haben Vorrang vor den Regelungen dieses Gesetzes. Allerdings auch hier nur insoweit, als eine derartige Vereinbarung nicht zwingenden öffentlich-rechtlichen Vorschriften widerspricht (vgl. Erläuterungen zu § 3).

§ 10
Grenzabstand zu landwirtschaftlichen Grundstücken

Ist das Grundstück des Nachbarn landwirtschaftlich genutzt, ist zu diesem mindestens ein Abstand von 0,75 m oder, falls die Bäume, Sträucher oder Hecken über 2 m hoch sind, ein Abstand von mindestens 3 m einzuhalten, wenn der Schattenwurf die wirtschaftliche Bestimmung des Grundstücks erheblich beeinträchtigen würde.

Erläuterungen

1. § 10 enthält Sonderbestimmungen für den Grenzabstand von Anpflanzungen, wenn das Nachbargrundstück landwirtschaftlich genutzt wird. Hier ist auf Verlangen ein Abstand der Anpflanzung von 0,75 m einzuhalten, wenn diese die Höhe von 2 m nicht übersteigt. Bäume, Sträucher und Hecken (vgl. § 9 Anm. 6), die über 2 m hoch sind, müssen auf Verlangen des Nachbarn mindestens 3 m von der Grenze entfernt stehen, wenn der Schattenwurf die wirtschaftliche Bestimmung des Nachbargrundstücks erheblich beein-

trächtigen würde. Durch den vorgeschriebenen Abstand soll die Bewirtschaftung **landwirtschaftlicher Grundstücke** sichergestellt werden, ohne dass die Eigentumsposition des Eigentümers in unzumutbarer Weise beeinträchtigt wird. § 10 erfasst alle wesentlichen Anpflanzungen (anders als z.B. § 48 AGBGB Bayern, der nur von Bäumen spricht), da sowohl Bäume als auch Sträucher und Hecken von einiger Höhe durch Schattenwurf das Nachbargrundstück beeinträchtigen und zu Wachstumsschäden führen können. Soweit die Beeinträchtigung durch überhängende Zweige erfolgt, wird auf die Erläuterung zu § 9 (Anm. 9) verwiesen. Auch hier war der Gesetzgeber bemüht, eine klare und allgemein verständliche sowie praxisgerechte Regelung zu schaffen. Anders als z.B. im Thüringer Nachbarrechtsgesetz, wo der erlaubte Grenzabstand biologische Kenntnisse bezüglich der im einzelnen aufgezählten Pflanzenarten voraussetzt und erst durch ein Rechenexempel ermittelt werden kann (vgl. Bauer/Schlick, § 46 Anm. 2), ergeben sich die Abstandsflächen für Bäume, Sträucher und Hecken (ohne Unterscheidung in die verschiedensten Baum- und Straucharten) direkt aus dem Gesetz.

2. Privilegiert nach § 10 sind nur die landwirtschaftlich genutzten Grundstücke. Der Begriff der **Landwirtschaft** wird grundsätzlich dadurch geprägt, dass zum einen eine unmittelbare Bodennutzung betrieben wird (z.B. bei Getreide- und Kartoffelanbau) und zum anderen der Boden zur Nutzung seines Ertrages planmäßig und eigenverantwortlich bewirtschaftet wird (OVG Lüneburg, BauR 1978, 289). Hiervon erfasst sind nach dieser Definition insbesondere der Ackerbau, die Wiesen- und Weidewirtschaft sowie auch die Tierhaltung und die Tierzucht. Letztere jedenfalls dann, wenn das Futter überwiegend auf eigenen Flächen erzeugt wird (BVerwG, NJW 1981, 139, wo ein Pferdezuchtbetrieb mit 48 Pferden und 17 ha Ländereien als landwirtschaftliche Nutzung angesehen wurde). Im Übrigen entspricht der Begriff der „Landwirtschaft" dem des § 201 BauGB mit Ausnahme des Umstandes, dass für den Weinbau in § 11 gesonderte Regelungen getroffen sind, allerdings

nur, soweit das verpflichtete Grundstück dem Weinbau dient (ansonsten gilt § 10, weil auch der Weinanbau unter den Begriff der Landwirtschaft fällt); im Übrigen kann auf § 201 BauGB verwiesen werden, der in der Fassung aufgrund des Gesetzes zur Anpassung des Baugesetzbuchs an EU-Richtlinien (Europarechtsanpassungsgesetz Bau-EAG Bau) vom 24.06.2004 (BGBl. I S. 1359), in Kraft getreten am 20.07.2004 wie folgt lautet:

„Landwirtschaft im Sinne dieses Gesetzbuches ist insbesondere der Ackerbau, die Wiesen- und Weidewirtschaft einschließlich Tierwirtschaft, soweit das Futter überwiegend auf den zum landwirtschaftlichen Betrieb gehörenden, landwirtschaftlich genutzten Flächen erzeugt werden kann, die gartenbauliche Erzeugung, der Erwerbsobstbau, der Weinbau, die berufsmäßige Imkerei und die berufsmäßige Binnenfischerei."

Das Ziel dieser **Urproduktion** besteht demnach in der zielgerichteten Herstellung pflanzlicher oder tierischer Erzeugnisse auf einer zu diesem Zweck bewirtschafteten Fläche (Schrödter, Kommentar zum Baugesetzbuch, § 201 Rdnr. 8ff., vgl. auch oben § 5 Anm. 3b).

Wesentliches Merkmal ist damit auch die „wirtschaftliche Bestimmung" des Grundstücks. Dafür erforderlich ist die Absicht nachhaltiger Sicherung zumindest eines Teils der gewöhnlichen Lebensmittel nicht durch Eigenverbrauch, sondern durch Veräußerung der durch Ernten betriebenen gartenbaulichen Erzeugung als Spezies der Landwirtschaft (vgl. Bauer/Schlick, § 46 ThürNRG, Anm. 2c.).

3. Weitere Voraussetzung für § 10 ist, dass tatsächlich auch die Nutzung für landwirtschaftliche Zwecke ausgeübt wird bzw. jedenfalls die entsprechende landwirtschaftliche Nutzung ohne weitere besondere Vorkehrungen ausgeübt werden kann. Da brachliegendes Land jederzeit wieder einer planmäßigen Landwirtschaft zugeführt und damit wirtschaftlich genutzt werden kann, ist auch in diesem Fall der Abstand einzuhalten. Dies gilt auch für Grundstücke, die durch Bebauungsplan der landwirtschaftlichen oder gärtnerischen Nutzung vorbehalten sind und ohne Einschränkungen einer sol-

chen zugeführt werden können. Ist allerdings durch Umstände – welcher Art auch immer – ausgeschlossen, dass das Grundstück in Zukunft landwirtschaftlich oder gärtnerisch genutzt werden kann, besteht kein Anlass, den Anpflanzenden durch Einhaltung erhöhter Grenzabstände zu einer besonderen Rücksichtnahme zu zwingen. Insoweit gilt der Grundsatz, dass jeder Eigentümer seine Position in vollem Rechtsumfang wahrnehmen darf. Auch spätere Veränderungen des Grundstücks, die nicht absehbar waren, aber im Nachhinein eine landwirtschaftliche Nutzung zulassen, geben unter den Voraussetzungen des § 16 keinen Anspruch auf Beseitigung bzw. Zurückschneiden der Anpflanzung (vgl. zur landwirtschaftlichen Nutzung auch § 7 Anm. 2). Im Übrigen wird auf die Übergangsbestimmung des § 32 im Hinblick auf die bei Inkrafttreten dieses Gesetzes vorhandenen Anpflanzungen verwiesen.

4. § 10 setzt weiterhin voraus, dass die Nichteinhaltung des vorgesehenen Grenzabstandes die wirtschaftliche Nutzung erheblich beeinträchtigen würde, also die Erwerbsmöglichkeit des Nachbarn in nicht nur unerheblichem Umfang schmälert. Ist eine solche Beeinträchtigung (z. B. aus der geographischen Situation oder der besonderen Örtlichkeit heraus) nicht denkbar, oder würde sich die Beeinträchtigung lediglich als unwesentlich herausstellen, dann besteht kein Abwehranspruch für den Landwirtschaft betreibenden Nachbarn. Gleiches gilt, wenn zwecks Sicht- oder Lärmschutz mit Zustimmung des Nachbarn eine Hecke als gemeinsame Grenzeinrichtung gepflanzt wurde (§§ 921,922 BGB), selbst dann, wenn die Grenzlinie sie nicht notwendig schon zum Zeitpunkt der Anpflanzung und nicht in ihrer Mitte schneidet (BGH, NJW 2000, 512).

5. Ist der Pflanzabstand von mindestens 0,75 m gewahrt, besteht der Abwehranspruch erst, wenn die Pflanze in der Höhe die 2 Meter-Linie überschritten hat. Abwehrmittel ist auch insoweit nicht allein die Entfernung des jeweiligen Baumes, Strauches oder der Hecke. Dem Eigentümer als Berechtigtem über sein Grundstück verbleibt auch hier in erster Linie (soweit nicht andere privatrecht-

lich verbindliche Vereinbarungen bestehen) die alleinige Entscheidung darüber, ob er die Anpflanzung entfernt oder einen Rückschnitt auf die erlaubte Höhe vornimmt (siehe § 14 Abs. 2).

§ 11
Grenzabstände im Weinbau

(1) Der Nachbar kann vom Eigentümer eines dem Weinbau dienenden Grundstücks bei der Anpflanzung von Rebstöcken die Beachtung folgender Abstände von der Grenze seines Grundstücks verlangen:

1. **gegenüber den parallel zu den Rebzeilen verlaufenden Grenzen die Hälfte des geringsten Zeilenabstandes, gemessen zwischen den Mittellinien der Rebzeilen, mindestens aber 0,75 m,**
2. **gegenüber den sonstigen Grenzen, gerechnet vom äußersten Rebstock oder der äußersten Verankerung der Erziehungsvorrichtung an, mindestens 1 m.**

(2) Abs. 1 gilt nicht für die Anpflanzung von Rebstöcken an Grundstücksgrenzen, die durch Stützmauern gebildet werden.

Erläuterungen

1. § 11 enthält eine Spezialregelung für die Grenzabstände im **Weinbau**. Diese Bestimmung berücksichtigt demnach die besonderen Bedürfnisse des Weinbaus und orientiert sich hierbei an dem Baden-Württembergischen und insbesondere dem Thüringer Nachbarrechtsgesetz (vgl. § 48 Abs. 1 ThürNRG). Vorbilder aus dem SächsBGB oder dem DDR-Recht bestehen nicht. Eine besondere Vorschrift über die Grenzabstände im Weinbau erschien dem Gesetzgeber allerdings notwendig, da die Region entlang der Sächsischen Weinstraße zu den zwar kleinen, aber anerkannten deutschen Weinanbaugebieten zählt, die Winzer und Winzergenossenschaften einen hohen Stellenwert genießen und deshalb eine Spezialregelung für die Grenzabstände von Weinbergen geboten erschien.

2. Abs. 1 räumt dem Nachbarn gegenüber dem Eigentümer eines dem Weinbau dienenden Grundstücks das Recht ein, bei der Anpflanzung von Rebstöcken auf bestimmten Abständen von der Grundstücksgrenze zu bestehen. Es bleibt auch in diesen Fällen den Eigentümern benachbarter Grundstücke unbenommen, einvernehmlich gesonderte Vereinbarungen zu treffen und von den Regelungen dieser Vorschrift abzuweichen. § 11 regelt nur, welche Abstände die mit Weinbergen versehenen Grundstücke gegenüber Nachbargrundstücken zu beachten haben, ohne insoweit verbindliche Vorgaben zu erstellen. Die gegenüber Weinbergen einzuhaltenden Abstände der Anpflanzungen richten sich nach § 10, da auch der Weinbau eine landwirtschaftliche Nutzung des Grundstückes im Sinne dieser Vorschrift darstellt (siehe § 10 Anm. 2). Aus der Gesetzessystematik heraus und aus der Besonderheit, die der Weinanbau darstellt, wird die Vorschrift auch anwendbar sein, wenn das Nachbargrundstück ebenfalls dem Weinanbau dient (vgl. Bauer/Schlick, ThürNRG, § 48, Anm. 1). Der Weinbau, eine Form des Obstbaus, umfasst die Zucht von Traubensorten, die Aufzucht und Ernte von Trauben, die Produktion von Wein und die Herstellung von Weinbrand wie auch den Verkauf von selbsterzeugtem Wein (vgl. Schrödter, a.a.O. Rdnr. 15). Es ist nicht gefordert, dass der Weinanbau alleinige Erwerbsquelle ist, sondern es reicht bereits aus für die Anwendung dieser Vorschrift, dass der Weinbau hobbymäßig betrieben wird. Der Begriff der Rebstöcke in Abs. 1 erfasst nur geschlossene Rebanlagen (Weinberge) – (vgl. hierzu auch Bauer/Schlick, ThürNRG, § 48 Anm. 1). Einzelne Rebstöcke fallen nicht unter diese Sondervorschrift, sondern werden von § 9 umfasst.

3. Die Vorschrift unterscheidet wegen der einzuhaltenden Abstände zwischen den Grenzen, die parallel zu den **Rebzeilen** (zumeist an Erziehungsvorrichtungen wie Drahtrahmen mit Pfosten) laufen (Abs. 1 Ziff. 1) und den sonstigen Grenzen (Abs. 1 Ziff. 2), also z.B. dann, wenn die Rebzeilen recht- oder spitzwinklig zur Grenze hin angeordnet sind. Eine solche Unterscheidung erschien

dem Gesetzgeber mit Rücksicht auf die besonderen Verhältnisse im Weinbau zweckmäßig. Sie ist geeignet, praktisch einzuhaltende und klare Abgrenzungen bei den Grenzabständen zu gewährleisten, zumal sich der Abstand der Rebzeilen zur parallel verlaufenden Grenze ohne besondere Schwierigkeiten ermitteln lässt und auch im Übrigen der Mindestabstand zur Grenze vom äußersten Rebstock oder der äußersten Verankerung leicht zu bestimmen ist. Bei dieser gesetzlichen Festlegung wird somit auch die Bewirtschaftung bei beiderseits der Grenze verlaufenden Rebzeilen in hinreichender Weise gewährleistet, da genug Raum vorhanden ist für die Pflege der Rebzeilen und Ernte der Trauben. Messpunkt ist der Austritt des letzten, in der Zeile stehenden Rebstocks aus dem Boden bzw. der Eintritt der Verankerung der grenznächsten Rebzeile in den Boden (vergl. Bauer/Schlick, ThürNRG, § 48, Anm. 2; siehe auch unten, § 13, Anm. 2).

4. Ausnahmen für den nach § 11 einzuhaltenden Abstand enthält im Übrigen die Vorschrift des § 12 bzw. der Abs. 2. Nach Abs. 2 gilt die Abstandsregelung des Abs. 1 nicht für die Anpflanzung von geschlossenen Rebanlagen im Hinblick auf Grundstücksgrenzen, die durch **Stützmauern** gebildet sind. Diese Ausnahmevorschrift berücksichtigt die Besonderheiten des Weinanbaus in Hanglagen. Hier ist ein besonderer Grenzabstand zum Schutz des Nachbargrundstückes nicht geboten. Zu den bei Inkrafttreten vorhandenen Rebstöcken vergleiche die Übergangsbestimmung des § 32.

5. Werden auf einem dem Weinbau dienenden Grundstück Rebstöcke unter Verstoß gegen die Abstandsvorschrift des § 11 angepflanzt, so steht dem Nachbarn entsprechend § 14 ein Anspruch auf Beseitigung des unrechtmäßigen Zustandes zu (vgl. § 14 Anm. 2).

§ 12
Ausnahmen

Die §§ 9 bis 11 gelten nicht für

1. **Anpflanzungen an den Grenzen zu dem Gemeingebrauch dienenden Flächen,**
2. **Anpflanzungen im öffentlichen Straßenraum und an Uferböschungen,**
3. **Anpflanzungen hinter einer Wand oder einer undurchsichtigen Einfriedung, wenn sie diese nicht überragen.**

Erläuterungen

1. Die §§ 9 bis 11 sind, ohne dass dies im Gesetz besondere Erwähnung findet, dann nicht anwendbar, wenn die Anpflanzung keine Gefährdung darstellt und nicht zu einer Beeinträchtigung des Nachbarn z. B. durch Schattenwurf führen kann. Die Vorschrift bekräftigt einmal mehr den allgemein geltenden Grundsatz, dass jeder Eigentümer grundsätzlich das Recht hat, auf seinem Grundstück nach seinem Belieben zu verfahren und sein Grundstück nach seinen Vorstellungen und Vorlieben selbst zu planen und zu gestalten. Nicht betroffen von der Regelung ist § 910 BGB, da der Landesgesetzgeber nicht ermächtigt ist, für diese Vorschrift Ausnahmeregelungen zu treffen.

2. Abgesehen von diesem allgemein geltenden Grundsatz enthält § 12 weitere Ausnahmen. Nach Ziffer 1 sind die Grundstücke begünstigt, die an Flächen angrenzen, die dem **Gemeingebrauch** dienen. Für Anpflanzungen auf diesen Grundstücken gelten die Abstandsregelungen der §§ 9 bis 11 nicht. Ob eine Fläche dem Gemeingebrauch dient, beurteilt sich nach dem öffentlichen Recht und hängt von deren **Widmung** ab. Gemeingebrauch bedeutet, dass der Gebrauch dieser Grundstücksfläche jedermann im Rahmen der Widmung und der die Benutzung regelnden gesetzlichen Vorschriften gestattet ist. Für öffentliche Straßen gilt z. B. nach § 14 SächsStrG (SächsStrG vom 21.01.1993, SächsGVBl. S. 93 in der Fassung der Änderung vom 24.02.2016, GVBl. S. 78), dass der Gebrauch der

öffentlichen Straße jedermann im Rahmen der Widmung und der verkehrsrechtlichen Vorschriften grundsätzlich unentgeltlich gestattet ist. Die Widmung ist die öffentlich-rechtlich ausgestaltete **Allgemeinverfügung**, durch die Straßen, Wege und Plätze die Eigenschaft einer öffentlichen Straße erhalten (§ 6 SächsStrG). In ähnlicher Weise können zu dem Gemeingebrauch dienenden Flächen gehören: öffentliche Grünflächen und Parkanlagen, Spielplätze und Friedhöfe. Auch das durch öffentliche Stellen jedermann eingeräumte Recht zur Nutzung privater Wege stellt einen Gemeingebrauch dar (vgl. Dehner, B § 1 S. 18; auch JZ 1984, 869). Ein solches Recht kann z. B. auch aufgrund anderer öffentlich-rechtlicher Vorschriften, z. B. der Naturschutzgesetze eingeräumt werden (vgl. z. B. § 27 f. SächsNatSchG vom 06.06.2013, SächsGVBl. S. 451, geändert durch Art. 25 des Gesetzes vom 29.04.2015, SächsGVBl. S. 349). Erlaubt die zuständige Behörde auf der den Gemeingebrauch dienenden Fläche eine bestimmte **Sondernutzung** und beeinträchtigt diese Sondernutzung das Eigentumsrecht des angrenzenden Grundstückseigentümers, so braucht dieser die Beeinträchtigung in aller Regel nicht entschädigungslos hinzunehmen, da eine derartige Inanspruchnahme das Maß dessen überschreitet, was zum normalen oder gesteigerten Gemeingebrauch gehört (vgl. Dehner, a. a. O.).

Der Gesetzgeber geht davon aus, dass von einer Anpflanzung an der Grenze zu einer dem Gemeingebrauch dienenden Fläche im Regelfall keine wesentliche Beeinträchtigung ausgehen kann, die einen Eingriff in die Eigentumsposition des Eigentümers rechtfertigen könnte. Soweit das benachbarte Grundstück durch überhängende Zweige, herüberwachsende Wurzeln o. Ä. beeinträchtigt sein sollte, greifen nicht die Vorschriften dieses Gesetzes, sondern die des Bürgerlichen Gesetzbuches (Selbsthilferecht des § 910 BGB; vgl. oben § 9 Anm. 8 bzw. wahlweise der Beseitigungsanspruch nach § 1004 bezüglich hinüberwachsender Wurzeln, wenn dies zu einer Beeinträchtigung führt, vgl. BGHZ 60, 235 ff.; BGH NJW 2004, 603). Der Anspruch geht auf die Beseitigung der Beeinträchtigung für die

Zukunft, nicht auf die Wiederherstellung des früheren Zustands (vgl. hierzu Palandt/Herrler, § 1004, Rdnr. 28 m. w. N.).

3. Die §§ 9 bis 11 gelten ebenfalls nicht für Anpflanzungen im öffentlichen **Straßenraum** und an Uferböschungen. Die Ausnahme für Anpflanzungen im öffentlichen Straßenraum dient zur Klarstellung. Für derartige Anpflanzungen können sich allerdings Beschränkungen nach den öffentlich-rechtlichen Vorschriften ergeben, z. B. den straßenverkehrsrechtlichen Vorschriften. Diese haben (vgl. § 3) Vorrang vor den Bestimmungen dieses Gesetzes. Grundsätzlich sind mögliche Nachteile, die einem Anlieger durch die Straßenbepflanzung entstehen können (Schattenwurf, Laubbefall u. Ä.), hinzunehmen. Insoweit gibt die Vorschrift das wieder, was bereits der Grundsatz der **Sozialpflichtigkeit des Eigentums** gebietet (vgl. auch Stadler, Art. 50 AGBGB, Anm. 3a). Der Anlieger hat nur dann einen Anspruch auf Entfernung oder Veränderung der Anpflanzung, wenn er durch diese in ungewöhnlich schwerer, unverhältnismäßig benachteiligender Weise, die über das hinausgeht, was im Rahmen der Sozialbindung des Eigentums zumutbar ist, beeinträchtigt wird. Einen Anspruch darauf, wie die Anpflanzung im Straßenraum zu gestalten ist, hat er allerdings nicht, da dies zum Planungsermessen der Verwaltung gehört.

Anpflanzungen an Uferböschungen sind ebenfalls von den Bestimmungen der §§ 9 bis 11 ausgenommen, weil derartige Anpflanzungen zum Schutz der **Gewässer** dienen und besondere erosionsverhindernde Maßnahmen erforderlich sein können. Der Uferschutz kann im Einzelfall eine besondere Art der Anpflanzung gebieten, die der Anlieger hinzunehmen hat. Auch insoweit steht ihm kein Recht zu, auf die Art der Pflanze bzw. der Gestaltung insgesamt Einfluss zu nehmen. Zu den Gewässern zählen Flüsse, Bäche, Teiche, Kanäle, Wassergräben und Seen ohne Rücksicht darauf, ob sie in privatem oder öffentlichem Eigentum stehen oder dem Gemeingebrauch gewidmet sind.

4. Anpflanzungen hinter einer Wand oder einer undurchsichtigen **Einfriedung** (Ziffer 3) können den Nachbarn durch Schattenwurf nicht beeinträchtigen, sodass hier das Grundstück in voller Länge und Breite zu Anpflanzungen jeder Art genutzt werden kann. Für sie ist deshalb ebenfalls kein besonderer Grenzabstand vorgesehen, wenn sie die vorhandene Einfriedung nicht überragen. Wachsen die Pflanzen allerdings über die vorhandene Einfriedung hinaus und sind die in den §§ 9 bis 11 vorgesehenen Abstände nicht eingehalten, müssen sie auf Verlangen des Nachbarn entweder auf die Höhe der Einfriedung zurückgeschnitten oder entfernt werden (vgl. hierzu z. B. AG Görlitz, Urteil vom 05.07.2005, 1 C 1111/04). Diese Vorschrift bringt insoweit zum Ausdruck, dass letztlich nicht der horizontale Grenzabstand von Bedeutung ist, der eine Beeinträchtigung des Nachbargrundstückes bewirken kann, sondern der Wuchs in die Höhe, der zu unangemessener Schattenbildung führen kann (vgl. BGH, Urt. Vom 02.06.2017, V ZR 230/16). Es ist nicht erforderlich, dass die Gewächse unmittelbar an der Einfriedung stehen. Gem. § 14 hat auch hier der verpflichtete Eigentümer die Wahl des Mittels zur Beseitigung der Beeinträchtigung.

Undurchsichtige Einfriedungen sind nicht nur Steinmauern und z. B. aus anderen Werkstoffen errichtete Abtrennungen. Auch Grenzgaragen fallen hierunter sowie Bretterzäune, selbst wenn diese kleinere Zwischenräume enthalten. Es kommt nicht darauf an, aus welchem Material die Einfriedung besteht (Steinmauern, Gabbionen, Hecken, Bretter- oder Kunststoffwände usw.). Wesentlich ist, dass die Einfriedung verhindert, dass Zweige auf das Nachbargrundstück hindurchragen (Stadler, Art. 50 AGBGB, Anm. 1). Maschendrahtzäune und auch Jägerzäune zählen allerdings im Regelfall nicht zu den undurchsichtigen Einfriedungen, können aber z. B. durch einen Sichtschutz zu einer undurchsichtigen Einfriedung werden. Besteht dieser Sichtschutz aber z. B. aus einer unfachmännisch angebrachten Folie, die durch Verankerungen im Boden eine Verletzungsgefahr auslösen könnte oder die derart auf Verschleiß angelegt ist, dass Reparaturarbeiten ein ständiges Betreten des Nachbargrundstückes erforderlich machen würden, kann es unzumutbar sein, einen solchen Sichtschutz zu dulden (vgl. AG Hoyerswerda, Urteil vom 16.06.2016, Az. 1 C 187/14 für den Fall einer als Sichtschutz dienenden Folie, die mit z. T. gefährdendem Draht bzw. Kabelbindern gesichert wurde). Auch wenn die eigentlich undurchsichtige Einfriedung eine nur so geringe Höhe hat, dass die dahinter stehende Anpflanzung praktisch frei sichtbar ist, kommt für die Anpflanzung die Ausnahmevorschrift nicht in Betracht, sondern es verbleibt bei den Abstandsvorschriften der §§ 9 bis 11. Entscheidend ist auch insoweit jeweils die konkrete Situation des Einzelfalles, die örtlichen Gegebenheit und die Verkehrsanschauung.

§ 13
Bestimmung des Abstandes

Abstand nach diesem Abschnitt ist die kürzeste waagerechte Entfernung zwischen der Grenze und der Mitte des Baumstammes, des Strauches oder der Hecke an der Stelle, an der die Pflanze aus dem Boden austritt.

Erläuterungen

1. Die Vorschrift regelt die Art und Weise, wie der Abstand der in Streit befindlichen Pflanze zur Grenze hin zu messen ist. Die Festlegung, dass diese **Abstandsmessung** nach der kürzesten waagerechten Entfernung vorzunehmen ist, wurde im Hinblick auf Unklarheiten in anderen Nachbarrechtsgesetzen getroffen, die bei Grenzanpflanzungen in **Hanglagen** zu Streitigkeiten geführt hatten, insbesondere dann, wenn für verschiedene Pflanzengattungen unterschiedliche Grenzabstände gelten (vgl. z. B. §§ 16 ff. Nachbarrechtsgesetz Baden-Württemberg). Streitpunkt ist in diesen Fällen im Regelfall, ob die Abstandsmessung in einer gedachten waagerechten Linie vom Austrittpunkt der Pflanze durch das Erdreich zu erfolgen hat oder dem Geländeverlauf folgend entlang einer Schräglinie vorzunehmen ist. § 23 trägt diesem Umstand Rechnung und stellt, klar, dass in Hanglagen eine waagerechte Messung durchzu-

führen ist. Würde man nämlich der Schräglinie folgen, könnte es vorkommen, dass in Hanglagen die Anpflanzung nahezu an der Grenze stehen könnte. Ist das gewährte Abwehrrecht vom Überschreiten einer Wuchshöhe abhängig, so ist mithin nicht das Niveau des Nachbargrundstücks für die Höhenberechnung maßgebend, sondern der Austrittspunkt der Anpflanzung aus dem Erdreich (vgl. BGH, Urt. vom 02.06.2017, V ZR 230/16 für Bayerisches Nachbarrecht; vgl. auch oben, § 9 Anm. 4). Niveauunterschiede im Gelände zwischen dem Austritt der Pflanze aus dem Boden und der Grundstücksgrenze bleiben also bei der Abstandsmessung unberücksichtigt, egal, ob sich die Pflanze auf dem höher gelegenen oder tiefer gelegenen Grundstück befindet.

2. Maßgebend für die Abstandsmessung für Bäume, Sträucher, Hecken und auch Rebstöcke, obwohl diese nicht explizit in der Vorschrift benannt sind, ist die Mitte dieser Anpflanzungen, und zwar an der Stelle, an der die Pflanzen aus dem Erdboden austreten, also die Mitte des Baumstammes oder des jeweiligen Pflanzkörpers. Damit ist klargestellt, dass eine etwaige Neigung des Baumes oder Strauches in Richtung Grenze nicht zu berücksichtigen ist. Besteht die Anpflanzung aus einem Baum und hat dieser Baum mehrere Stämme, so ist maßgeblich die Mitte des grenznahesten Stammes. Hierbei ist die erdachte Mittelachse des Baumstammes, also letztlich das Zentrum der Wachstumsringe, an der Austrittsstelle aus dem Boden maßgebend. Im Ergebnis führt dies natürlich dazu, dass der der Grenzlinie zugewandte äußerste Rand des Baumes den vom Gesetz vorgesehenen Grenzabstand nicht aufweist, was aber vom Gesetzgeber so hingenommen wurde. Entsprechendes gilt für einzelne Rebstöcke, sofern sie nicht in mehreren Trieben (dann sind sie wie Sträucher zu behandeln), sondern wie ein Baum mit nur einem Trieb aus dem Boden hervorwachsen. Dies ist vom Gesetzgeber bewusst so in Kauf genommen; es soll nicht auf die grenznächste **Auswachsung** des Baumes ankommen, da dies im Einzelfall zu Feststellungsschwierigkeiten führen könnte und Raum für Streitpotenzial zwischen den Nachbarn geben würde.

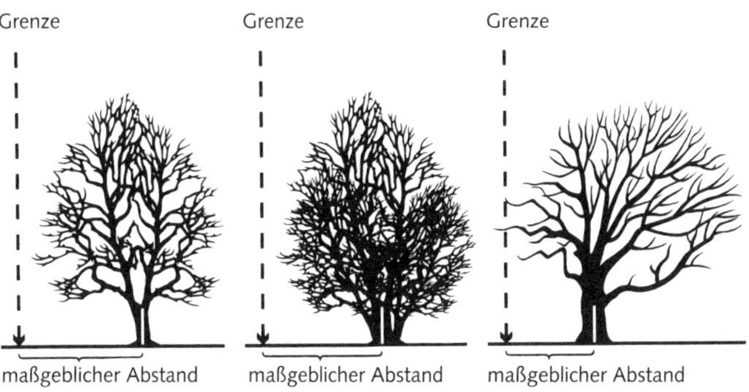

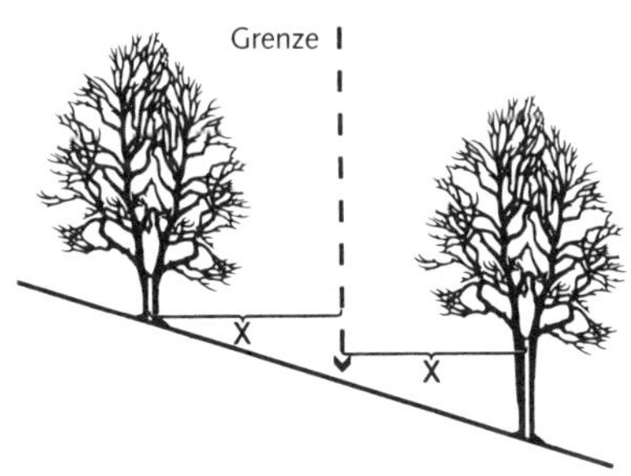

Bei einem Hanggrundstück ist die Entfernung zur Grenze nicht auf der abfallenden bzw. aufsteigenden Bodenlinie zu messen, sondern von dem am Gewächs maßgebenden Punkt horizontal zur Grenze.

Beispiele für die Abstandsmessung

Anders verhält es sich bei Sträuchern, bei denen mehrere Triebe aus dem Boden kommen: Hier ist der Abstand von dem gedachten Mittelpunkt der aus dem Boden kommenden Triebe auszumessen. Mitte der Pflanze, des Strauchs, ist dann das nach dem Erscheinungsbild insgesamt als gedachter Mittelpunkt zu bestimmende Zentrum der verschiedenen, aus dem Boden hervortretenden Triebe (so Bauer/Schlick, ThürNRG, § 48, Anm. 2). Gleiches gilt auch bei

Hecken oder einzelnen Rebstöcken. Sowohl bei Hecken als auch bei Sträuchern kann sich durch Seiten- oder Nebentriebe die ursprüngliche Mitte allmählich zur Grenze hin verlagern. Der ursprünglich vorhandene Abstand wäre dann nicht mehr gewahrt und die gebotene Abstandsbegrenzung nicht eingehalten. Auf Verlangen des Nachbarn hat dann der Eigentümer des belasteten Grundstückes entweder diese Triebe zu entfernen, den Strauch ganz zu entfernen oder aber auf den zulässigen Abstand zurückzuversetzen.

3. Gemessen wird vom Mittelpunkt der Pflanze in Richtung der Grundstücksgrenze, wobei die kürzeste waagerechte Entfernung maßgeblich ist. Das bedeutet, dass unter Umständen in einer gedachten waagerechten Linie die Abstandsbestimmung zu erfolgen hat (s. o. Anm. 1). Der Gesetzgeber hat bewusst davon abgesehen, die Messung am Erdboden entlang zu gestatten. Dies würde bei stark ansteigendem oder stark abfallendem Gelände zu Irritationen und mit dem Gesetzeszweck nicht zu vereinbarenden Ergebnissen führen, zumal dann, wenn der Erdboden auch noch uneben ist. Beispielsfälle für die Abstandsmessung sind aufgezeichnet.

§ 14
Anspruch auf Beseitigung

(1) Der Nachbar kann verlangen, dass Bäume, Sträucher oder Hecken, die über die nach §§ 9 oder 10 zulässigen Höhen hinauswachsen, nach Wahl des Eigentümers zurückgeschnitten oder beseitigt werden.

(2) Der Eigentümer braucht das Zurückschneiden und die Beseitigung von Pflanzen nicht in der Zeit vom 1. März bis zum 30. September vorzunehmen.

Erläuterungen

1. Die Vorschrift regelt in erster Linie, welchen Anspruch der Nachbar eines Grundstücks, auf dem Pflanzen die Abstände der §§ 9 bis 11 unterschreiten, geltend machen kann und ebenso wie

und in welcher Weise der Eigentümer des Nachbargrundstückes, auf dem sich diese Anpflanzungen befinden, diesen Anspruch abwenden kann. Ferner trifft die Vorschrift eine Regelung, inwiefern der Schaden für die gegebenenfalls zurückzuschneidenden Pflanzen begrenzt werden kann. Die Vorschrift findet grundsätzlich nicht nur Anwendung für die vom Eigentümer willentlich gesetzten Pflanzen, sondern auf alle Anpflanzungen auf dem Grundstück. Erfasst werden insoweit auch alle anderen Pflanzen die ohne menschliches Zutun gewachsen sind, z. B. durch nicht gesteuerten **Samenflug** (vgl. oben zu § 9 Anm. 6).

2. Abs. 1 konkretisiert den sich aus den §§ 1004, 823 BGB ergebenden **Störungsbeseitigungsanspruch** für die in den §§ 9 und 10 genannten Fälle: Wenn Bäume, Sträucher oder Hecken über die zulässige Höhe hinausgewachsen sind, dann kann der berechtigte Nachbar die Beseitigung der Störung vom Eigentümer verlangen. Dieser Beseitigungsanspruch hängt grundsätzlich nicht davon ab, ob der Nachbar durch die Abstandsunterschreitung konkret eine Beeinträchtigung erfährt. Der Eigentümer des belasteten Grundstücks haftet für die Einhaltung der zulässigen Abstände unabhängig von Vorsatz und Fahrlässigkeit, Unwissenheit oder Irrtum (so auch Postier, BbgNRG, § 39, Anm. 1.1). Die Geltendmachung des Anspruchs bedarf auch grundsätzlich keiner besonderen Form oder einer Begründung, weil sich die Abstandsbegrenzung direkt aus dem Gesetz ergibt. Die Ansprüche aus dieser Vorschrift sind auch nicht ohne Weiteres deshalb ausgeschlossen, weil seitens des Verpflichteten Gegenansprüche geltend gemacht werden können (AG Hoyerswerda, Urteil vom 16.06.2016, Az. 1C 187/14). Allerdings kann die Geltendmachung des Störungsbeseitigungsanspruches durch den Nachbarn in Ausnahmefällen dann ausscheiden, wenn hierdurch treuwidrig gegen den allgemein geltenden Grundsatz von **Treu und Glauben** verstoßen wird (vgl. Schäfer, ThürNRG, § 51 Erl. 3; AG Hoyerswerda a.a.O). Im Streitfall wird es insoweit auf die Situation im Einzelfall ankommen. Wenn z. B. der Nachbar selbst auf seinem Grundstück – im zulässigen Abstand – eine Baumreihe

gepflanzt hat, die die Licht- und Sichtmöglichkeit verhindert, kann es unbillig erscheinen, den Eigentümer des belasteten Grundstückes zu einer Beseitigungsmaßnahme zu verpflichten, wenn der Pflanzenwuchs auf dessen Grundstück nicht höher ist. Insoweit wird dem eigentlich verpflichteten Eigentümer ein Zurückbehaltungsrecht entsprechend § 273 ZPO zuzubilligen sein (vgl. hierzu AG Hoyerswerda, Urteil vom 07.06.2011, Az. 1 C 376/10). Auch dann, wenn der Nachbar erkennbar keine berechtigten Interessen daran haben kann, dass die Grenzabstände für Pflanzen zwingend eingehalten werden und der geltend gemachte Anspruch lediglich der **Schikane** dient, wird ein solcher Anspruch nicht durchsetzbar sein. Insoweit findet das Gebot der nachbarlichen Rücksicht aus § 2 vorrangig Anwendung (vgl. LG Zwickau, Urteil vom 16.08.2005, 6 S 112/05).

3. Dem verpflichteten Eigentümer bleibt es aber zugestanden, selbst zu entscheiden, ob er die Anwachsung auf die zulässige Höhe zurückschneidet oder ob er die Anwachsung komplett entfernt (vgl. AG Hoyerswerda, Urteil vom 16.06.2016, Az. 1 C 187/14). Er kann auch darüber entscheiden, ob er – was vom Gesetz nicht ausdrücklich erwähnt wird – die Anpflanzung auf die zulässige Entfernung zur Grundstücksgrenze zurücksetzt. Insoweit unterscheidet sich das SächsNRG von anderen Nachbarrechtsgesetzen, die z. T. explizit eine **Beseitigungspflicht** vorschreiben (vgl. z. B. § 51 ThürNRG). Ein Selbsthilferecht hingegen für den Nachbarn räumt § 14 nicht ein; er ist insoweit auf die Geltendmachung des Rechts aus § 14, gegebenenfalls im gerichtlichen Klageweg, angewiesen. So kann eine in Selbsthilfe durchgeführte Störungsbeseitigung u. U. **Schadenersatzansprüche** auslösen (vgl. zum Schadenersatz beim rechtswidrigen Heckenrückschnitt Stollenwerk, NZM 2000, 958). Andererseits kann natürlich der verpflichtete Eigentümer dem Nachbarn gestatten, den Rückschnitt vorzunehmen, z. B. dann, wenn dieser über weitreichendere gärtnerischen Fähigkeiten verfügt. Der Dispositionsbefugnis der Parteien sind insoweit keine Grenzen gesetzt, soweit keine anderen zwingenden

(öffentlich-rechtlichen) Vorschriften dem entgegenstehen (s.u. Anm. 5).

Schneidet der verpflichtete Eigentümer die Pflanze auf die zulässige Höhe zurück, so ist damit grundsätzlich dem Gesetz Genüge getan und der Störungsbeseitigungsanspruch erloschen. Er kann aber neu entstehen, wenn später die zulässige Höhe erneut überschritten wird (vgl. hierzu auch: Urteil des AG Weißwasser vom 13.01.2004, 3 C 453/03; AG Görlitz, Urteil vom 05.07.2005, 1 C 111/04; sowie zum wiederholten Rückschnitt auf die zulässige Höhe einer Hecke: AG Hoyerswerda, Urteil vom 22.01.2013, Az. 1 C 155/12).

4. Verpflichteter aus der Vorschrift des § 14 ist allein der Eigentümer bzw. der diesem Gleichgestellte gem. § 1 Abs. 1 und 2. Und zwar auch dann, wenn er selbst die Anpflanzung nicht vorgenommen hat. Er ist als Herr über die Sachgewalt der entsprechenden Anpflanzung zur Verhinderung der Störung verpflichtet (BGH, NJW 2004, 1037). Gegen einen lediglich obligatorisch Berechtigten (Mieter) ist der Störungsbeseitigungsanspruch nicht durchsetzbar (anders aber z.B. BbgNRG, § 39). Andererseits hat der lediglich obligatorisch berechtigte Mieter des Nachbargrundstückes einen Anspruch auf einen beeinträchtigungsfreien Mietbesitz. Diesen Anspruch kann er zwar nicht direkt, aber gegebenenfalls über seinen Vermieter als Eigentümer des berechtigten Grundstückes durchsetzen (vgl. LG Detmold, NJW-RR 2014, 712). Sind mehrere Nachbarn durch die Eigentumsbeeinträchtigung betroffen, z.B. dann, wenn es sich um eine Eigentümergemeinschaft handelt, kann allerdings jeder für sich die Beseitigung der Beeinträchtigung verlangen (§ 1011 BGB), es sei denn, im Innenverhältnis der Miteigentümer untereinander ist etwas anderes vereinbart. Schneidet der Verpflichtete während eines Prozesses die Pflanzen auf die zulässige Höhe zurück, so ist der rechtswidrige Zustand entfallen und der Klaganspruch erloschen. Der Rechtsstreit hat sich in der Hauptsache erledigt, sodass der Kläger seinen Antrag entsprechend auf

Erledigung der Hauptsache umstellen muss, wenn er Rechtsnachteile vermeiden will (hierzu auch Stadler, Kapitel 10 D 5a).

5. Die Verpflichtung zum Zurückschneiden bzw. Beseitigen der Anpflanzung braucht der verpflichtete Eigentümer entsprechend Abs. 2 nur in der Zeit vom 1.10. bis 28.(29.)2., also außerhalb der **Wachstumsperiode**, vorzunehmen. Der Abs. 2, der insoweit die Gehölzschnittverbote des § 39 Abs. 1 BNatSchG wiedergibt, soll den Schaden für die gegebenenfalls zurückzuschneidenden Pflanzen begrenzen. Insoweit besteht für den Zeitraum vom 1.3. bis zum 30.9. ein Erfüllungsverweigerungsrecht (Sprau, Rdnr. 6 zu Art. 47 AGBGB; wohl kaum zu vertreten LG Bielefeld, NJW 2002, 525, das das Beseitigungsverlangen auch auf Baumstümpfe und Wurzeln erstreckt; vgl. auch LG Freiburg, Urteil vom 07.12.2017, Az. 3 S 17/16, das auch den Rückschnitt einer Hecke im Winter aus praktischen Erwägungen ausschließt, weil im Winter nicht abzusehen sei, wie hoch die Hecke tatsächlich im begrünten Zustand ist). Aus der Beschränkung des Abs. 2 folgt, dass jährlich nur ein Rückschnitt geschuldet ist (BGH NJW- RR 2012, 82). Zu beachten sind aber auch andere öffentlich-rechtliche Vorschriften, die dem Beseitigungsanspruch des Nachbarn entgegenstehen könnten. So stellt die Beseitigung von landschaftsprägenden Hecken, Baumreihen, Alleen, Feldrainen und sonstigen Flurgehölzen nach § 9 Abs 1 Ziff.10 SächsNatSchG (vom 06.06.2013 (SächsGVBl. S. 451), das zuletzt geändert wurde durch Art. 25 des Gesetzes vom 29.04.2015 (SächsGVBL. S. 349) grundsätzlich einen Eingriff in Natur und Landschaft dar, der untersagt werden kann. Die Beseitigung der Anpflanzung oder von Teilen der Anpflanzung kann auch ausgeschlossen sein, wenn der betreffende Baum oder Strauch durch gesonderte **Baumschutzregelungen** oder eine **Baumschutzsatzung** geschützt ist (vgl. oben § 9 Anm. 8; zu den zivilrechtlichen Auswirkungen von Baumschutzregelungen vgl. z. B. Otto, NJW 1989, 1783 ff.; OLG Düsseldorf, NJW 1989, 1807; in Betracht kommen auch Einzelanordnungen nach dem SächsNatSchG). Die Regelungen des Naturschutzgesetzes stellen in diesen Fällen eine zulässige

Eigentumsbeschränkung sowohl gegenüber dem Baumeigentümer als auch gegenüber dem beeinträchtigten Nachbarn dar. Der zivilrechtlich begründete Beseitigungsanspruch ist dann nicht durchsetzbar und eine auf Beseitigung der Beeinträchtigung gerichtete Klage wäre abzuweisen, wenn feststeht, dass eine rechtsgültige Ausnahmegenehmigung von den Verboten der Baumschutzverordnung durch die zuständige Behörde nicht erteilt werden kann oder wird. Ist diese Frage offen, so kommt eine Verurteilung des Baumeigentümers in Betracht mit der Maßgabe, dass dieser zur Beseitigung erst verpflichtet ist, wenn die erforderliche Genehmigung erteilt ist (vgl. LG Landshut, NJW-RR 1989, 1420; dazu auch für die Frage, ob naturschutzrechtlich geschützte Frösche entfernt werden können BGHZ 120, 239, 247; auch oben, Einleitung Anm. 4; wegen der Bedenken insoweit Dehner, B § 38 Fn. 123d).

Auch in einem **Bebauungsplan** kann „die Erhaltung von Bäumen, Sträuchern und sonstigen Anpflanzungen" vorgeschrieben werden (§ 9 Abs. 1 Nr. 25b BauGB). Wegen der Bedenken im Hinblick auf die Rechtmäßigkeit eines Bebauungsplanes, der gegen eine höherrangige – auch zivilrechtliche – Rechtsnorm verstößt, vgl. Dehner, B § 38 Fn.123e; zur Konkurrenz von Baumschutzrecht und Baurecht auch Engel, NVwZ 1985, 252.

Sofern die maßgeblichen rechtsgültigen öffentlich-rechtlichen Bestimmungen eine Befreiung zulassen, wird man auch den Nachbarn für befugt halten müssen, die Befreiung zu beantragen (OVG Bremen, NVwZ 1986, 953). Anderenfalls müsste der Nachbar ggfs. den Eigentümer auf Stellung eines Befreiungsantrages verklagen, was nicht zuletzt vollstreckungsrechtliche Schwierigkeiten bereiten würde.

6. Im Interesse des nachbarlichen Rechtsfriedens gilt der Beseitigungsanspruch des § 14 nur für Anpflanzungen, die nach Inkrafttreten dieses Gesetzes angelegt worden sind sowie für Anpflanzungen, die zwar davor angepflanzt worden sind, aber nicht den geltenden Abstandsvorschriften entsprochen haben, mit der Maß-

gabe des § 32 Abs. 2 (vgl. hierzu AG Görlitz, a.a.O.). Für die ehemals rechtmäßig erfolgten Anpflanzungen, die nach dem Inkrafttreten dieses Gesetzes nicht mehr den erforderlichen Grenzabstand einhalten, gewährt § 32 Abs. 1 besonderen **Bestandsschutz**. Auf die Erläuterungen zu § 32 wird insoweit verwiesen. In der Regel stehen nur bestimmte ältere Bäume unter dem Schutz einer Baumschutzverordnung, bei denen wegen des Bestandsschutzes ein Beseitigungsanspruch nach diesem Gesetz ohnehin ausscheidet (Zum Abwehranspruch wegen einer ästhetischen Beeinträchtigung vergleiche BGHZ 73, 272). Soweit sich ein Störungsbeseitigungsanspruch für andere als die in den §§ 9, 20 geregelten Fälle aus allgemein geltenden Vorschriften ergeben sollte (z.B. §§ 823, 910, 1004 BGB), bleibt dieser unberührt (vgl. Postier, BbgNRG, § 39, Anm. 1; OLG Düsseldorf, NJW 1986, 2648 für Nachbarrecht in NRW).

Nach der Änderung des Sächsischen Nachbarrechtsgesetzes durch Art. 3 des Gesetzes vom 08.12.2008 (SächsGVBl. S. 940) verjähren die Ansprüche aus § 14 Abs. 1 in 3 Jahren, § 31 Abs. 1). D.h., sobald die Störung in Form des Überschreitens der zulässigen Höhe der Anwachsung zum Tragen kommt, muss der in seinen Rechten verletzte Nachbar innerhalb von 3 Jahren entscheiden, ob er den Abwehranspruch aus § 14 Abs. 1 ausüben will. Danach steht ihm dieses Recht nicht mehr zu. Ein etwaiger Rechtsnachfolger kann sich nicht erneut auf die Verjährungsvorschrift berufen, da der Störungsbeseitigungsanspruch nach Ablauf der **Verjährungsfrist** erloschen ist.

§ 15
(aufgehoben)

vgl. die Anmerkung zu § 8.

§ 16
Bestandsschutz

Die Rechtmäßigkeit des Grenzabstandes von Bäumen, Sträuchern, Hecken und Rebstöcken wird durch nachträgliche Grundstücksteilungen, rechtmäßige Änderungen der Grundstücksgrenze oder Grenzfeststellungen nicht berührt. Sie richtet sich bei nachträglichen Grenzfeststellungen nach dem bisher angenommenen Grenzverlauf.

Erläuterungen

1. § 16 gewährt Bestandschutz in den Fällen, in denen nachträglich eine Grenze derart neu festgelegt wird, dass die bereits vorhandenen Anpflanzungen nunmehr mit der gesetzlichen Abstandsbestimmung nicht mehr im Einklang stehen. Eine Anpflanzung braucht dementsprechend nicht entfernt zu werden, wenn nachträglich **Grenzänderungen** eintreten und dadurch der Mindestabstand unterschritten wird. Hierauf können sich die an der Neuvermessung, Bodenumlegung oder Grundstücksteilung Beteiligten vorab einstellen und sich gegebenenfalls auf eine abweichende Regelung verständigen, da privatrechtliche Vereinbarungen auch insoweit Vorrang haben. Ansonsten gilt § 16 sowohl in den Fällen, in denen sich die Grenzänderung aus einer Grundstücksteilung oder Grundstücksfeststellung ergibt, als auch in Fällen, in denen im Rahmen eines **Flurbereinigungsverfahrens** die Grenzen der einzelnen Grundstücke nachträglich verändert werden. Wird später neu gepflanzt, so müssen die vorgeschriebenen Abstände zur neuen Grenze allerdings eingehalten werden. Auch hier gilt, dass allgemein gültige gesetzliche Vorschriften, wie z. B. § 910 BGB, unberührt bleiben.

2. Entsprechend dem Grundsatz, dass das, was einmal rechtmäßig war, es auch bleibt, bestimmt § 16, dass auch im Fall einer späteren Grenzänderung keine Beseitigung von Anpflanzungen verlangt werden kann, die bis dahin rechtmäßig waren. Der Begriff der „Rechtmäßigkeit" des Grenzabstandes ist dabei allerdings rein formell zu verstehen. Ein Grenzabstand ist immer dann als rechtmäßig

anzusehen, wenn eine Beseitigung im Hinblick auf den vor der Änderung der Grundstücksgrenze bestehenden Zustand nicht oder nicht mehr verlangt werden kann. Dies betrifft also nicht nur die Anpflanzungen, die die nach den §§ 9, 10 festgelegten Abstände einhalten, sondern auch die, deren Beseitigung nach der Bestandsschutzregelung des § 32 Abs. 1 nicht möglich ist bzw. deren Beseitigung nach dem Verstreichenlassen der Verjährungsfrist des § 31 gegen den Willen des störenden Eigentümers aus Gründen dieses Gesetzes ausgeschlossen ist.

3. § 16 spricht von nachträglichen Grenzänderungen, Änderungen der Grundstücksgrenze oder Grundstücksfeststellungen. Erfasst werden damit alle rechtmäßigen Veränderungen der Grundstücksgrenze, egal, aus welchen Gründen bzw. auf welche Weise die Änderung erfolgt ist. Grenzänderungen durch öffentlich-rechtliche Maßnahmen werden von § 16 in gleicher Weise erfasst, wie Veränderungen der Grenze aufgrund eines Rechtsgeschäfts. Bei nachträglicher Grenzfeststellung ist der bisher angenommene Verlauf der Grundstücksgrenze maßgebend; dies wird in Satz 2 ausdrücklich klargestellt. Einer solchen Klarstellung bedurfte es für die anderen denkbaren Fälle nicht, da hierbei der tatsächlich vorher bestandene Grenzverlauf maßgebend ist.

4. Fraglich ist, ob die Vorschrift nur solche Fälle erfasst, bei denen die Grenzveränderung erst nach Inkrafttreten des Gesetzes eingetreten ist, oder ob „nachträglich" auch die Fälle mit umfasst, bei denen die Grenzveränderung nach der Anpflanzung erfolgt ist. Letzteres wird entsprechend einem Urteil des Landgerichts Düsseldorf (JMBl. NW 1970, 143) auch für das Sächsische Nachbarrechtsgesetz gelten müssen, da die Vorschrift einen allgemeingültigen Rechtsgedanken lediglich kodifiziert.

5. Die Vorschrift regelt nicht ausdrücklich, wie zu verfahren ist, wenn anstelle einer i.S.d. § 16 rechtmäßigen Anpflanzung eine **Ersatzanpflanzung** vorgenommen wird. Aus Sinn und Zweck der Vorschrift ist aber zu folgern, dass im Ergebnis der durch eine

Grenzveränderung geschaffene Zustand nicht auf Dauer Bestand haben soll, sondern sich die Rechtsmäßigkeit jeweils nur auf die durch § 16 geschützte Anpflanzung beziehen soll. Mit einer Ersatzanpflanzung ist daher auch grundsätzlich der vorgeschriebene Abstand gem. §§ 9, 10 einzuhalten; dies gilt gleichermaßen auch für Bewuchs, der nach der Grenzveränderung durch nicht willentlich erfolgte Aussamung oder Auswuchs der geschützten Anpflanzung entsteht also z.B. bei **wildwachsenden Pflanzen** (vgl. Postier, BbgNRG, § 43, Anm. 2). Eine Ausnahme dürfte allerdings bei der Ersetzung einzelner abgestorbener Pflanzen einer Hecke zu machen sein. Um das geschlossene Bild einer einst rechtmäßig errichteten Hecke zu bewahren, dürfte es danach nicht untersagt sein, einzelne abgestorbene Pflanzen durch neue zu ersetzen, um die Geschlossenheit und das einheitliche Erscheinungsbild wiederherzustellen, auch wenn der gebotene Abstand dadurch nicht eingehalten wird (vgl. Postier, BbgNRG, § 41, Rdnr. 2). Nicht gelten kann diese Ausnahme allerdings bei einer bereits stark ausgedünnten Hecke, die nicht mehr das Bild der Geschlossenheit vermittelt. In diesen Fällen stellt die Ersetzung einzelner Pflanzen eine Erneuerung dar. Von einer Erneuerung oder der einer Erneuerung gleichkommenden Ausbesserung oder Ergänzung kann man dann sprechen, wenn die Anpflanzung zu mehr als 50% durch neue Pflanzen ersetzt wird, auch dann, wenn der Vorgang der Ersetzung in mehreren kleinen Abschnitten vorgenommen wird (vgl. Birk, § 33 Anm. 1).

Vierter Abschnitt
Bodenerhöhungen und Aufschichtungen

§ 17
Bodenerhöhungen

Der Nachbar kann verlangen, dass der Eigentümer eines Grundstücks, dessen Oberfläche künstlich erhöht wurde, geeignete Vorkehrungen trifft, die eine durch diese Erhöhung verursachte Gefährdung des Grundstücks des Nachbarn ausschließen.

Erläuterungen

1. § 909 BGB verbietet nachbargefährdende **Bodenvertiefungen**, schränkt also nur das Recht ein, auf dem eigenen Grundstück Vertiefungen vornehmen zu können (vgl. hierzu BGB, NJW-RR 2008, 969). Eine Bodenvertiefung ist danach jedenfalls grundsätzlich zulässig, wenn der Vertiefende für eine anderweitige Befestigung des Erdreichs, etwa durch eine Stützmauer, sorgt. Auf andere Maßnahmen an einem Grundstück ist § 909 BGB nicht – auch nicht entsprechend – anwendbar (vgl. Palandt/Herrler, § 909 Rdnr. 1; BGH, NJW 1976, 1840; BGH, NJW-RR 2012, 1160; Bauer/Schlick, ThürNRG, § 43 Anm. 1). Eine Regelung für **Bodenerhöhungen** enthält das BGB dagegen nicht, auch nicht in § 907 BGB (s. u. Anm. 4). Ohne eine solche spezielle nachbarrechtliche Regelung wäre der Nachbar unter Umständen schutzlos, wenn der Grundstückseigentümer solche Erhöhungen vornimmt, auch wenn diese zu einer Gefährdung seines Grundstückes führen würde. Allenfalls aus dem nachbarlichen Gemeinschaftsverhältnis könnte sich ein Anspruch auf geeignete Schutzmaßnahmen bei Beeinträchtigungen ergeben (BGH, a. a. O.), wobei dabei wiederum erhebliche Beweisprobleme im Streitfall auftreten könnten. § 17 dieses Gesetzes will die Regelungslücke im BGB schließen und verhindern, dass durch Bodenerhöhungen auf benachbarten Grundstücken, die im Grunde zulässig sind, Schäden entstehen und stellt daher wie § 6 eine Konkretisierung des Grundsatzes der **Störerhaftung** dar.

Eine weitere Regelung, wenn es um die (grundsätzliche) Beeinträchtigung der Bodenfunktion geht, findet sich im Bundes-Bodenschutzgesetz (BBodSchG). Als Bundesgesetz hat es Vorrang vor der landesrechtlichen Regelung. § 4 Abs. 1 BBodSchG verpflichtet jeden, der auf den Boden einwirkt, sich so zu verhalten, dass schädliche Bodenveränderungen nicht hervorgerufen werden (Text im Anhang 4; vgl. hierzu auch Vierhaus, NJW 1998, 1262). Weitere Vorsorgepflichten im Hinblick auf den Boden enthält § 7.

2. § 17 räumt dem Nachbarn gegenüber dem Eigentümer das Recht ein, von diesem geeignete Vorkehrungen zur Gefährdungs-

beseitigung zu verlangen, wenn eine Gefährdung von einer künstlichen Bodenerhebung ausgeht. Eine besondere Verpflichtung, einen bestimmten Grenzabstand bei der Vornahme von Bodenerhöhungen einzuhalten, ist im Gesetz nicht vorgesehen. Bodenerhöhungen, die von § 17 umfasst sind, sind dabei alle von Menschen gezielt vorgenommenen Veränderungen der Erdoberfläche über das bestehende Niveau hinaus, wie z. B. Böschungen, Aufschüttungen für Terrassen, auch Aufschüttungen von Erdaushub, Abraum- und Schutthalden, Hügel, Dämme, Erdwälle u. Ä. (vgl. Postier, BbgNRG, § 26 Anm. 1). Blumentöpfe oder Pflanzkübel allerdings werden von dieser Vorschrift nicht erfasst. Bereits aus der Definition ergibt sich, dass die Vorschrift nicht nur für auf Dauer angelegte Bodenerhöhungen gilt (anders Lehmann § 26 Anm. 2 und 3 für das NdsNRG). Denn die Gefahren, die von lediglich vorübergehenden Erhöhungen – wie z. B. von Baugrubenaushub – ausgehen, werden nicht selten erheblich größer sein als diejenigen, die von Daueranlagen ausgehen. Keine Rolle spielt dabei der Umstand, ob das Erdreich, das für die Erhöhung benutzt wird, neu auf das Grundstück gebracht wird, oder ob es durch Abtrag des betroffenen Grundstückes selbst gewonnen wird (vgl. auch Bauer/Schlick, ThürNRG, § 43 Anm. 4). Weitere Voraussetzung ist, dass der Eigentümer „Störer“ ist. Erhöhungen durch unbeeinflussbare Naturkräfte (wie z. B. durch einen Bergrutsch oder durch Ausschwemmung) sind daher dem Eigentümer nur zuzurechnen, wenn er sie durch eigene Handlungen ermöglicht hat oder wenn die Beeinträchtigung durch ein pflichtwidriges Unterlassen herbeigeführt wurde (BGH, NJW-RR 2001,1208; BGHZ 122,283 f.; vgl. hierzu auch Herrmann, NJW 1997, 153).

3. Die vorgenommene Erhöhung muss auch so beschaffen sein, dass das mit der Erhöhung versehene Grundstück das Niveau des Nachbargrundstückes übersteigt. Bodenerhöhungen, die lediglich das Niveau des Nachbargrundstücks erreichen, sind ohne Einschränkung gestattet (es sei denn, sie verletzen andere Normen, wie etwa das BBodSchG), weil die bloße Anpassung an das Nachbargrundstück für dieses keine nachteilige Veränderung darstellen

kann (so auch Postier, BbgNRG, § 26, Anm. 1). Auch eine Niveauveränderung auf dem Nachbargrundstück (z. B. durch Abgraben), die zu einem tatsächlichen Höherliegen des Grundstückes führt, wird von dieser Vorschrift nicht erfasst; genauso wenig der Fall, dass die Erdoberfläche zwar verändert wird (z. B. durch Einbringen eines neuen Belages oder Terrassenplatten), jedoch eine tatsächliche Erhöhung nicht erfolgt.

Allerdings greift die Vorschrift des § 17 dann ein (vgl. BGH, WM 1980, 656 ff.), wenn ein aufgrund seiner natürlichen Beschaffenheit bereits erhöhtes Grundstück zusätzlich durch bestimmte Maßnahmen noch weiter erhöht wird. Auch ein aufgrund seiner natürlichen Beschaffenheit schon höher liegendes Grundstück lässt sich ohne Weiteres zusätzlich erhöhen (vgl. BGH, NJW 1980, 2580 f.). Die Bodenerhöhung muss allerdings – auch wenn der Wortlaut des Gesetzes dies nicht ausdrücklich sagt – nicht nur lediglich unwesentlich sein. Nach einer Entscheidung des OLG Düsseldorf (NJW-RR 1992, 912) liegt eine Bodenerhöhung nicht vor, wenn der Grundstückseigentümer sein Grundstück so verändert, dass es nur ein Gefälle von 2 % zum Nachbargrundstück aufweist und an der Grundstücksgrenze das Niveau des Nachbargrundstückes hat.

4. Grundsätzlich müssen Grundstückserhöhungen des Grundstückseigentümers vom Nachbarn geduldet werden, da der Grundstückseigentümer nach § 903 BGB berechtigt ist, sein Eigentum umfassend zu nutzen und mit seinem Grundstück nach Belieben zu verfahren. Das BGB trifft in § 907 lediglich eine Regelung in Bezug auf **gefahrdrohende Anlagen** und räumt dem Nachbarn das Recht ein, die Unterlassung bzw. Beseitigung derartiger Anlagen zu verlangen, wenn von diesen mit Sicherheit unzulässige Einwirkungen auf das eigene Grundstück zu erwarten sind. Der Begriff „Anlage“ setzt eine Verbindung mit dem Grundstück voraus. Auch wasser- und bergrechtliche Anlagen werden von § 907 BGB erfasst. Anlagen sind danach künstlich geschaffene Werke, die auf Dauer eingerichtet werden, wie z. B. Teiche, Schweineställe, Garagen, ortsfeste Bienenhäuser, Taubenschläge u. Ä. Eine bloße Bodenerhöhung ist

jedoch keine „Anlage“ i.S.d. § 907 BGB (vgl. hierzu BGH, WM 1973, 1421; NJW 1976, 1840ff.; NJW 1980, 2580).

Die Bodenerhöhung darf aber nur in der Weise erfolgen, dass nach menschlicher Voraussicht eine Schädigung des Nachbargrundstücks ausgeschlossen ist, wobei insoweit auch außergewöhnliche Umstände zu berücksichtigen sind (vgl. Bauer/Schlick, ThürNRG, § 43, Anm. 5). Die Duldungspflicht für den Nachbarn entfällt nämlich, wenn durch die Bodenerhöhung eine tatsächliche Gefährdung des eigenen Grundstücks vorliegt; ein Schaden braucht noch nicht entstanden zu sein. Nach Lage der Dinge muss aber die Möglichkeit eines Schadeneintritts nicht ausgeschlossen sein, sei es durch Absturz, Abschwemmung oder Pressung des Erdreichs oder auch durch Schattenwirkung, die die Vegetation auf dem Nachbargrundstück einschränkt (vgl. Postier, BbgNRG, § 26, Anm. 1). Greift der Grundstückseigentümer bei der Ausführung der Erhöhung auf Fachpersonal zurück, also etwa eine Baufirma oder einen Gartenbaubetrieb, so liegt die Beweislast dafür, dass die vorgesehene Erhöhung unbedenklich ist, beim Grundstückseigentümer. Der Nachbar hat im Streitfall lediglich die Grundstückserhöhung nachzuweisen (so auch Postier, BbgNRG, § 26, Anm. 1). Es reicht für die Anwendung dieser Vorschrift aber nicht aus, dass eine bloß hypothetische Möglichkeit einer Beeinträchtigung besteht (hierzu auch AG Hoyerswerda, Urteil vom 25.06.2015, Az. 2 C 331/14). Wenn die Bodenerhöhung von vornherein so angelegt ist, dass Schäden am Nachbargrundstück nicht entstehen können, dann ist sie grundsätzlich ohne Vorkehrungen zulässig. Nicht erfasst werden auch Beeinträchtigungen, die dadurch entstehen, dass infolge der Bodenerhöhung **Niederschlagswasser** auf das Nachbargrundstück abfließt, es sei denn, es wird gleichzeitig Boden abgeschwemmt. Hierüber trifft das Sächsische Wassergesetz (vgl. § 29 SächsWasserG, Anhang 6) besondere Regelungen, sodass eine gesonderte Aufnahme ins Nachbarrechtsgesetz (anders als in anderen Ländern, vgl. z.B. § 55 BWNRG für wild abfließendes Wasser) nicht notwendig war. Für die Ableitung von Niederschlagswasser gilt § 25 (vgl. dort Anm. 2)

5. Tritt bedingt durch die Erhöhung eine Gefährdung des Nachbargrundstücks ein, dann muss der Grundstückseigentümer auf Verlangen des Nachbarn derartige Vorkehrungen treffen, die die nicht fern liegende Möglichkeit eines tatsächlichen Schadenseintritts ausschließen. Welche Maßnahmen im Einzelnen zu treffen sind, um eine Schädigung des Nachbarn auszuschließen, wird im Gesetz nicht dargelegt. Da eine Vielzahl unterschiedlicher Beeinträchtigungsmöglichkeiten in Betracht kommen können und denkbar sind, lassen sich auch die geeigneten Abwehrmaßnahmen nicht im Einzelnen vollständig in einer Norm erfassen. Erforderlich ist aber, dass die ergriffene Maßnahme den Zweck der **Störungsbeseitigung** erreicht; die Wahl des geeigneten Mittels bleibt auch insoweit dem Grundstückseigentümer überlassen. Der Nachbar hat keinen Anspruch auf eine bestimmte Maßnahme; er kann deshalb auch weder eine besonders schöne noch eine besonders dauerhafte verlangen. In Betracht käme etwa, dass mit der Bodenerhöhung ein genügend großer Abstand zum Nachbargrundstück eingehalten wird, der verhindert, dass von der erhöhten Bodenoberfläche durch Abbröckeln oder Abschwemmen Erdreich auf das Nachbargrundstück gelangt. Eine besondere **Abstandsregelung** enthält § 17 nicht, anders als z. B. das Nachbarrechtsgesetz für Baden-Württemberg. § 10 NRG sieht dort vor, dass entweder eine genügend starke Befestigung bei einer Grundstückserhöhung errichtet wird oder aber die obere Kante der Erhöhung muss mindestens doppelt so weit von der Grenze entfernt sein, wie sie höhenmäßig über der Grenze liegt (vgl. Birk, Anm. zu § 10). In der DDR bestand mit § 355 DBO eine im Ergebnis vergleichbare Regelung. Als Faustregel sollte jedenfalls gelten, dass „der Abstand bei einer unbefestigten Erhöhung so groß sein muss, dass auch bei natürlicher Veränderung der Aufschüttung durch Regen und Wind noch genügend Freifläche verbleibt, um abgeschwemmtes oder abgebröckeltes Erdreich vollständig im eigenen Grundstück aufnehmen zu können“ (so: Postier, BbgNRG, § 26, Anm. 2.1).

In Betracht kommt jedenfalls auch eine Absicherung durch Stützmauern, Pfähle und Bretter, Kunststoffmatten und auch Pflanzenbewuchs, der einen Abtrag des Bodens verhindert (beachte aber die Abstandsvorschriften der §§ 9 und 10).

6. Die Maßnahme ist auf Verlangen des Nachbarn zu ergreifen. Daher ist es nicht notwendig, dass der verpflichtete Grundstückseigentümer gleichzeitig mit Beginn der Aufschüttungsarbeiten auch die Befestigung anbringt (es sei denn, es liegen besondere Umstände vor, die schon bei der Aufschüttung eine konkrete Gefährdung für das Nachbargrundstück bewirken). Reicht die vom Grundstückseigentümer getroffene Maßnahme nicht aus oder zeigt sich nach einiger Zeit, dass die Maßnahme ungeeignet war, so muss die Maßnahme in geeigneter Form wiederholt werden oder durch eine andere ersetzt werden. Mit der Verpflichtung, geeignete Vorkehrungen zur Verhinderung von Schäden am Nachbargrundstück zu treffen, geht die Verpflichtung einher, die getroffenen Maßnahmen regelmäßig zu kontrollieren und zu überprüfen. Gegebenenfalls müssen die Maßnahmen nachgebessert werden bzw. Mauern, Stützwände oder Palisaden erneuert werden.

Diese **Unterhaltungsverpflichtung** trifft nicht nur den Eigentümer, der das Grundstück erhöht, sondern auch den Rechtsnachfolger. Zwar enthält § 17, anders als z. B. § 43 ThürNRG, keine ausdrückliche Regelung hierüber. Die Unterhaltungsverpflichtung bezgl. der vom Grundstückseigentümer getroffenen Maßnahmen muss aber als dinglich auf das Grundstück bezogene Last angesehen werden, die auch einen neuen Eigentümer bindet (vgl. Postier, BbgNRG, § 26, Anm. 2.2).

7. Kommt der Grundstückseigentümer auf Verlangen seiner Verpflichtung aus § 17 nicht nach, so muss der Nachbar den Eigentümer im Wege der Klage zur Vornahme der (vertretbaren) Handlungen verurteilen lassen. Die Vollstreckung des Urteils richtet sich nach § 887 ZPO (so auch Schäfer, SächsNRG, Erl. 5 m. w. N.). § 17 ist Schutzgesetz i. S. d. § 823 Abs. 2 BGB (BGH, NJW 1980, 2580 f. zu § 30 NWNRG), sodass unter Umständen auch ein **Schadenersatzanspruch** des Nachbarn bei schuldhaftem Verstoß des Grundstücks-

eigentümers gegen diese Vorschrift in Betracht kommt, gegebenenfalls auch eine Entschädigungspflicht aus dem verschuldensunabhängigen nachbarlichen Ausgleichsanspruch analog § 906 Abs. 2 Satz 2 BGB (OLG Koblenz, NJW-RR 2003, 1457; BGH, NJW 2011, 3294, Rdnr. 22; NJW-RR 2016, 588 Rdnr. 23. Scheidet ein solcher aus, weil § 906 BGB nicht einschlägig ist (bei negativen, nicht abwehrfähigen Einwirkungen), kann sich der Anspruch aus der Generalklausel des § 242 BGB ergeben (BGHZ 113, 384, 391). Zum Umfang des Schadenersatzanspruchs näher Postier, BbgNRG, § 26 Anm. 2.2.

§ 18
Grenzabstand von Aufschichtungen

(1) Der Nachbar kann verlangen, dass Aufschichtungen von Holz, Steinen, Heu, Stroh, Kompost und ähnlichen Stoffen mindestens 0,5 m von der Grenze entfernt sind. Sind die Aufschichtungen höher als 2 m, so muss der Abstand um so viel über 0,5 m betragen, als ihre Höhe 2 m übersteigt; in Wohngebieten darf eine Aufschichtung nicht höher sein als 2 m.

(2) Als Abstand gemäß Abs. 1 gilt die kürzeste Entfernung von der Grenze zur Aufschichtung.

(3) Diese Vorschriften gelten nicht für Grundstücksgrenzen zu dem Gemeingebrauch dienenden Flächen.

Erläuterungen

1. Die Abstände von **Aufschichtungen** zur Grundstücksgrenze hin bieten ebenfalls häufig Anlass zu Streitigkeiten zwischen Nachbarn. Der Gesetzgeber hat daher mit § 18 eine Regelung geschaffen, die sich bei der Abstandsregelung weitgehend an den Vorschriften über Pflanzen (§§ 9 ff.) orientiert. Das Gesetz trennt dabei ausdrücklich zwischen den Bodenerhöhungen des § 17, bei denen grundsätzlich ein Grenzabstand nicht vorgeschrieben ist, dieser aber das geeignete Mittel zur Störungsbeseitigung darstellen kann (vgl. § 17 Anm. 5), und den Aufschichtungen des § 18, für die – von der Ausnahme des Abs. 3 abgesehen – grundsätzlich ein Abstand von der Grundstücksgrenze einzuhalten ist.

2. Eine Aufschichtung bildet unter Umständen nicht nur ein Gefahrenpotenzial für das Nachbargrundstück, sondern durch eine sehr hohe Aufschichtung könnte, wie auch bei Bäumen, Hecken und Sträuchern, Licht, Luft und freie Aussicht entzogen und das Nachbargrundstück unzumutbar beeinträchtigt werden. Insoweit stellt die Abstandsregelung des § 18 und die dort geregelte Höhenbegrenzung zwar einerseits einen weitgehenden Eingriff in das Eigentumsrecht des Grundstückseigentümers dar, andererseits aber auch eine wohl ausgewogene Regelung, um die widerstreitenden Interessen zweier Grundstücksnachbarn in verträglicher Weise in Einklang zu bringen.

3. Abs. 1 bestimmt, dass grundsätzlich eine Aufschichtung von der Grundstücksgrenze einen Abstand von 0,5 m haben muss und die **Aufschichtung in Wohngebieten** nicht höher als 2 m sein darf (Ausnahme Abs. 3). Aufschichtungen sind dabei nicht die Bodenerhöhungen des § 17, sondern eine Aufschichtung zeichnet sich dadurch aus, dass es sich um im Regelfall bewegliche Gegenstände handelt, die ohne feste Verbindung, aber geordnet aufeinander geschichtet sind. Die Besonderheit der Aufschichtung liegt insoweit in ihrer Instabilität (vgl. hierzu auch Birk, § 8, Anm. 1). Dies können sein die Gegenstände, die das Gesetz ausdrücklich nennt (Holz, Steine, Stroh, Kompost), aber auch vergleichbare andere Gegenstände wie zum Beispiel Kartons, Kisten, übereinander gestapelte Autoreifen, Stapel von Altmetall, Baumhäuser (dazu LG Dortmund, NJW-RR 2008, 175) oder Ähnliches. Derartigen Aufschüttungen ist typischerweise eigen, dass sie einerseits nicht auf eine bestimmte Dauer angelegt sein müssen, sondern auch jederzeit veränder- und bearbeitbar sind. Damit bieten sie auch eine potentielle Gefahrenquelle, da sie einstürzen, umfallen, rutschen, in Brand geraten (insoweit sind auch die öffentlich-rechtlichen Brandschutzvorschriften zu beachten, die gem. § 3 unberührt bleiben) oder in anderer Weise stören können. Es handelt sich insoweit um Anlagen, bei denen es sinnvoll erscheint, dass sie von allen Seiten begehbar und somit auch bearbeitbar sind. Auf eine konkrete Gefahr oder Gefähr-

dung kommt es allerdings, anders als bei § 17, nicht an. Nicht anwendbar ist die Vorschrift aber z. B. für Wasserbecken oder Regentonnen, weil ihnen die sich aus der Aufschichtung oder Haufenbildung ergebende Instabilität fehlt (Birk a.a.O. mit Hinweis auf LG Stuttgart, 27.03.1980, 16 S 279/80). Ebenfalls nicht anwendbar dürfte diese Vorschrift auch für Baugerüste sein, ohne dass dies im Gesetz genannt wird (so aber ausdrücklich § 27 Abs. 2 Ziff.1 BbgNRG), da das Aufstellen von Baugerüsten für kurze Zeit an der Grundstücksgrenze für eine geordnete Bautätigkeit oder für Renovierungsarbeiten erforderlich sein kann.

4. Die strenge Regel, wonach der Grenzabstand mindestens 0,5 m betragen muss und die Höhe der Aufschichtung 2 m nicht überschreiten darf, gilt allein für **Wohngebiete**. Als Wohngebiet i. S. d. § 18 ist dabei eine geschlossene und zusammenhängende Bebauung mit zum Wohnen dienenden Häusern zu verstehen. Nicht erforderlich ist, dass jedes Grundstück tatsächlich auch bebaut ist – maßgeblich ist der Gesamtcharakter als reines Wohngebiet. Das schließt nicht aus, dass sich in einem reinen Wohngebiet nicht auch andere Einrichtungen befinden können, wie z. B. Kinderspielplätze, auch wenn die spielenden Kinder naturgemäß Lärm verursachen (OVG Rheinland-Pfalz. Urteil vom 16.05.2012, Az. 8 A 10042/12). Andererseits hat ein Taubenschlag mit mehr als 60 Tauben in einem reinen Wohngebiet nichts zu suchen (vgl. VG Neustadt, Beschluss vom 25.07.2012, Az. 4 L 625/12). Damit unterscheidet sich diese Vorschrift von § 9 Abs. 2, der auf einen „im Zusammenhang bebauten Ortsteil“ abstellt und damit auch Gewerbegebiete umfasst. Dies soll wegen des großen Eingriffs in die Gewerbefreiheit für § 18 nicht gelten. In Gewerbegebieten und anderen Bereichen, die nicht Wohngebiete sind, gilt die strenge Höhenbegrenzung von 2 m daher nicht. Allerdings muss in diesen Gebieten der Abstand der Aufschichtung um so viel über 0,5 m betragen, als die Höhe der Aufschichtung 2 m übersteigt. Das bedeutet zum Beispiel, dass eine Aufschichtung mit einer Höhe von 2,50 m

einen Grenzabstand von 1 m einhalten muss. Maßgeblich ist also in jedem Fall die Situation vor Ort.

5. Nach Abs. 2 wird der Abstand horizontal von der Grenze bis zu dem Punkt, der ihr am nächsten ist, in dessen Höhe gemessen. Anders als bei § 13 ist also bei der Aufschichtung nicht die äußerste Stelle am Erdboden maßgebend, sondern die äußerste zur Grenze hinweisende Stelle der Aufschichtung. So können zum Beispiel Latten oder Feuerholz so geschichtet sein, dass die Kanten der Hölzer im Luftraum viel näher an der Grundstücksgrenze sind als am Erdboden. In diesen Fällen ist dann der Abstand im Luftraum maßgebend. Ist dagegen die Aufschichtung pyramidenförmig gestaltet, ist der maßgebliche Abstand am Boden zu messen. Beispiele für die Abstandsberechnung von Aufschichtungen sind unten aufgezeichnet.

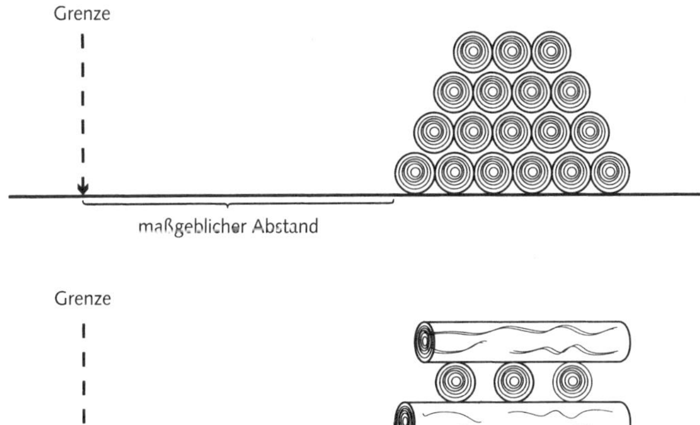

Beispiele für die Abstandsberechnung von Aufschichtungen

6. Abs. 3 stellt klar dar, dass die **Abstandsregelungen für Grenzen zu dem Gemeingebrauch** dienenden Flächen nicht gelten. Hierunter fallen z.B. öffentliche Straßen und Wege sowie Grünflächen und Gewässer soweit diese entweder durch Widmung oder durch Gesetz (z.B. § 16 SächsWassG; § 14 SächsStraßenG, siehe Anhang 6 und 7) zum **Gemeingebrauch** berechtigten (vgl. zum Gemeingebrauch auch die Anm. 8 zu § 4; Anm. 2 zu § 12). Eine an die Grenze heranreichende Aufschichtung kann aber unter Umständen eine **Anlage** i.S.d. § 907 BGB sein (vgl. Palandt/Herrler, § 907 Rdnr. 1), sodass sich aus dieser Vorschrift unabhängig von der in § 18 normierten Abstandsregelung eine Beseitigungspflicht auch dann ergeben kann, wenn das angrenzende Grundstück dem Gemeingebrauch gewidmet ist. Unter Anlagen i. S. d. § 907 BGB sind künstlich geschaffene Werke von gewisser Selbständigkeit und Dauer zu verstehen (BGH, BB 1965, 1125), insbesondere also Bauwerke und Bauteile. Die Abgrenzung von Anlagen nach § 907 BGB zu den Aufschichtungen des § 18 kann aber durchaus problematisch sein, wobei für die Abgrenzung das Merkmal der Selbständigkeit oder die Dauerhaftigkeit hilfreich sein kann. Weitere Einschränkungen können sich auch aus speziellen (landesrechtlichen) Normen ergeben. So bestimmt z.B. § 27 Abs. 2 SächsStraßenG (Anhang 7), dass Anpflanzungen und Zäune sowie Stapel, Haufen oder andere mit dem Grundstück nicht fest verbundene Einrichtungen nicht angelegt oder unterhalten werden dürfen, wenn sie die Sicherheit oder Leichtigkeit des Verkehrs beeinträchtigen (vgl. auch § 11 Abs. 2 BFernStrG für Bundesstraßen).

7. Abs. 1 konkretisiert den sich aus den §§ 1004, 823 BGB ergebenden Störungsbeseitigungsanspruch für den Fall des Verstoßes gegen die Abstandsregelung, vergleichbar dem § 17 (wobei für § 18 eine konkrete Gefährdung oder Störung nicht erforderlich ist). Bezüglich der Sanktionsmöglichkeit gilt nichts anderes als bei § 17, sodass insoweit auf § 17 Anm. 7 verwiesen werden kann. § 18 gibt i.V.m. § 823 Abs. 2 BGB einen Schadenersatzanspruch, wenn

durch Verletzung des Grenzabstandes Schäden auf dem Nachbargrundstück aufgetreten sind.

Fünfter Abschnitt
Duldung von Leitungen

Einführung vor § 19

1. § 19 begründet eine Duldungspflicht für Wasserversorgungs-, Abwasser- und die in § 23 genannten Leitungen und Einrichtungen. Die Duldungspflicht ist dem Notwegerecht nachgebildet und in der Formulierung an § 917 BGB angelehnt, geht aber über dieses hinaus. § 917 BGB beinhaltet in analoger Anwendung ein Notwegerecht für Versorgungsleitungen, jedoch nur unter starken Einschränkungen. Voraussetzung ist, dass bei Anwendung strenger Maßstäbe die Verbindung mit dem Versorgungsnetz über das eigene Grundstück nicht möglich ist (BGH, NJW 1981, 1036; OLG Düsseldorf, Urteil vom 17.02.1983, 18 U 234/82; offen gelassen von OLG Celle, OLGR 1999, 89). Ein solcher Anspruch scheidet aus, wenn eine andere Verbindungsmöglichkeit gegeben ist, die nur umständlicher, weniger bequem oder kostspieliger ist als das begehrte Notleitungsrecht über das Nachbargrundstück.

Die analoge Anwendung des § 917 BGB ist subsidiär zu einer Regelung des Notwegerechts durch den Landesgesetzgeber (zweifelnd Dehner, B § 27 V 2c; siehe jetzt aber BGH Urteil vom 04.07.2008 – V ZR 172/07, BGHZ 177, 165 Rdnr. 7, 15 f. sowie Urteil vom 26.01.2018 – V ZR 47/17 –, Rdnr. 5, juris). Es handelt sich hierbei um eine verfassungskonforme Bestimmung von Inhalt und Schranken des Eigentums (BayVGH DÖV 1995, 337; für das ThürNRG Bauer/Schlick, § 26 Anm. 1). Seit Inkrafttreten der §§ 19 ff. kann nicht mehr auf § 917 BGB zur Begründung eines Notleitungsrechts zurückgegriffen werden. Eine langjährige Duldung einer Wasserleitung durch den Eigentümer kann aber nach den Umständen des Einzelfalles ein Leihverhältnis begründen, das den Eigentümer zur weiteren Duldung verpflichtet (OLG Celle, OLGR 1999, 69; für das Sächsische NRG auch AG Weißwasser, Urteil vom 23.06.2005, 6 C 645/04). Die Vorschriften über die Leihe gehen den §§ 19 ff. vor.

2. In der DDR gab es ein gesetzlich geregeltes Leitungsrecht nicht. Nach § 321 ZGB konnte die Begründung eines Rechts zur Mitbenutzung eines Grundstückes durch vertragliche Vereinbarung der Nutzer geregelt werden. Kam eine solche Vereinbarung nicht zustande, konnte nach § 321 Abs. 2 ZGB im Klagewege gegen den Nutzer und ggf. auch gegen den Eigentümer die Einräumung eines solchen Rechts verlangt werden. Das SächsBGB enthielt zwar in den §§ 345 bis 349 eine ausführliche Regelung des Notwegerechts, hingegen keine Vorschriften über eine Notleitung, wohl deshalb, weil im Zeitpunkt seines Inkrafttretens die Verlegung von Wasser- und sonstigen Leitungen noch nicht allgemein üblich war. Allerdings war nach § 359 SächsBGB die Errichtung von Rinnen und Gräben zur Ableitung von Abwasser nur in solcher Entfernung zulässig, dass hierdurch kein Schaden für das Grundstück des Eigentümers zu befürchten war.

§ 19
Duldungspflicht

(1) Der Nachbar darf Wasserversorgungs- und Abwasserleitungen zu seinem Grundstück durch das Grundstück des Eigentümers führen, wenn

1. **der Anschluss an das Wasserversorgungs- oder Entwässerungsnetz anders nicht oder nur mit unverhältnismäßig hohen Kosten durchgeführt werden kann und**
2. **die damit verbundene Beeinträchtigung des Eigentümers zumutbar ist.**

(2) Der Eigentümer ist berechtigt, sein Grundstück an die verlegten Leitungen anzuschließen, wenn diese ausreichen, um die Wasserversorgung oder die Entwässerung beider Grundstücke sicherzustellen. Der Eigentümer kann verlangen, dass die Leitungen so verlegt werden, dass sein Grundstück ebenfalls angeschlossen werden kann; dadurch entstehende Mehrkosten hat er dem Nachbarn zu ersetzen.

Erläuterungen

1. Voraussetzung für ein **Leitungsnotwegerecht** ist nach § 19 Abs. 1, dass der Anschluss an das Wasserversorgungs- oder Entwässerungsnetz anders nicht oder nur mit unverhältnismäßig hohen Kosten hergestellt werden könnte. Wasserversorgung ist hierbei die Zuführung von Trinkwasser oder Brauchwasser auch im industriellen Bereich. Abwasser ist jedes mit Wasser verbundene Konglomerat einschließlich der Fäkalien, das leitungsgebunden von dem Grundstück abgeführt wird. Abwasserleitungen sind Rohre, die der Ableitung von Abwasser dienen; ein Überlaufkanal zählt hierzu ebenso wenig (LG Freiburg (Breisgau), Urteil vom 07.12.2017 – 3 S 173/16 –, Rdnr. 25, juris) wie die Ableitung von Niederschlagswasser auf das Eigentümergrundstück über eine offene Rinne (Bauer/Schlick, § 26 Rdnr. 3 mit Hinweis auf LG Gera, Urteil vom 22.06.1999 – 10 S 71/99). Auch zum Anschluss an einen Vorfluter (etwa einen Graben oder einen Bach) kann das Notleitungsrecht in Sachsen nicht in Anspruch genommen werden (anders als etwa in Baden-Württemberg, vgl. § 7f BwNRG).

a) In der Vorauflage war die Auffassung vertreten worden, ein eigenes Leitungsführungsrecht des Nachbarn durch das Grundstück des Eigentümers bestehe nicht, wenn das Grundstück des Eigentümers bereits an die öffentlichen **Versorgungsleitungen** angeschlossen und der Anschluss des Nachbarn hieran möglich sei. Hier komme lediglich in Betracht, sich an die bestehenden Versorgungsleitungen anzuschließen (ebenso OLG Koblenz, BauR 2003, 1881). Zur Begründung wurde auf die Formulierung in Nr. 1 („wenn der Anschluss . . . anders nicht . . . geführt werden kann“) verwiesen: Abs. 1 beinhalte als Minus zum Leitungsführungsrecht des Nachbarn ein Anschlussrecht an bestehende Versorgungsleitungen. Eine ausdrückliche Festlegung eines Anschlussrechts wie in § 26 Abs. 2 des ThürNRG sei daher nicht erforderlich (für eine solche beschränkte Duldungspflicht auch Grziwotz/Lüke/Saller S. 296 Rdnr. 95). Habe der Eigentümer diese Leitungen bereits unter Berufung auf ein Notleitungsrecht über das benachbarte Grundstück geführt, folge ein solcher Anspruch unmittelbar aus § 19 Abs. 2 Satz 1. Ob hieran im Anschluss an die Entscheidung des BGH vom 08.04.2011 (– V ZR 185/10 –, Rdnr. 16, juris) noch festgehalten werden kann, erscheint indes fraglich. Der BGH hat dort entschieden, § 7e BWNRG (heute § 7f) begründe kein Recht des Eigentümers eines nicht an das öffentliche Leitungsnetz angeschlossenen Grundstücks, private Leitungen eines Nachbarn mitzubenutzen, sondern gestatte diesem die Inanspruchnahme eines fremden Grundstücks lediglich zu dem Zweck, sich mittels einer *selbst zu verlegenden* Leitung einen Anschluss an öffentliche Versorgungsleitungen zu schaffen. Hierbei könne ihn der Eigentümer des fremden Grundstücks darauf verweisen, sich (gegen Erstattung der anteilsmäßigen Herstellungskosten) an seine bestehende Leitung anzuschließen, um so eine weitere Leitung auf seinem Grundstück zu verhindern (§ 7e Abs. 1 Satz 3 BW NRG). Für das Nachbarrechtsgesetz Sachsen, das nicht einmal eine solche Verweisungspflicht vorsieht, muss dies erst recht gelten. Unerheblich sei auch, dass öffentlich-rechtlich die Möglichkeit bestehe, den Nachbarn über eine **Duldungsanordnung** (in Sachsen nach § 109 SächsWassG) über die Leitung des Eigentümers an die öffentliche Wasserversorgung anzuschließen. Nachbar und Eigentümer sind daher in einem solchen Fall gut beraten, ein Leitungsrecht vertraglich zu vereinbaren und über eine **Grunddienstbarkeit** abzusichern. De lege ferenda sollte der sächsische Gesetzgeber erwägen, § 19 an die Rechtsprechung des BGH anzupassen.

b) Unverhältnismäßig hoch sind die Kosten eines solchen Anschlusses nicht bereits dann, wenn sie die Kosten für ein **Leitungsnotwegerecht** übersteigen (so auch Bauer/Schlick, § 26 Anm. 3). Die Differenz muss vielmehr so deutlich ausfallen, dass es gerechtfertigt erscheint, das Grundrecht des Eigentümers aus Art. 14 GG zurücktreten zu lassen (vgl. OLG Koblenz, BauR 2003, 1881: „grobes Missverhältnis“). Alternativ kann darauf abgestellt werden, ob die Kosten, die mit der Leitungsführung über das eigene Grundstück verbunden wären, in einem krassen Missverhältnis zu den

Kosten stehen, die normalerweise bei der Ausführung eines vergleichbaren Bauvorhabens entstehen (Dehner, B § 27 V 3). Andere Gesichtspunkte als die Kostendifferenz zwischen den vorhandenen Anschlussmöglichkeiten, wie z.B. Vermögensverhältnisse des Nachbarn oder das Erfordernis des Anschlusses zur Bebauung des Grundstückes, dürfen nicht herangezogen werden. Eine Regelung, dass eine Duldungspflicht auch dann besteht, wenn der Anschluss anders nicht zweckmäßig geführt werden könnte, wie sie z.B. § 26 ThürNRG enthält, wurde vom Gesetzgeber, der sich in anderen Vorschriften durchaus an das Thüringer Gesetz angelehnt hat, nicht gewählt und ist auch von dessen mutmaßlichem Willen nicht umfasst. Es wird Aufgabe der Rechtsprechung sein, zur Frage der Verhältnismäßigkeit die geeigneten Maßstäbe zu entwickeln (zur Unzumutbarkeit aufzuwendender Kosten bei § 917 s. auch BGH, NJW 1964, 1321). Bei einer Überschreitung um mehr als 50% dürfte die Grenze des Abs. 1 Nr. 1 wohl in jedem Fall überschritten sein. Nach einer Entscheidung des AG Suhl (Urteil vom 20.02.1996, 1 C 1271/95 zitiert nach Bauer/Schlick, § 26 Anm. 3) soll ein Mehraufwand von 5.000 DM noch keine unverhältnismäßige Kostenbelastung darstellen, wohl aber eine Überschreitung um 15.000 € (AG Eilenburg, Urteil vom 22.03.2005, 7 C 0163/04). Sind die Kosten für einen anderweitigen Anschluss nicht als unverhältnismäßig anzusehen, kann eine Duldungspflicht über das Grundstück des Eigentümers auch nicht aus dem nachbarrechtlichen Gemeinschaftsverhältnis hergeleitet werden.

c) Hat der Nachbar die Möglichkeit, zwischen mehreren gleichartigen Verlegungsalternativen zu wählen, die die Grundstücke verschiedener Eigentümer betreffen würden, so kann sich der konkret in Anspruch genommene Eigentümer nicht mit dem Argument zur Wehr setzen, eine Verlegung sei auch durch die Grundstücke der übrigen Eigentümer möglich und vorrangig. Da dieser Einwand von jedem betroffenen Eigentümer vorgebracht werden könnte, würde dies im Ergebnis den Anspruch des Nachbarn ausschließen. Die Formulierung in Abs. 1 Nr. 1 bezieht sich insofern nur auf die

Verlegungsalternative durch das Grundstück des Nachbarn selbst, sodass nur in diesem Fall eine Einrede des Eigentümers besteht. Allerdings soll nach der Rechtsprechung (OLG München, OLGR 1994, 217) bei mehreren Grundstücken, die in Betracht kommen, nur derjenige Nachbar zur Duldung verpflichtet sein, der durch eine Leitungsverlegung am wenigsten beeinträchtigt wird.

2. Auch wenn die Voraussetzungen in Abs. 1 Nr. 1 vorliegen, muss kumulativ die Zumutbarkeit für den Eigentümer gegeben sein (Abs. 1 Nr. 2). In Abgrenzung zu anderen Nachbarrechtsgesetzen, die verlangen, dass die mit der Ausübung des Rechts verbundene Belastung „nicht erheblich" ist, muss hier eine Abwägung der widerstreitenden Interessen von Nachbar und Eigentümer vorgenommen werden (ebenso Dehner, B § 27 V 3); im Ergebnis dürften die Unterschiede gering sein. Die Zumutbarkeit kann beispielsweise auch dann vorliegen, wenn ein von dem Eigentümer errichtetes Gebäude bei der Leitungsführung beschädigt würde; seine entgegenstehende Rechtsprechung, wonach das Notleitungsrecht analog § 917 BGB nicht die Befugnis zur Inanspruchnahme von Wohngebäuden umfasst (so noch BGH Urteil vom 10.06.2011 – V ZR 233/10, GE 2011, 1365 Rdnr. 12), hat der BGH zwischenzeitlich aufgegeben (Urteil vom 26.01.2018 – V ZR 47/17 –, Rdnr. 5, juris). Dies gilt auch im Rahmen des § 19. Im Grundsatz können die Leitungen nunmehr auch durch bestehende Gebäude geführt werden, ohne dass es auf die Art der Gebäudenutzung ankommt. Stets ist allerdings der Verlauf zu wählen, der für den Duldungspflichtigen die geringstmögliche Belastung darstellt (MüKoBGB-Brückner, 7. Aufl., § 917 Rdnr. 36). Die inhaltliche Beschränkung des Eigentumsrechts des Nachbarn kann nämlich nur so weit reichen, wie sie zur Behebung der Notlage des gefangenen Grundstücks erforderlich ist. Daher hat das Interesse des Notleitungsberechtigten an dem für ihn effizientesten Verlauf gegenüber dem Interesse des Duldungsverpflichteten zurückzustehen, wobei im Rahmen der Abwägung auf objektive Gesichtspunkte, wie etwa Nutzungsart und Zuschnitt der Grundstücke abzustellen ist (vgl. Staudinger/Roth, § 917 Rdnr. 38).

Die Inanspruchnahme von Gebäuden zum Zwecke der Verlegung von **Versorgungsleitungen** wird daher grundsätzlich nur dann in Betracht kommen, wenn eine Verbindung zu dem öffentlichen Leitungsnetz anders auf dem Nachbargrundstück nicht hergestellt werden kann (BGH, Urteil vom 26.01.2018 – V ZR 47/17 –, Rdnr. 11, juris). Unzumutbar ist die Heranziehung eines Grundstückes zum Anschluss an Versorgungsleitungen auch dann, wenn der Eigentümer seinerseits das eigene Grundstück nicht wie vorgesehen nutzen könnte oder durch den Anschluss erhebliche Geruchsbelästigungen durch Abwässer entstünden. So braucht der Eigentümer eine Leitungsverlegung nicht zu dulden, die zur Folge hätte, dass der geplante Bau eines Swimming-Pools nicht mehr möglich wäre (AG Suhl, Urteil vom 20.02.1996 – 1 C 1271/95). In den meisten Fällen dürfte die Zumutbarkeit aber bereits dadurch hergestellt werden können, dass der Eigentümer mit einer Notleitungsrente nach § 29 zu entschädigen ist, die die hervorgerufenen Belästigungen berücksichtigt.

3. Ungeschriebenes Tatbestandsmerkmal der Duldungspflicht in Abs. 1 ist die materielle Bebaubarkeit des Nachbargrundstücks (BGH, NJW 1991, 176) sowie die Bebauungsabsicht durch den Nachbarn. Wie der Ausdruck „Leitungsnotweg“ bereits andeutet, ist Voraussetzung eine „Notsituation“ des Nachbarn, an der es fehlt, wenn das Grundstück gar nicht bebaut werden kann oder soll. Da die in § 19 aufgelisteten Leitungen die Bebaubarkeit sicherstellen oder ermöglichen sollen, würde eine Duldungspflicht, ohne die Möglichkeit, das Grundstück des Nachbarn auch bebauen zu können, in der Regel auch keinen Sinn ergeben. Ein Anschlussinteresse des Nachbarn im Zusammenhang mit der Anlage eines Lager- oder Verkaufsplatzes genügt dagegen nicht, da für solche Anlagen die teilweise erheblichen Beeinträchtigungen des Eigentümers nicht gerechtfertigt sind (so auch Dehner, B § 27 V 3a; offen gelassen von BGH, NJW 1991, 176; a.M.; Bauer/Schlick, § 26 Anm. 1). Auch die bloße Aussicht, dass das Grundstück des Nachbarn demnächst als Bauland ausgewiesen wird, rechtfertigt eine Duldungspflicht nicht.

4. Eine rechtswirksame und bestandskräftige Baugenehmigung ist demgegenüber nicht erforderlich (BGH, NJW 1991, 176 [177]). Da das Verbot, ein Grundstück ohne Baugenehmigung zu bebauen, nicht dazu dienen soll, die Bebauung insgesamt zu verbieten, sondern lediglich die Einhaltung baupolizeilicher und planungsrechtlicher Vorschriften sicherstellen soll, wäre eine Baugenehmigung ohnehin zu erteilen, wenn diese Voraussetzungen vorliegen. Aus dieser Sicht bestehen keine Bedenken, das **Leitungsnotwegerecht** bereits vor der Erteilung der Baugenehmigung einzuräumen. In Sachsen sind zudem eine Vielzahl von Vorhaben nach §§ 61, 62 SächsBauO verfahrens- bzw. genehmigungsfrei oder können nach § 63 SächsBauO im vereinfachten Baugenehmigungsverfahren genehmigt werden, sodass eine Anknüpfung an die erteilte Baugenehmigung in diesen Fällen leer liefe.

5. Nach der Rechtsprechung des BGH zu dem insoweit gleich lautenden § 7e (heute: § 7f) des BWNRG muss die nach dem BauGB erforderliche Sicherung der Grundstückserschließung auch nicht in der Form einer dinglichen Sicherung (z. B. einer **Grunddienstbarkeit**) vorliegen, da sonst das Leitungsnotwegerecht vielfach seinen Sinn verlöre (BGH, NJW 1991, 176 [177]). Es genügt hierfür vielmehr, wenn damit gerechnet werden kann, dass die notwendigen Erschließungsanlagen spätestens bis zur Gebrauchsabnahme des Bauwerks funktionsfähig angelegt werden (vgl. zu § 34 Abs. 1 Satz 1 BauGB BVerwG, DVBl. 1986, 186 (187). Umgekehrt begründet ein Leitungsnotwegerecht nach § 19 keinen Anspruch gegen den Eigentümer auf Abgabe einer Baulasterklärung (OLG Stuttgart, OLGR 2003, 265 ff.).

6. Der sächsische Landesgesetzgeber hat, ebenso wie alle übrigen Länder, darauf verzichtet, eine dem § 918 BGB entsprechende Vorschrift aufzunehmen. Die dort für das **Notwegerecht** geregelte Fallgestaltung der Zerstörung einer vormals bestehenden Verbindung zu einem öffentlichen Weg durch eine willkürliche Handlung des Nachbarn ist im Bereich des Notleitungsrechts schwer vorstellbar

(vgl. Dehner, B § 27 V 2 m). Abzustellen ist stets auf die tatsächliche Lage in dem Zeitpunkt, in dem der Nachbar von dem Eigentümer die Durchleitung begehrt. Auch wenn der Nachbar durch eigene vorherige Maßnahmen eine Situation geschaffen hat, durch die die Leitungsverlegung über das eigene Grundstück ausgeschlossen wird, schließt dies seinen Anspruch aus § 19 Abs. 1 nicht aus.

7. Die von dem Nachbarn über das Grundstück geführten Leitungen bleiben in dessen **Eigentum**, da es sich bei ihnen nur um Scheinbestandteile i. S. d. § 95 Abs. 1 Satz 2 BGB handelt, die in Ausübung des Rechts aus § 19 durch das Eigentümergrundstück geführt werden. Ein Grundpfandrecht an dem Nachbargrundstück erfasst daher auch die von dem Nachbarn durch das Eigentümergrundstück verlegten Leitungen.

8. Auch wenn die Verlegung der Leitungen des Nachbarn nur über das Grundstück des Eigentümers stattfinden kann und diesem auch zumutbar ist, hat der Nachbar die Leitungsführung zu wählen, die den Eigentümer **am wenigsten belastet**, selbst wenn ihm hierdurch im Einzelfall höhere Kosten als bei einer gedachten „Optimaltrasse" entstehen. Dies folgt nach Auffassung des BGH aus § 1020 BGB analog (BGH, NJW 1991, 176 [178]), ergibt sich in Sachsen nunmehr aber auch aus § 2.

9. Abs. 2 gestaltet die durch die Duldungspflicht nach Abs. 1 entstandene Sonderverbindung zwischen Nachbar und Eigentümer weiter aus.

a) Sind die Leitungen von der Kapazität für beide Teile ausreichend, ist kein Grund ersichtlich, weswegen dem Eigentümer der Anschluss verwehrt werden könnte. Nach Abs. 2 Satz 2 kann er in einem solchen Fall auch die Richtung bestimmen, die die Leitungen durch sein Grundstück nehmen sollen. Ein solches **Bestimmungsrecht** weicht von der Grundregel in § 917 BGB ab, wonach die Richtung durch die „Erforderlichkeit" bestimmt wird, die ggfs. durch Urteil festzulegen ist (§ 917 Satz 2 BGB). Der belastete Eigentümer kann hierdurch vermeiden, dass er sein Grundstück für eine „eigene" Leitung zusätzlich beanspruchen muss. Die Entscheidung hierüber liegt aber allein bei ihm, der anschließende Nachbar kann ihn nicht verpflichten, sich im gemeinsamen Kosteninteresse selbst anzuschließen (OLG Karlsruhe, Urteil vom 15.02.2001, 4 U 72/00 – juris; Birk, BWNRG § 7f Rdnr. 3c).

b) Fraglich ist, ob der Eigentümer auch eine **größer dimensionierte** Leitung verlangen kann, wenn die von dem Nachbarn beabsichtigte Ausführung von der Kapazität nicht für beide Teile ausreichen würde. Aus § 1023 Abs. 1 BGB analog, der ein Bestimmungsrecht ausdrücklich nur für die Ausübung an einer anderen Stelle gibt, lässt sich ein solches Recht ebenso wenig herleiten wie aus § 19 Abs. 2 Satz 2, der ein Bestimmungsrecht nur hinsichtlich der Verlegung, nicht aber hinsichtlich der **Ausführung** der Leitungen einräumt. Ein solcher Anspruch kann aber aus dem nachbarschaftlichen Gemeinschaftsverhältnis erwachsen, wenn kein vernünftiger Grund gegen eine Vergrößerung der Anlage (z.B. Verzögerung der Bauarbeiten) ersichtlich ist (im Ergebnis ebenso Schäfer, Rdnr. 17; zweifelnd Kayser/Keinhorst, § 19 Rdnr. 8). Ein Nachteil für den Nachbarn ist in einem solchen Fall nie zu befürchten, da die Mehrkosten für die Vergrößerung nach § 19 Abs. 2 Halbs. 2 analog oder nach dem nachbarrechtlichen Ausgleichsanspruch (vgl. Einleitung 3d) immer von dem Eigentümer zu tragen wären. Auch in diesem Fall sind die erforderlichen Arbeiten, ebenso wie bei § 19 Abs. 2, von dem Nachbarn durchzuführen; der Eigentümer ist zur Ersatzvornahme mit Kostenerstattung nicht berechtigt.

c) Der Anspruch aus Abs. 2 Satz 2 steht dem Eigentümer nur für den Fall zu, dass er selbst sein Grundstück an die verlegten Leitungen anschließen will. Für die übrigen Fälle bleibt es bei der sich aus Erforderlichkeitsgesichtspunkten ergebenden Leitungsführung, sodass im Regelfall der Nachbar die kürzeste Verbindung nutzen darf. Bei dem Begriff der „Mehrkosten" in Abs. 2 Satz 2 Halbs. 2 handelt es sich nur um die **Errichtungskosten**, die aber auf die gesamte Anlage gesehen berechnet werden. Hieraus folgt zugleich, dass der Nachbar die sonstigen Kosten für die Leitungsverlegung in vollem Umfang zu tragen hat; dies beinhaltet auch die Kosten für die Wiederherstellung der durch Bauarbeiten geschädigten Oberfläche des duldungspflichtigen Grundstückes (Dehner, B § 27 V 3j). Die Festlegung der **Unterhaltungskosten** ergibt sich aus § 20. Abweichende Kostenverteilungen sind nach § 3 Satz 1 stets möglich, binden den Einzelrechtsnachfolger aber nicht.

10. Die Duldungspflicht aus Abs. 1 und die Rechte des Eigentümers aus Abs. 2 sind als aus dem Nachbarrechtsgesetz folgende Beschränkungen des jeweiligen Eigentums und der diesem gleichgestellten Nutzungsrechte nach allgemeinen Grundsätzen nicht eintragungsfähig (vgl. MK-Wacke, § 873 Rdnr. 7; Palandt/Herrler § 917 Rdnr. 11; Säcker/Paschke, NJW 1981, 1009 [1015]). Sie können auch nicht mit einer **Grunddienstbarkeit** gesichert werden, da die Wiederholung gesetzlicher Vorschriften das Grundbuch unnötig belasten würde und es regelmäßig an einem Rechtsschutzinteresse des Antragstellers fehlt (MüKo-Falkenberg, § 1018 Rdnr. 49; OLG Düsseldorf, Rpfl 1978, 16; RGZ 130, 350 [354]). Möglich ist es aber, eine von der gesetzlichen Regelung abweichende Ausgestaltung als Grunddienstbarkeit in das Grundbuch einzutragen. Dies ist auch regelmäßig zu empfehlen, da bei der Verlegung von Leitungen und einem eventuellen Anschluss des Eigentümers für beide Seiten erhebliche Kosten anfallen können, eine bloß schuldrechtliche Vereinbarung auf den Einzelrechtsnachfolger aber nicht übergeht. Duldungspflichtig sind der Eigentümer und die in § 1 Abs. 2 Genannten. Nicht notwendig ist, dass die Grundstücke unmittelbar aneinander angrenzen (vgl. hierzu die Anm. zu § 1 Nr. 3); vielmehr wird jedes Grundstücke erfasst, das zur Herstellung des Anschlusses benötigt wird.

11. Unberührt von den in § 19 gewährten Ansprüchen und Duldungspflichten bleiben nach § 3 die **öffentlich-rechtlichen Ver-**

pflichtungen, eine Durchleitung oder einen Anschluss an die eigene Leitung zu dulden.

a) Solche Verpflichtungen ergeben sich aus den §§ 93, 94 WHG, 95 SächsWasserG. Hiernach sind die Eigentümer und Nutzungsberechtigten unter bestimmten Voraussetzungen verpflichtet, das Durchleiten von Wasser und Abwasser auf Anordnung der zuständigen Behörde zu dulden. Eigentümer und Unternehmer einer wasserwirtschaftlichen Anlage können ferner durch behördliche Anordnung verpflichtet werden, einem anderen die Mitbenutzung der Anlage zu gestatten. Zu beachten ist auch § 132 BauGB, wonach Art und Umfang der gemeindlichen Erschließungsanlagen durch Satzung (d. h. durch Bebauungsplan gem. § 9 BauGB) zu regeln sind, ferner § 8 Abs. 1 der Verordnung über Allgemeine Bedingungen der Versorgung mit Wasser vom 20.06.1980, der allerdings für den Nachbarn kein eigenes Recht begründet, von seinem Grundstücksnachbarn die Duldung von **Versorgungsleitungen** zu fordern (OLG Düsseldorf, Urteil vom 17.02.1982, 18 U 234/82). Zu weiteren öffentlich-rechtlichen Duldungspflichten s. die Erläuterungen zu § 23.

b) In Einzelfällen werden öffentlich-rechtliche Verpflichtungen auch durch das Notleitungsrecht begründet. So kann z. B. ein durch eine Wasserversorgungssatzung nach § 14 Abs. 1 SächsGO vorgeschriebener Anschluss- und Benutzungszwang von der Gemeinde gegenüber dem Eigentümer geltend gemacht werden, wenn diesem ein Notleitungsrecht nach § 19 zusteht, das es ihm in tatsächlicher und rechtlicher Hinsicht ermöglicht, sein Grundstück an eine öffentliche Wasserversorgungseinrichtung anzuschließen (vgl. VGH Baden-Württemberg, NVwZ-RR 1990, 502 f.). Umgekehrt wird hierdurch aber auch ein Anschlussrecht des Eigentümers an das gemeindliche Leitungsnetz begründet.

§ 20
Unterhaltung der Leitungen

Der Nachbar hat die nach § 19 Abs. 1 verlegten Leitungen, der Eigentümer die nach § 19 Abs. 2 verlegten Anschlussleitungen jeweils auf eigene Kosten zu unterhalten. Zu den Unterhaltungskosten der Teile der Leitungen, die vom Eigentümer nach § 19 Abs. 2 mitbenutzt werden, hat dieser einen angemessenen Beitrag zu leisten.

Erläuterungen

1. Die Vorschrift verteilt die Kosten entsprechend dem angenommenen Interesse an der Leitung. Nach Satz 1 hat der Nachbar die Kosten für die Unterhaltung der durch das Eigentümergrundstück geführten Leitungen allein zu tragen, der Eigentümer die Unterhaltungskosten der Anschlussleitungen. Satz 2 stellt eine Ausnahme zu diesem Grundsatz dar, da es gerechtfertigt erscheint, den Eigentümer an der Unterhaltung der von dem Nachbarn errichteten Leitungen in dem Fall zu beteiligen, in dem er aus diesen ebenfalls Nutzen zieht. Allerdings kann dies nicht einfach zu einer Kostenteilung führen, da die von dem Nachbarn errichteten Leitungsanlagen im Regelfall von dem Eigentümer nicht in vollem Umfang benötigt werden. Eine **Beteiligung an den Unterhaltungskosten** findet daher nur insoweit statt, als diese auch tatsächlich von dem Eigentümer mitbenutzt werden. Dies macht eine Kostenverteilung nach dem jeweiligen Einzelfall erforderlich. Diese Kostenbeteiligung wird durch das Korrektiv der Angemessenheit begrenzt. Die Kostenaufteilung hat daher in zwei Schritten zu erfolgen: Zuerst ist festzulegen, in welchem Umfang die Leitungen von dem Eigentümer mitbenutzt werden. Sodann ist die Angemessenheit zu bestimmen. Allerdings wird im Regelfall der Beitrag als angemessen zu betrachten sein, der dem verhältnismäßigen Anteil des Eigentümergrundstücks im Verhältnis zu der Gesamtleitungslänge entspricht (so auch Bauer/Schlick, § 27 Anm. 2; Postier, BbgNRG § 45 Anm. 1.2; Schäfer, § 20 Rdnr. 1; a.A. Kayser/Keinhorst, § 20 Rdnr. 2).

2. Zum Begriff der Unterhaltungskosten vgl. § 5 Anm. 3. Die Unterhaltungsmaßnahme selbst wird aber stets von dem Nachbarn vorgenommen, auch soweit die auf dem Grundstück des Eigentümers liegenden Leitungen betroffen sind (so auch Kayser/Keinhorst § 20 Rdnr. 1). Zu den Unterhaltungskosten gehören auch Reparaturen, nicht jedoch die komplette Neuverlegung einer Rohrleitungsanlage.

3. Der Nachbar hat zur Durchführung der Unterhaltungsmaßnahmen ein **Betretungsrecht** bezüglich des Eigentümergrundstücks, vgl. hierzu § 21 und die dortigen Ausführungen. Als Ausgleich für die ihm nach § 19 Abs. 1 auferlegte Duldungspflicht enthält der Eigentümer eine nach § 29 zu berechnende Entschädigung, vgl. die dortigen Anmerkungen. Demgegenüber erhält der Nachbar, an dessen Leitung sich der Eigentümer nach § 19 Abs. 2 anschließt, lediglich die nach § 20 zu berechnende Beteiligung an den Unterhaltungskosten.

§ 21
Betretungsrecht

Der Eigentümer hat zu dulden, dass der Nachbar das Grundstück des Eigentümers zur Verlegung, Änderung, Unterhaltung oder Beseitigung einer Wasserversorgungs- oder Abwasserleitung betritt, die zu den Arbeiten erforderlichen Gegenstände über dieses transportiert und Erdaushub vorübergehend dort lagert, wenn und soweit

1. **das Vorhaben anders nicht oder nur mit unverhältnismäßig hohen Kosten durchgeführt werden kann und**
2. **die mit der Duldung verbundenen Nachteile und Belästigungen des Eigentümers nicht außer Verhältnis zu dem vom Nachbarn erstrebten Vorteil stehen.**

Erläuterungen

1. Als Nebenpflicht zu der in § 19 geregelten Duldungspflicht hat der Eigentümer das Betreten seines Grundstückes hinzunehmen,

soweit dies im Zusammenhang mit den zu duldenden Leitungen steht. § 21 präzisiert diese Pflichten des Eigentümers in **dreierlei Hinsicht**:

- Der Nachbar darf das Grundstück des Eigentümers betreten,
- er darf Gegenstände über dieses transportieren,
- er darf Erdaushub dort lagern.

a) Es ist demnach klargestellt, dass das Betretungsrecht die **absolute Ausnahme** im nachbarschaftlichen Gemeinschaftsverhältnis darstellt. Soweit es nicht für andere Rechte ebenfalls ausdrücklich geregelt ist, scheidet eine analoge Anwendung dieser Vorschrift aus. Es ist daher beispielsweise dem Nachbarn nicht gestattet, das Grundstück des Eigentümers zur Pflege einer auf der Grenze befindlichen Einfriedung zu betreten oder diese Pflege von dem Grundstück des Eigentümers aus vorzunehmen. Auch gewährt die Vorschrift kein Betretungsrecht des Eigentümergrundstückes, um Leitungen über das eigene Grundstück zu verlegen. Ein solches sog. Tret- oder Trepprecht hat der sächsische Gesetzgeber lediglich für einen Teilbereich der landwirtschaftlichen Nutzung geschaffen (vgl. § 7 und die dortigen Anm.). Es besteht ferner zur Unterhaltung von Schornsteinen und Lüftungsschächten nach § 26 Abs. 2 Nr. 1. Es kann darüber hinaus auch nicht aus dem nachbarrechtlichen Gemeinschaftsverhältnis hergeleitet werden, da nach der Gesetzesbegründung eine solche Regelung ausdrücklich nicht geschaffen werden sollte. § 21 enthält ein spezielles Hammerschlags- und Leitungsrecht und korrespondiert mit der Vorschrift des § 24; auf die dortigen Anmerkungen wird ergänzend verwiesen.

b) Bei den Duldungspflichten des § 21 handelt es sich um eine **Einschränkung des Grundeigentums** nach Art. 14 Abs. 1 Satz 2 GG (Bauer/Schlick, § 21 Anm. 1; Dehner, B § 28 Fn. 1). Die weitergehende Auffassung (Postier, Einl. vor § 23), die hierin die Begründung eines gesetzlichen Schuldverhältnisses sieht, dürfte schon deswegen ausscheiden, weil sie mit der Ermächtigung in Art. 124 EGBGB nicht vereinbar ist, der den Landesgesetzgeber lediglich zu

Einschränkungen des Eigentums, nicht aber zu einer Begründung weiterer Schuldverhältnisse ermächtigt (a. A. Kayser/Keinhorst, § 21 Rdnr. 3).

2. Berechtigte und Verpflichtete sind die Eigentümer sowie die in § 1 Abs. 2 Genannten. Auch wenn dies im Wortlaut nicht ausdrücklich zum Ausdruck kommt, gilt das Betretungsrecht auch für die vom Nachbarn zur Unterhaltung oder Verlegung der Leitungen eingesetzten Arbeitskräfte (Dehner, B § 27 V).

3. Die Einschränkung des in Art. 14 GG gewährleisteten Grundeigentums gebietet eine restriktive Auslegung der sich aus dem Notleitungsrecht ergebenden **Folgerechte**. Die Vorschrift berechtigt daher nicht dazu, bauliche Anlagen auf dem Nachbargrundstück zu unterhalten. Vielmehr setzt sie die Durchführung von Baumaßnahmen auf dem begünstigten Grundstück, also auf dem Grundstück des Berechtigten, voraus (LG Freiburg (Breisgau), Urteil vom 07.12.2017 – 3 S 173/16 –, Rdnr. 21, juris). Problematisch ist aber, ob das Grundstück des Eigentümers von dem Nachbarn auch (beispielsweise mit Baumaschinen) befahren werden darf. Der Wortlaut des § 21 ist insofern unglücklich gewählt, als das Befahren hier (anders als etwa in § 7) nicht ausdrücklich erwähnt ist. Die Verwendung von maschinengetriebenen Fahrzeugen ist daher nur dann zulässig, wenn sich anders die erforderlichen Leitungsarbeiten nicht bewerkstelligen ließen. Kleinere Unbequemlichkeiten muss der Nachbar hingegen in Kauf nehmen. Nach allgemeinen Grundsätzen wird daher auch das Parken von Fahrzeugen oder das Abstellen von Baumaschinen auf dem Grundstück des Eigentümers nicht gestattet sein (BGH, NJW 1960, 93). Auch darf das Betretungsrecht nur in unmittelbarem zeitlichen Zusammenhang mit der beabsichtigten Maßnahme erfolgen. Ein Recht, das Grundstück des Eigentümers zu anderen als den genannten Zwecken zu überqueren, besteht nicht.

4. Das Recht des Nachbarn zum Transport der erforderlichen Gegenstände entspricht inhaltlich dem in § 24 Abs. 1. Auch hierbei ist

die für den Eigentümer schonendste Ausübung zu wählen (vgl. oben 3.). Da bei den Arbeiten an den Leitungsanlagen keine Gerüste aufgestellt werden, ist das Recht zum Aufstellen eines solchen Gerüsts, anders als in § 24, nicht enthalten.

5. Bei dem Recht des Nachbarn, vorübergehend Erdaushub auf dem Grundstück des Eigentümers zu lagern, handelt es sich um ein sog. **Schaufelschlagrecht**. Es ist in ähnlicher Formulierung in § 24 enthalten; die dortige Aufzählung (Sand, Schlamm oder anderer Erdaushub) stellt gegenüber § 21 keine Erweiterung dar, sondern zählt Regelbeispiele auf. Bei dem abgelagerten Erdaushub handelt es sich um solchen, der aus dem Grundstück des Nachbarn oder Eigentümers ausgehoben wurde. Es ist demnach im Bereich der Leitungsarbeiten dem Nachbarn gestattet, auf dem Grundstück des Eigentümers eine Baugrube auszuheben, um Arbeiten an den Leitungen durchführen zu können. Im Rahmen von Leitungsarbeiten ist dieses Recht unstrittig; umstritten ist hingegen, inwieweit ein solches Recht auch bei der Arbeit an baulichen Anlagen besteht (vgl. § 24 Anm. 5b).

6. Ebenso wie für die Inanspruchnahme eines Notleitungsrechts selbst ist auch für die in diesem Zusammenhang erforderlich werdenden Arbeiten der Verhältnismäßigkeitsgrundsatz und insbesondere die **Zumutbarkeit** für den Eigentümer zu beachten. Die Kriterien sind im Wesentlichen dieselben wie im Bereich des § 19, sodass auf die dortigen Anmerkungen verwiesen werden kann (oben § 19 Anm. 2). Allerdings legen die unterschiedlichen Formulierungen in § 19 Abs. 1 Nr. 2 (… Beeinträchtigung zumutbar ist) und § 21 Nr. 2 (… nicht außer Verhältnis … stehen) die Auslegung nahe, dass an das Betreten des Grundstücks durch den Nachbarn geringere Anforderungen zu stellen sind, als an die Verlegung der Leitungen selbst. Dies erscheint auch sachgerecht.

7. Das Betretungsrecht ist – ebenso wie das Notleitungsrecht selbst – **nicht** als Grunddienstbarkeit oder als beschränkte persönliche Dienstbarkeit zugunsten des Nachbarn im Grundbuch **ein-**

tragbar. Ausnahmen gelten dann, wenn durch Vereinbarungen der Parteien das Betretungsrecht abbedungen oder von dem gesetzlichen Leitbild wesentlich abgewichen wird, was nach § 3 jederzeit zulässig ist. Hier kann eine Verdinglichung dieser Vereinbarung durch eine Eintragung im Grundbuch erreicht werden.

8. Für die Duldung der in § 21 gewährten Rechte steht dem Eigentümer eine **Entschädigung** nach § 29 nach Billigkeitsgesichtspunkten zu (vgl. zu deren Bemessung die dortigen Anmerkungen: Berechnungsgrundlage dürfte wohl ausschließlich der Nutzungswert, nicht der Verkehrswert des Grundstückes sein). Der Nachbar hat die von ihm beabsichtigten Arbeiten nach § 29 Abs. 2 in dem dort vorgesehenen Umfang einen Monat vor Beginn anzukündigen. Fehlt es an einer solchen **Ankündigung**, kann der Eigentümer das Betreten seines Grundstückes verweigern. Eine einstweilige Verfügung des Nachbarn, mit der das Betreten erzwungen werden soll, muss dann als zur Zeit unbegründet abgewiesen werden, bis der Nachbar diese Voraussetzungen nachgeholt hat.

§ 22
Nachträgliche erhebliche Beeinträchtigungen

Führen die nach § 19 Abs. 1 verlegten Leitungen nachträglich zu einer erheblichen Beeinträchtigung, so kann der Eigentümer verlangen, dass der Nachbar die Beeinträchtigung beseitigt. Führt die gemeinschaftliche Nutzung der Leitungen nach § 19 Abs. 2 zu einer erheblichen Beeinträchtigung, so kann der Eigentümer verlangen, dass der Nachbar die Beseitigung der Beeinträchtigung duldet.

Erläuterungen

1. Die Vorschrift stellt klar, dass die Interessenabwägung des § 19 nicht statisch ist und dass aus ihr kein absoluter Bestandsschutz für eine von dem Nachbarn verlegte Leitung erwächst. Ein solcher Bestandsschutz wäre angesichts der Tatsache, dass die Lei-

tungen dem Eigentümer „aufgedrängt“ wurden, wohl auch unbillig gewesen.

2. § 22 gilt nur für **nachträglich entstandene** Beeinträchtigungen. Für bereits von Anfang an gegebene Beeinträchtigungen, die sich aus der Verlegung der Leitungen ergeben, enthält § 19 bereits in Abs. 1 Nr. 1 eine Abwägung der Interessen von Nachbar und Eigentümer, die dazu führen kann, dass der Nachbar auf die Verlegung der Leitungen verzichten muss. Nach § 22 Satz 1 kann der Eigentümer die Beseitigung einer solchen Beeinträchtigung verlangen, wenn diese durch die verlegten Leitungen nachträglich hervorgerufen wird. Im Unterschied zu anderen Landesnachbarrechtsgesetzen verlangt § 22 nicht die Beseitigung der *Leitungen*, sondern der von diesen ausgehenden *Beeinträchtigung*, was dem vollstreckungsrechtlichen Grundsatz entspricht, dass die Frage, wie eine Störung zu beseitigen ist, grundsätzlich im Ermessen des Störers liegt (vgl. 2b). Dies schließt eine Pflicht zur Beseitigung der gesamten Leitung indes nicht aus, wenn dies die einzige Möglichkeit zur Störungsbeseitigung ist.

a) Die **Erheblichkeit** einer Beeinträchtigung kann nicht nur in einer neu aufgetretenen Störung, sondern auch darin bestehen, dass das Interesse des Nachbarn an der Leitungsanlage wegfällt, etwa infolge des Abrisses eines zuvor bestehenden Wohngebäudes (so auch Bauer/Schlick, § 31 Anm. 1; Postier, § 47 Anm. 1.1; a. A. Kayser/Keinhorst, § 22 Rdnr. 3, die jedoch über §§ 226, 242 BGB zu vergleichbaren Ergebnissen gelangen). Will der Nachbar in diesem Fall die Leitungsanlage etwa für die von ihm nunmehr beabsichtigte Nutzung als Gartengelände weiter in Anspruch nehmen, kann dies für den Eigentümer einen Beseitigungsanspruch rechtfertigen. Ebenso kann eine nachträgliche erhebliche Beeinträchtigung aber dann bestehen, wenn ein zuvor unbebautes Grundstück des Eigentümers nunmehr als Bauland genutzt werden soll, eine Bebauung aber an der Verlegung der Leitungen des nach § 19 Abs. 1 berechtigten Nachbarn scheitert, sofern sich diese Bebauungsabsicht bereits hinreichend konkretisiert hat (Bauer/Schlick, § 31 Anm. 1 unter Bezug auf LG Meiningen, Urteil vom 3. 2. 1998, 5 S 338/97). An die Feststellung der Erheblichkeit sind im Übrigen die gleichen Maßstäbe wie an die nach § 19 Abs. 1 Nr. 2 unzumutbare Beeinträchtigung anzulegen.

b) Der Eigentümer kann im Rahmen von § 22 Satz 1 von dem Nachbarn die Beseitigung der Beeinträchtigung verlangen. Wie diese erfolgt, liegt allerdings im Ermessen des störenden Nachbarn. Hiernach ist auch der Klageantrag auszurichten. Mit diesem darf nicht die Vornahme einer konkreten Handlung, sondern lediglich die **Beseitigung der Störung** verlangt werden, die Vollstreckung richtet sich im Falle einer Verurteilung nach §§ 887 ff. ZPO (vgl. Einleitung 6.). Vor Erhebung einer Klage sollte dem Nachbarn aber stets Gelegenheit gegeben werden, die Beeinträchtigung so **herabzumindern**, dass sie nicht mehr als erheblich anzusehen ist. Wird eine Klage erhoben, ohne dem Nachbarn zuvor diese Möglichkeit einzuräumen, so ist sie als unbegründet abzuweisen (LG Frankfurt, Urteil vom 17.10.1984, 21 S 15/84). Denkbare Maßnahmen zur Beseitigung einer nachträglich entstandenen Beeinträchtigung sind etwa Unterhaltungsmaßnahmen, wie die Abdichtung einer schadhaften Abwasserleitung, die Anbringung von Filteranlagen und die Verlegung der Leitung, wenn sich herausstellt, dass anders die Beeinträchtigung nicht zu beseitigen ist, nicht aber die Beseitigung der gesamten Leitungsanlage. Wählt der Nachbar eine **andere Leitungsführung**, um die nachträglich eingetretene Beeinträchtigung des Eigentümers zu beseitigen, so ist erneut am Maßstab von § 19 Abs. 1 Nr. 1 und 2 zu überprüfen, ob die Voraussetzungen eines Notleitungsrechts vorliegen, da dieser Fall als Neuanlage einer Leitung zu behandeln ist und hierfür kein Bestandsschutz gegeben ist.

c) Über den Wortlaut des § 22 hinaus ist bei nachträglichen Beeinträchtigungen eine **Interessenabwägung** zwischen den Belangen des Nachbarn an dem ungeschmälerten Fortbestand der Leitung und dem Interesse des Eigentümers an der Nutzung seines Grundstückes vorzunehmen. Dies folgt zumindest aus § 2, der den Eigentümer im Einzelfall zur Duldung einer nachträglich eingetretenen erheblichen Beeinträchtigung verpflichtet (ähnlich Postier, BbgNRG § 47 Anm. 1.2). Ist der Nachbar auf die Leitung angewiesen, um eine nach § 19 geschützte Nutzung aufrechterhalten zu können und könnte die Beseitigung der Beeinträchtigung nicht ohne erhebliche Einschränkung der Durchleitung oder gar Entfernung der Leitungen erfolgen, so scheidet daher ein Beseitigungsanspruch auch bei einer erheblichen Beeinträchtigung aus. Im Gegenzug hat der Eigentümer in solchen Fällen aber einen Anspruch auf eine Erhöhung der nach § 29 zu zahlenden Entschädigung. In diesem Zusammenhang kann dem Grad der Beeinträchtigung des Nachbarn Rechnung getragen werden. Im Extremfall ist die Entschädigung so hoch anzusetzen, wie eine entsprechende Enteignungsentschädigung nach öffentlich-rechtlichen Vorschriften (z. B. §§ 93 ff. BauGB, 19a BFernstrG i. V. m. dem sächsischen Enteignungs- und Entschädigungsgesetz vom 18.07.2001 (GVBl. S. 453)) zu bemessen wäre, nämlich dann, wenn die Beeinträchtigung dazu führt, dass der Eigentümer sein Grundstück überhaupt nicht mehr benutzen kann. Die entgegenstehende Auffassung (Kayser/Keinhorst, § 22 Rdnr. 6) übersieht, dass § 22 nach seinem Wortlaut nur die Beseitigung der **Beeinträchtigung**, nicht jedoch notwendigerweise der beeinträchtigenden **Leitung** fordert. Sie hätte zudem für den angeschlossenen Nachbarn gravierende Auswirkungen, die bis zu einer Aufgabe eines bewohnten Gebäudes reichen könnten, wenn für dieses die Entwässerungsmöglichkeit entfällt. Dies ist nicht zuletzt verfassungsrechtlich bedenklich.

3. Im Falle der **gemeinschaftlichen Nutzung** nach § 19 Abs. 2 Satz 1 kann der Eigentümer die nachträglich aufgetretene Beeinträchtigung selbst beseitigen und von dem Nachbarn lediglich die Duldung dieser Handlung verlangen. Duldet der Nachbar die Störungsbeseitigung durch den Eigentümer nicht, kann dieser Klage erheben und die geforderte Duldung mit der Androhung eines

Ordnungsgeldes erzwingen. Das Gesetz knüpft hier an die Unterhaltungspflicht nach § 20 an, der die Störungsbeseitigung insoweit ähnelt, als diese ebenfalls Arbeiten an den Leitungen erfordert. Eine Duldungspflicht des Nachbarn ist erforderlich, obwohl die Beseitigung auf dem Grundstück des Eigentümers stattfindet, da die Leitungsanlage insgesamt im Eigentum des Nachbarn steht (vgl. oben § 19 Anm. 7) und dieser ansonsten seinerseits einen Unterlassungsanspruch aus §§ 1004, 823 Abs. 1 BGB gegen den Eigentümer geltend machen könnte.

Bei dem Duldungsanspruch des Eigentümers gegen den Nachbarn kommt es nicht darauf an, wem die nachträglich aufgetretene Beeinträchtigung zuzurechnen ist; dieser Aspekt ist auch nur in Ausnahmefällen bei der Frage, wer die Kosten der Störungsbeseitigung zu tragen hat, zu berücksichtigen.

4. Kein Beseitigungsanspruch besteht in den Fällen, in denen die Beeinträchtigung daraus resultiert, dass der Eigentümer bei der Verlegung der Leitungen von dem Nachbarn verlangt hatte, diese in einer **bestimmten Trasse** zu führen (§ 19 Abs. 2 Satz 2) und sich diese Trasse nunmehr als störend herausstellt. § 22 Satz 2 muss insofern einschränkend ausgelegt werden, da sich die Geltendmachung eines Störungsbeseitigungsanspruches in diesem Fall als unzulässiges **venire contra factum proprium** (§ 242 BGB) darstellen würde (vgl. auch Bauer/Schlick, § 31 Anm. 2). Das Gleiche muss für den Fall gelten, dass der Eigentümer von dem Nachbarn unter dem Gesichtspunkt des nachbarschaftlichen Gemeinschaftsverhältnisses eine größer dimensionierte Leitung verlangt hatte, um sich ebenfalls anschließen zu können (vgl. § 19 Anm. 9b) und die später entstandene Störung auf diese Vergrößerung zurückzuführen ist.

5. **Nicht geregelt** ist die Kostenverteilung für die Störungsbeseitigung bei einer Beeinträchtigung i. S. d. § 22. Wegen der bereits angesprochenen Ähnlichkeit der Störungsbeseitigung mit der Leitungsunterhaltungspflicht bietet es sich an, die Grundsätze der

Regelung in § 20 heranzuziehen. Dies bedeutet, dass der Nachbar die Maßnahmen an den von ihm nach § 19 Abs. 1 verlegten Leitungen in vollem Umfang zu tragen hat, der Eigentümer zur Gänze die an den Anschlussleitungen nach § 19 Abs. 2 erforderlichen Maßnahmen. Werden hierbei die von dem Nachbar verlegten Leitungen mitbenutzt, muss sich der Eigentümer auch bei Störungsbeseitigungsmaßnahmen, die diese Leitungsteile betreffen, an der Kostentragung beteiligen.

Für ein aus § 917 BGB hergeleitetes Leitungsnotwegerecht hat der BGH die Kostentragungspflicht aus einer Analogie zu § 1023 Abs. 1 Satz 1 Halbs. 2 BGB hergeleitet und die Kosten dem Eigentümer überbürdet (BGH, NJW 1981, 1036). § 1023 BGB gilt aber sowohl für anfängliche als auch für nachträgliche „Beschwerlichkeiten", wohingegen § 22 nur für nachträgliche Beeinträchtigungen gilt. Zudem betraf die Entscheidung des BGH einen Fall, in dem die Grundstücke von Nachbar und Eigentümer ursprünglich im Eigentum eines Dritten gestanden hatten. Der BGH argumentierte, in diesem Fall werde die Leitungsführung schon bei der Bemessung des Kaufpreises berücksichtigt, sodass spätere Änderungen von demjenigen zu bezahlen seien, der hieraus einen Vorteil ziehe. Diese Entscheidung kann auf die Fälle des § 22, in denen von Anfang an personenverschiedene Eigentümer und Nachbarn einander gegenüberstehen, nicht angewandt werden, da hier die Leitungsführung gerade nicht nach freiem Gutdünken von einer Partei festgelegt werden kann.

6. Entsteht bei den Störungsbeseitigungsarbeiten auf dem Grundstück des Eigentümers ein **Schaden**, so hat diesen der Nachbar nach § 28 zu ersetzen. Dies gilt ebenso für einen Schaden, der dem Nachbarn durch Ausübung des Rechtes aus § 19 Abs. 2 entsteht (vgl. unten § 28 Anm. 1 ff.).

§ 23
Anschluss an andere Leitungen

Die Bestimmungen dieses Abschnittes gelten entsprechend für

1. **Gas- und Elektrizitätsleitungen**
2. **Fernmeldelinien und**
3. **Einrichtungen zur Versorgung mit Fernwärme, sofern derjenige, der sein Grundstück anschließen will, einem Anschlusszwang unterliegt.**

Erläuterungen

1. Da Gas- und Elektrizitätsleitungen sowie Fernmeldelinien gewöhnlich einen geringeren Durchmesser als die in § 19 genannten Leitungen aufweisen, die von diesen ausgehenden Beeinträchtigungen somit weniger erheblich sind, hat sich der Gesetzgeber entschieden, für diese Leitungen ebenfalls eine Duldungspflicht einzufügen. Diese Duldungspflichten ergänzen die Vorschriften des **öffentlichen Rechts**, die sich mit der Duldung von Versorgungsleitungen befassen:

– Durch § 9 Abs. 1 des **Grundbuchbereinigungsgesetzes** (GBBerG) vom 20.12.1993 (BGBl. I. S. 2182) wurde zugunsten von Energie- und Fernwärmeversorgungsunternehmen eine beschränkte persönliche Dienstbarkeit an denjenigen Grundstücken begründet, über die am 03.10.1990 eine Leitungstrasse verlief und genutzt wurde. Da dieses Recht im Grundbuch eingetragen und gem. §§ 1092 Abs. 2, 1059a Nr. 2 BGB selbständig übertragen werden kann, spielt das Notleitungsrecht der §§ 19 ff. in diesem Bereich keine Rolle. Eine beschränkte persönliche Dienstbarkeit wird jedoch hiernach nicht begründet, wenn die Trasse erst nach dem 03.10.1990 geführt wurde. Die Regelung im GBBerG unterscheidet sich insofern von den §§ 19 ff., da für die Inanspruchnahme nicht eine jährliche Rente, sondern nach § 9 Abs. 3 GBBerG lediglich ein **einmaliger Ausgleich** zu zahlen ist. Sie ist für den Eigentümer insgesamt ungünstiger, u.a. auch deshalb, weil er bei einer nachträglichen Beeinträchtigung (zum Begriff vgl. § 22

Anm. 2) die Kosten der Verlegung der Leitung selbst zu tragen hat (§ 1023 BGB).

- Nach den **Rechtsverordnungen über Allgemeine Bedingungen für Elektrizität, Fernwärme, Gas und Wasser** (§ 8 AVB Fernwärme und Wasser vom 20.06.1980 (BGBl. I S. 572 und 750), jeweils im Wesentlichen gleich lautend, vgl. zu Letzteren AG Dippoldiswalde, Urteil vom 29.08.2014 – 4 C 479/13 –, juris) sowie § 12 der NiederspannungsanschlussVO vom 01.11.2006 (BGBl. I S. 2477) und § 12 der Niederdruckanschlussverordnung ebenfalls vom 01.11.2006 (BGBl. I S. 2485) besteht eine Duldungspflicht der betroffenen Grundstückseigentümer zugunsten der Versorgungsunternehmen im Rahmen der örtlichen Versorgung, soweit dies notwendig und für den Eigentümer zumutbar ist. Eine erhebliche Minderung des Verkehrswertes des Grundstückes durch die Inanspruchnahme ist nicht zulässig (vgl. Moojer, DtZ 1996, 362). Die AVB gelten nur für die Versorgung von Tarifkunden, d.h. nur im Verhältnis zu ihrerseits bereits angeschlossenen Grundstückseigentümern. Im Verhältnis zu Dritten haben sie lediglich den Status von AGB, müssen folglich gesondert vereinbart werden. Weitere Duldungspflichten ergeben sich aus § 76 TKG. Auch private Grundstückseigentümer sind hiernach zur Duldung von Telekommunikationslinien verpflichtet. Erforderlich ist jedoch, dass das Grundstück nicht in seiner Benutzung oder in seinem Ertrag über das erforderliche Maß hinaus beeinträchtigt wird (vgl. zu den Grenzen der Duldungspflicht BVerfG, NJW 2001, 2960; NJW 2000, 798). Ansonsten besteht ein Anspruch auf einen finanziellen Ausgleich (BGH, NJW 2000, 3206).
- Nach §§ 93, 94 WHG i.V.m. § 95 SächsWassG kann die Wasserbehörde die Eigentümer verpflichten, u.a. das Durchleiten von Wasser und Abwasser zu dulden und die Mitbenutzung einer Anlage zur Wasserversorgung oder Abwasserbeseitigung zu gestatten.

2. Liegen die Voraussetzungen für ein Notwegerecht bezüglich der in § 23 aufgezählten Leitungen vor, ist der Nachbar nicht auf eine Geltendmachung durch das Versorgungsunternehmen angewiesen, sondern kann bei Weigerung des Eigentümers seine Rechte **unmittelbar** vor den Zivilgerichten geltend machen. Die Aufzählung in § 23 ist abschließend. Eine Ausdehnung, etwa auf Leitungen zum Empfang von Kabelfernsehen, kommt nicht in Betracht (ebenso Kayser/Keinhorst, § 23 Rdnr. 2). Für derartige Leitungen kann ein Notleitungsrecht auch nicht aus den §§ 917, 918 BGB analog entnommen werden (so aber Dehner, B § 27 V 3b). Der sächsische Gesetzgeber hat sich vielmehr (vgl. Begründung zum Regierungsentwurf, LT-Drs. 2/4529, Allgemeines) ausdrücklich dafür entschieden, ein Notleitungsrecht auf die in den §§ 19 ff. ausdrücklich genannten Leitungen zu beschränken, anders als in den Ländern, die ein Notleitungsrecht für Versorgungsleitungen aller Art gewähren (z. B. § 44 BbgNRG).

3. Für die in § 23 genannten Leitungen gelten die in den §§ 19 bis 22 genannten Einschränkungen. Bei **Fernheizungsanschlüssen** ist zusätzlich noch erforderlich, dass der anschlusswillige Nachbar einem Anschluss- und Benutzungszwang nach § 14 SächsGO oder anderen Vorschriften unterliegt. Da die Versorgungsleitungen für Fernwärme wesentlich höhere Durchmesser erfordern als herkömmliche Leitungen und somit auch zu einer erheblich größeren Beeinträchtigung des Eigentümers führen können, ist es gerechtfertigt, eine Duldungspflicht nur im Fall eines Anschlusszwanges zu begründen. Im Gegenzug erwächst allerdings auch dem Nachbarn ein Anspruch auf Anschluss an das gemeindliche Fernwärmenetz. Vergleichbare Regelungen gibt es z. B. in § 33 RhPflNRG, § 34 SaarlNRG, 51 BbgNRG und in § 33 ThürNRG.

4. Das Vorliegen der Voraussetzungen ist für jede Leitungsart gesondert zu prüfen (Dehner, B § 27 V 3 f.). So kann es z. B. aus Kostengründen geboten sein, eine Abwasserleitung über das Grundstück des Eigentümers zu legen, wohingegen eine Gasleitung ausschließlich durch das Grundstück des Nachbarn zu führen ist.

Sechster Abschnitt
Sonstige Nachbarschaftsrechte

§ 24
Hammerschlags-, Leiter- und Schaufelschlagrecht

(1) Der Eigentümer hat zu dulden, dass der Nachbar zur Errichtung, Veränderung, Reinigung, Unterhaltung oder Beseitigung einer baulichen Anlage auf seinem Grundstück das Grundstück des Eigentümers vorübergehend betritt, darauf oder darüber Leitern oder Gerüste aufstellt sowie die zu den Bauarbeiten erforderlichen Gegenstände über das Grundstück des Eigentümers transportiert, wenn und soweit die Voraussetzungen des § 21 vorliegen.

(2) Der Eigentümer hat zu dulden, dass der Nachbar für die Dauer der nach Abs. 1 durchzuführenden Arbeiten Sand, Schlamm oder anderen Erdaushub auf dem Grundstück des Eigentümers lagert, wenn und soweit die Voraussetzungen des § 21 vorliegen. Nach Abschluss der Arbeiten ist dieser von dem Nachbarn unverzüglich zu entfernen.

Erläuterungen

1. § 24 enthält – ebenso wie § 21 – ein Hammerschlags- und Leiterrecht, sowie in Abs. 2 ein Schaufelschlagrecht. Die Vorschriften weisen deshalb zahlreiche Gemeinsamkeiten auf, insbesondere steht die Ausübung der dem Nachbarn gewährten Rechte unter einem Abwägungsvorbehalt nach Maßgabe des § 21 Nr. 2 und 3. Der **wesentliche Unterschied** besteht darin, dass die Arbeiten im Rahmen von § 21 auf dem Grundstück des Eigentümers, die des § 24 hingegen auf dem Grundstück des Nachbarn stattfinden und lediglich eine Ausführung vom Grundstück des Eigentümers erforderlich ist. Im Einzelfall kann dies im Rahmen der Abwägung zu abweichenden Ergebnissen führen. Unterschiede bestehen auch insoweit, als nur das Hammerschlags- und Leiterrecht in § 24 zum **Aufstellen von Gerüsten** ermächtigt. Dies rechtfertigt sich aus den jeweiligen Arbeiten, für die dem Eigentümer die korrespondierende Duldungspflicht auferlegt wird. Die Formulierung sowohl

des § 24 als auch des § 21 ist an die gesetzlichen Regelungen in anderen Ländern angelehnt, die allerdings in der Mehrzahl ein Schaufelschlagrecht nicht kennen.

2. Ein **Hammerschlags- und Leiterrecht** war bereits in § 350 SächsBGB geregelt. Es lautete in der damaligen Fassung:

> „Kann die Errichtung, Ausbesserung oder Wiederherstellung eines Bauwerkes nicht bewirkt werden, ohne dass ein Baugerüst auf oder über des Nachbars Boden errichtet wird, oder Baumaterialien auf demselben herbeigeführt oder niedergelegt werden, so ist der Nachbar solches zu dulden schuldig, kann jedoch für den ihm hieraus entstehenden Schaden vom Eigentümer des Bauwerks Ersatz verlangen."

Diese Bestimmung wurde jedoch durch § 184 Abs. 2 Buchst. a des Allgemeinen Baugesetzes für das Königreich Sachsen (SächsABauG) vom 01.07.1900 (GuVBl. S. 52) aufgehoben. An ihre Stelle trat § 89 SächsABauG. Diese Vorschrift lautete:

> „Dem Bauherrn ist die Benutzung eines Nachbargrundstücks zur Aufstellung von Baugerüsten gegen Ersatz des entstehenden Schadens soweit nötig zu gestatten. Die Art und Höhe des Schadenersatzes wird im Streitfall von der Baupolizeibehörde bestimmt, welche auch darüber zu befinden hat, ob und welche Sicherheit der Bauherr auf Verlangen für den Ersatz des voraussichtlichen Schadens zu stellen hat. „.

Zur Lagerung von Baumaterial, zum Aufstellen von Gerüsten und zur Zubilligung eines Wegerechts für den Nachbarn, enthielt auch § 321 ZGB Regelungen. Zur Frage, welche Vorschrift zwischen dem 03.10.1990 und dem Inkrafttreten des Nachbarrechtsgesetzes (§ 34) gegolten hat sowie zur Fortgeltung von § 89 SächsABauG, vgl. Einleitung 2. Eine gesetzliche Regelung durch das Nachbarrechtsgesetz erschien dem Sächsischen Gesetzgeber u. a. auch deshalb erforderlich, weil in diesem Bereich die Möglichkeiten der Rechtsprechung zu richterlicher Rechtsfortbildung und Ausgestaltung des auf Treu und Glauben gegründeten nachbarschaftlichen Gemeinschaftsverhältnisses begrenzt waren.

3. Die Duldungspflicht besteht im Rahmen von Arbeiten an baulichen Anlagen auf dem Nachbargrundstück. Der Begriff der baulichen Anlage ist § 2 Abs. 1 SächsBauO zu entnehmen. **Bauliche Anlagen** sind hiernach mit dem Erdboden verbundene, aus Bauprodukten hergestellte Anlagen. Hierzu zählen auch Aufschüttungen und Abgrabungen, Lager-, Abstell- und Ausstellungsplätze, Campingplätze u.a. sowie Stellplätze für Kraftfahrzeuge, ferner Gerüste und Hilfseinrichtungen zur statischen Sicherung von Bauzuständen. In der Praxis stellen Arbeiten an den Außenwänden von Gebäuden (Putz- und Ausbesserungsarbeiten) die hauptsächlichen Anwendungsfälle dar. **Nicht umfasst** sind insbesondere pflanzliche Anlagen, sodass eine Duldungspflicht für Arbeiten an Einfriedungen, Pflanzen u.Ä. nicht in Betracht kommt (vgl. § 21 Anm. 1a; a.A. Kayser/Keinhorst, § 24 Rdnr. 7). Einen auf aktive Mithilfe des Eigentümers gerichteten Anspruch hat der Nachbar hingegen nicht, insbesondere muss der Eigentümer sein Grundstück nicht so umgestalten, dass hierdurch Arbeiten auf dem Nachbargrundstück möglich werden. Auch Zuzahlungen zu den vorgesehenen Arbeiten des Nachbarn muss er nicht leisten, auch wenn sie mittelbar auch seinem Grundstück zugute kommen (Ausnahme: Grenzeinrichtungen, vgl. hierzu BGH NJW 2008, 2032).

Die an der baulichen Anlage vorzunehmenden Tätigkeiten, also Veränderung, Reinigung, Unterhaltung oder Beseitigung, betreffen diejenigen Arbeiten, die die **Substanz** der baulichen Anlage selbst betreffen. Typische Anwendungsfälle sind Verputz-, Sanierungs- und Trockenlegungsarbeiten an einer Grenz- oder Außenwand. Nicht erfasst sind hingegen Arbeiten, die anderen Zwecken dienen. So ist ein Betretungsrecht oder das Aufstellen eines Gerüsts z.B. dann zu verneinen, wenn der Nachbar an der Wand seines Wohnhauses eine Werbetafel anbringen möchte. Das Gleiche muss gelten, wenn der Nachbar eine Werbebemalung an seiner Hauswand anbringen will. Das Recht gilt auch für Nachbarn, deren Grundstücke an öffentliche Verkehrsflächen grenzen. Beschränkungen ergeben sich hier aber aus dem Sächsischen Straßengesetz (vgl. §§ 14 bis 23 SächsStrG).

4. Das Hammerschlags- und Leiterrecht sowie das Schaufelschlagrecht des § 24 Abs. 2 stehen dem Nachbarn nur zur Durchführung **rechtmäßiger** Arbeiten an baulichen Anlagen zu. Dies gilt sowohl für die materielle Rechtmäßigkeit nach öffentlichem Recht als auch für die Zulässigkeit nach allgemeinem Zivilrecht oder anderen Vorschriften des NRG (BGH, Urteil vom 02.06.2017 – V ZR 196/16 –, juris; Bauer/Schlick § 31 Anm. 1; Dehner, B § 28 Rdnr. 9c).

a) Zur Errichtung einer nicht ortsüblichen Mauer durch den Nachbarn auf der Grenze, die der Eigentümer nach § 4 i.V.m. § 1004 BGB abwehren kann, steht dem Nachbarn kein Betretungsrecht zu. Die Inanspruchnahme des Eigentümergrundstückes für die Ausführung von Bauarbeiten an der Grundstücksgrenze, die der Nachbar gar nicht dulden muss, würde zumindest gegen § 242 BGB verstoßen (OLG Hamm, MDR 1984, 847). Ob die Arbeiten hingegen zweckmäßig sind, ist für die Duldungspflicht des Eigentümers unerheblich (Dehner, B § 28 I 1).

b) Eine Duldungspflicht besteht bei einer genehmigungspflichtigen Baumaßnahme nur dann, wenn diese nach den Vorschriften des öffentlichen Baurechts **genehmigungsfähig** ist. Dies ergibt sich bereits aus § 3. Das Vorliegen einer bestandskräftigen Baugenehmigung ist hingegen nicht erforderlich (anders Bauer/Schlick, § 21 Anm. 7c; Dehner, a.a.O.). § 3 verlangt insofern nur, dass öffentlich-rechtliche Vorschriften der Durchsetzung des jeweiligen (nachbarrechtlichen) Anspruches nicht **entgegenstehen** dürfen. Die Ausübung der in § 24 aufgezählten Rechte ist jedoch für sich genommen nicht genehmigungspflichtig. Für das Vorhaben, dem die Ausübung des Hammerschlags- und Leiterrechts dienen soll, ist die nach der SächsBauO ggf. erforderliche Baugenehmigung **zwingend** zu erteilen, wenn die materiellen Voraussetzungen hierfür vorliegen; die Genehmigung stellt insofern nur eine Erklärung der zuständigen Behörde dar, dass das Vorhaben öffentlich-rechtlichen Vorschriften nicht widerspricht (BGH, NJW 1991, 176 [177]; BGHZ 60, 112 [115]). Das Fehlen einer solchen Erklärung ist aber noch kein „Entgegenstehen“ i. S. d. § 3, auf das sich der Nachbar im zivilrechtlichen Nachbarschaftsstreit berufen könnte. Gleichwohl dürfte es aber anzuraten sein, vor Ausübung des Hammerschlags- und Leiterrechts die für ein Bauvorhaben erforderliche Genehmigung einzuholen; liegt eine bestandskräftige Genehmigung vor, kann der Eigentümer nämlich aus öffentlich-rechtlichen Gesichtspunkten auch keine Einwendungen mehr gegen die Zulässigkeit der Ausübung eines Hammerschlags- und Leiterrechts erheben.

c) Hat der Eigentümer gegen eine dem Nachbarn erteilte Baugenehmigung Widerspruch eingelegt, so kommt diesem nach § 212a BauGB keine aufschiebende Wirkung zu. Gleiches gilt für eine Anfechtungsklage. Die dieser Regelung zugrunde liegende Wertung des Gesetzgebers zugunsten des Bauherrn sollte auch im zivilrechtlichen Nachbarschaftsstreit nachvollzogen werden. Eine Aussetzung des Zivilverfahrens nach § 148 ZPO bei einer Duldungsklage des Nachbarn ist in solchen Fällen zwar möglich, sollte aber in der Regel nicht erfolgen, (so aber Schäfer, § 24 Rdnr. 5; wie hier Dehner, a. a. O.). Das Gericht hat vielmehr die öffentlich-rechtliche Zulässigkeit als Vorfrage mitzuprüfen und hierüber erforderlichenfalls Beweis zu erheben (vgl. hierzu BGH, NJW 1993, 926). Erst recht gilt dies, wenn für ein Vorhaben nach den Vorschriften der sächsischen Bauordnung keine Baugenehmigung erforderlich ist.

5. Zur Errichtung, Veränderung, Reinigung, Unterhaltung oder Beseitigung einer baulichen Anlage sowie zur Vorbereitung dieser Arbeiten (wozu nach Kayser/Keinhorst, § 24 Rdnr. 6 auch die Besichtigung in Vorbereitung eines Kostenplanes gehören soll), stehen dem Nachbarn die in § 24 aufgezählten Rechte zu. Der Gesetzgeber hat sich unter Abwägung der widerstreitenden Interessen dafür entschieden, **nicht sämtliche denkbaren Tätigkeiten** auf dem Eigentümergrundstück zu gestatten, die für Arbeiten an einer baulichen Anlage notwendig sind. Im Gegensatz hierzu enthalten die Nachbarrechtsgesetze einiger Länder ein umfassendes Recht des Nachbarn zur „Benutzung“ des Grundstückes des Eigentümers

(z.B. § 17 BWNRG, § 47 NdsNRG, § 24 NWNRG), das auch Maßnahmen umfasst, die dem Bauvorhaben nur mittelbar dienen (Dehner, B § 28 I 4d). Nur in diesen Ländern stellt sich die Streitfrage, ob das Hammerschlag- und Leiterrecht auch ein Überbaurecht begründen kann, in Sachsen besteht ein solches Recht hingegen nicht, weil der Wortlaut der Norm die Inanspruchnahme des Grundstückes auf vorübergehende Maßnahmen begrenzt.

a) Problematisch ist aber auch hier das in der Kommentarliteratur vielfach aufgeführte Beispiel des **Schwenkens eines Drehkrans** vom Grundstück des Nachbarn über den Luftraum des Eigentümers hinweg (Bauer/Schlick, § 21 Anm. 3b); Dehner, B § 28 I 4h m. w. N.). Hierbei handele es sich um ein „Benutzen" des Eigentümergrundstückes, das in den Ländern, in denen nur detailliert aufgelistete Handlungen gestattet sind (wie dies in Sachsen der Fall ist), lediglich im Rahmen dieser Tätigkeiten, also z.B. zum Transport von Baumaterialien über das Eigentümergrundstück, nicht aber darüber hinaus gestattet sein soll (Bauer/Schlick, § 21 Anm. 5). Da das Überschwenken eines Drehkranes dem Transport von Gegenständen über das Eigentümergrundstück dient, dürfte es in den meisten Fällen bereits tatbestandsmäßig vom Hammerschlags- und Leiterrecht in § 24 umfasst sein (für eine analoge Anwendung im Anwendungsbereich von § 28 HessNRG OLG Frankfurt MDR 2011, 844; (Staudinger/Albrecht (2013) EGBGB Artikel 124, Rdnr. 31); § 905 Satz 1 BGB gilt insofern nicht (so aber OLG Düsseldorf, MDR 1989, 993 für das NWNRG).

b) Streitig ist auch, ob dem Nachbarn das Ausheben einer **Baugrube** oder die Vornahme sonstiger Veränderungen des Eigentümergrundstückes gestattet ist. Eine ausdrückliche Duldungspflicht hierzu findet sich in § 24 nicht; für die Nachbarrechtsgesetze der Länder, in denen das Hammerschlags- und Leiterrecht allgemein zur Benutzung des fremden Grundstücks ermächtigt (z.B. § 47 NdsNRG, § 24 NWNRG) hat der BGH dies bejaht (VersR 1980, 650 [651]), wohingegen das OLG Düsseldorf einen solchen Anspruch ablehnte (NVWZ-RR 1992, 528). Für das Thüringer Nachbarrechtsgesetz lehnen Dehner (B § 28 I 4e) und Bauer/Schlick (§ 21 Anm. 5) eine solche Duldungspflicht ab. Was die Rechtslage in Sachsen betrifft, ergeben sich freilich Unterschiede, da in § 24 Abs. 2 ausdrücklich das Recht des Nachbarn zur Ablagerung von Erdaushub auf dem Eigentümergrundstück angesprochen ist. Ein solches Recht setzt aber notwendigerweise die vorherige Ausschachtung voraus, wobei nicht zwischen Ausschachtungen auf dem Grundstück des Nachbarn und dem des Eigentümers differenziert wird. Unter der Voraussetzung, dass nach Abschluss der Arbeiten dieser Erdaushub wieder entfernt wird (§ 24 Abs. 2 Satz 2), der Nachbar für auf dem Eigentümergrundstück entstandene Schäden Ersatz leistet (§ 28 Abs. 1) und eine solche Ausschachtung erforderlich ist (§ 21), ist daher in Sachsen ein solches Ausschachtungsrecht bereits aus § 24 zu entnehmen, ohne dass es eines Rückgriffs auf das nachbarschaftliche Gemeinschaftsverhältnis bedürfte.

c) Ebenfalls zulässig dürfte es sein, neben Sand, Schlamm und anderem Erdaushub sonstige vergleichbare Materialien auf dem Eigentümergrundstück vorübergehend zu **lagern**, unzulässig ist hingegen das Abstellen von Baufahrzeugen (Schäfer, § 21 Erl. 16), da diese in § 24 Abs. 2 nicht angesprochen sind und es dem Nachbarn zuzumuten ist, diese außerhalb der Zeiten ihres Gebrauchs anderweitig abzustellen.

d) Nach wie vor umstritten ist die Frage, ob für die in Rede stehenden Bauarbeiten ein Recht des Nachbarn besteht, nicht lediglich das Grundstück, sondern auch **Gebäude** und andere bauliche Anlagen des Eigentümers **betreten** zu dürfen. Teilweise (Dehner, B § 28 I 4g; Postier, BbgNRG § 23 Erl. 1.1; einschränkend Bauer/Schlick § 21 Anm. 3b; zweifelnd Schäfer, § 24 Rdnr. 2) wird dem Nachbarn ein solches Recht – wenngleich nach Maßgabe einer verschärften Erforderlichkeitsprüfung – zugestanden und eine Berufung des Eigentümers auf Art. 13 GG (Recht auf Unverletzlichkeit der Wohnung) abgelehnt. Die hierfür gegebene Begründung, dass das Hammerschlags- und Leiterrecht in Wohngebieten ansonsten nicht praktikabel sei (Dehner, a. a. O.), überzeugt freilich nicht, da sie den grundrechtlichen Schutzbereich aus dem Blickwinkel des einfachen Rechts definiert. Auch die Auffassung, aus dem Recht zum Betreten des Nachbargrundstückes folge wegen des hohen Ranges von Art. 13 GG zwar kein Recht zum Betreten der Wohnräume, im Einzelfall könne aber ein Verzicht auf den Grundrechtsschutz aus dem nachbarschaftlichen Gemeinschaftsverhältnis abgeleitet werden (Bauer/Schlick, § 21 Anm. 4), begegnet Bedenken, da sie die mittelbare Drittwirkung (zum Begriff vgl. BVerfG, NJW 1994, 38) von Art. 13 GG auch auf die Auslegung des nachbarschaftlichen Gemeinschaftsverhältnisses außer Betracht lässt. Mit Beschluss vom 25.10.1996 hat der Sächsische Verfassungsgerichtshof zu diesem Streit Stellung bezogen und ein Urteil des Landgerichts Chemnitz (Urteil vom 10.09.1996, 6 S 3950/96), in dem die Beschwerdeführer zur Duldung des Betretens ihres Hauses im Rahmen von Bauarbeiten ihrer Nachbarn verpflichtet werden sollten, wegen Verstoßes gegen Art. 30 Abs. 1 und 31 Abs. 1 der Sächsischen Verfassung aufgehoben (SächsVGH, DtZ 1997, 197). Hierbei hat er ausgeführt, dass die Grundrechtsgehalte des Rechts auf Unverletzlichkeit der Wohnung in der Sächsischen Verfassung zwingend bei der Auslegung der Reichweite des nachbarschaftlichen Gemeinschaftsverhältnisses zu berücksichtigen seien. Zum Begriff der „Wohnung" zählen hierbei auch Arbeits-, Betriebs- und Geschäftsräume (vgl. BVerfGE 44, 353 (371)). Kann daher eine Baumaßnahme nur durchgeführt werden, wenn hierfür die Wohnung des benachbarten Eigentümers betreten werden müsste, so ist sie gegen dessen Willen nicht durchführbar. Dieser Entscheidung ist zuzustimmen (so auch Kayser/Keinhorst, § 24 Rdnr. 2).

6. Die für die Abwägung nach Nr. 1 und 2 erforderlichen Gesichtspunkte entsprechen den bereits zu §§ 19 und 21 erläuterten Maßgaben. Nicht ausdrücklich ist in Sachsen geregelt, dass die Rechte aus § 24 **nicht zur Unzeit** ausgeübt werden können (so aber in § 17

Abs. 3 BWNRG, § 28 Abs. 3 HessNRG und § 21 Abs. 2 ThürNRG). Der Vorbehalt des § 2 gilt aber auch hier. Zur Frage, wann eine Inanspruchnahme „zur Unzeit" vorliegt, vgl. § 2 Anm. 4. Aus § 2 folgt auch die Verpflichtung des Nachbarn, sein Recht so schonend wie möglich auszuüben und die Arbeiten auf ein Mindestmaß zu reduzieren. Ggf. kann der Eigentümer von dem Nachbarn einen Nachweis fordern, dass die für die Baustelleneinrichtung, und Sicherheit maßgeblichen Regelungen eingehalten sind. Ob dies soweit geht, dass dem Eigentümer auch nachzuweisen ist, dass auf der Baustelle nur sozialversicherungspflichtig Beschäftigte tätig werden, erscheint indes zweifelhaft. Wegen der insofern eindeutigen Formulierung wird es der Eigentümer jedoch zu dulden haben, dass der **Nachbar selbst** sein Grundstück im Rahmen der Arbeiten betritt, auch wenn das Nachbarschaftsverhältnis bereits zuvor von erheblichen persönlichen Spannungen belastet war (anders Bauer/Schlick, § 21 Anm. 4c für die freilich abweichende Formulierung in § 21 ThürNRG). Als weitere Grenze für die Inanspruchnahme des Hammerschlag- und Leiterrechts kommt auch das Schikaneverbot in Betracht (vgl. den instruktiven Fall bei AG Gießen, Urteil vom 16.06.2017 – 41 C 49/14 –, juris).

7. Die Ausübung der Rechte aus § 24 ist dem Eigentümer einen Monat vor Durchführung der Maßnahme anzuzeigen (§ 27). Wird die Absicht der Rechtsausübung dem Nachbarn durch Einwurf eines Briefes in den Briefkasten des streitgegenständlichen Objekts angezeigt, so kann dieser nicht einwenden, dass er den Brief nicht erhalten habe, weil er das Haus nicht bewohne, da es zu den Obliegenheiten eines Hauseigentümers gehört, dafür Sorge zu tragen, dass eine von ihm geschaffene Empfangsvorrichtung entweder derart regelmäßig kontrolliert wird, dass eine Kenntnisnahme von Briefwurfsendungen gewährleistet ist, oder aber dass sichergestellt ist, dass eine Zustellung über diesen Briefkasten nicht vorgenommen werden kann (AG Lemgo, Anerkenntnisurteil vom 20.06.2013 – 20 C 250/13 –, juris). Zum Inhalt der Anzeigepflicht vgl. § 27 Anm. 5.

8. Eventuelle Schadenersatzansprüche des Eigentümers ergeben sich aus § 28. Verweigert der Eigentümer schuldhaft die Inanspruchnahme seines Grundstückes und entsteht dem Nachbarn hierdurch ein Schaden, so kann dieser hierfür unter den Voraussetzungen des § 280 BGB Ersatz verlangen, weil das Hammerschlags- und Leiterrecht zwischen den Beteiligten ein gesetzliches Schuldverhältnis begründet (Postier, BbgNRG § 23 Rdnr. 1). Die **Beweislast** für die Voraussetzungen eines Hammerschlags- und Leiterrechts oder eines Schaufelschlagrechts obliegt dem Nachbarn, wohingegen der Eigentümer nach allgemeinen Grundsätzen die Beweislast für die Voraussetzungen eines Anspruches nach § 28 zu tragen hat. Eine Klage ist immer dann erforderlich, wenn der Eigentümer die Inanspruchnahme seines Grundstückes verweigert; auch wenn die Rechte aus § 24 kraft Gesetzes entstehen, so besteht doch kein Selbsthilferecht des Nachbarn. Das Hammerschlags- und Leiterrecht beschränkt aber nicht unmittelbar das Eigentum oder das Besitzrecht an dem Grundstück. Es begründet vielmehr nur ein im Klageweg durchsetzbares Recht, das erst nach gerichtlicher Feststellung gegenüber dem Besitzer des Nachbargrundstücks durchgesetzt werden kann OLG Karlsruhe, Urteil vom 11.12.1991 – 6 U 121/91 –, juris).

§ 25
Ableitung des Niederschlagswassers

(1) Die baulichen Anlagen eines Grundstückes müssen so eingerichtet sein, dass abgeleitetes Niederschlagswasser nicht auf das Grundstück des Nachbarn übertritt.

(2) Abs. 1 findet keine Anwendung auf freistehende Mauern an öffentlichen Straßen, Wegen, Grünflächen, Gewässern und anderen dem Gemeingebrauch dienenden Flächen.

Erläuterungen

1. Die Norm betrifft Fragen des sog. **Traufrechts**. Hierunter wurde ursprünglich, zumindest im Gebiet des Gemeinen Rechts, ein Recht

des Eigentümers eines Gebäudes verstanden, den an sein Grundstück anschließenden Streifen Land als Eigentum in Anspruch zu nehmen, soweit die Dachtraufe reichte (Staudinger/Müller, EGBGB Art. 124 Rdnr. 16). Die Dachtraufe begründete eine tatsächliche (nach anderer Auffassung: rechtliche) Vermutung für das Eigentum. Vor dem Hintergrund der zu DDR-Zeiten unübersichtlichen Eigentumslage im Grundstücksbereich ist in Sachsen eine solche Eigentumsvermutung hingegen nicht anzunehmen, auch wenn die Anzahl der unvermessenen Grundstücke heute nicht mehr von der in anderen Ländern abweicht (a. A. Dehner, B § 26 IIb, der dieser Vermutung allerdings wegen des „heutigen Standes des Katasterwesens“ keine große tatsächliche Bedeutung mehr beimisst).

a) Durch Art. 124 EGBGB bleiben die Länder ermächtigt, den Eigentümer zur Aufnahme von abgeleitetem oder abtropfendem Wasser zu verpflichten. Das Sächsische Nachbarrechtsgesetz macht hiervon aber **keinen Gebrauch**; vielmehr begründet es die Verpflichtung des Eigentümers, eine bauliche Anlage so einzurichten, dass das Traufwasser nicht auf das Eigentümergrundstück gelangt. Ein grundsätzliches Recht, Traufwasser überzuleiten, ist auch nach dem BGB nicht gegeben, sodass dieses, etwa durch Vereinbarung einer entsprechenden Grunddienstbarkeit, besonders begründet werden muss. Das Eindringen von Wasser von dem Nachbargrundstück muss nicht nach § 906 BGB hingenommen werden, da es sich bei Traufwasser nicht um eine „ähnliche Einwirkung“ im Sinne dieser Vorschrift handele (vgl. Palandt/Herrler § 906 Rdnr. 5 ff. m. w. N.; Dehner, B § 26 II b). § 25 macht von der in Art. 124 EGBGB enthaltenen Ermächtigung Gebrauch und erweitert das Zuführungsverbot des § 906 Abs. 3 BGB auf Niederschlagswasser. Hierbei kommt es nicht darauf an, ob den zuführenden Eigentümer ein Verschulden trifft, sofern die Beeinträchtigung zumindest mittelbar auf seinen Willen zurückzuführen ist (BGH, NJW 1985, 1773 (1774). Daher besteht keine Pflicht des Eigentümers, den Abfluss des Niederschlagswassers auf das Nachbargrundstück zu verhindern, soweit dieser allein auf der natürlichen Gestaltung des Bodens beruht.

b) § 25 knüpft an § 357 des Sächsischen Bürgerlichen Gesetzbuches von 1863 an, der folgenden Wortlaut hat:

> „Der Eigentümer darf sein Gebäude nicht so einrichten, dass Spülwasser oder Flüssigkeiten aus demselben auf ein benachbartes Grundstück ablaufen, oder dass die Dachtraufe auf dasselbe fällt."

Zum Streit um die Weitergeltung dieser Vorschrift nach Inkrafttreten des BGB und des ZGB vgl. Einleitung 2. sowie Dehner, B § 26 II.

2. Zum Begriff der baulichen Anlage vgl. § 2 Abs. 1 SächsBauO und die Ausführungen zu § 24 Anm. 3. Eine hiervon abweichende Auslegung des Begriffes der baulichen Anlage ist sachlich nicht erforderlich (anders Dehner, B § 26 III 1b aa). Die Vorschrift unterscheidet sich geringfügig von den entsprechenden Normen anderer Länder. Diese ordnen zumeist an, dass bauliche Anlagen so eingerichtet werden, dass Niederschlagswasser nicht auf das Nachbargrundstück tropft, abgeleitet wird oder übertritt (z. B. § 27 NWNRG, § 37 RhPflNRG; § 37 ThürNRG). Demgegenüber ist nach § 24 dafür Sorge zu tragen, dass „**abgeleitetes** Niederschlagswasser nicht … übertritt". Diese Formulierung ist insofern missverständlich, als man darunter nur ein Verbot der Ableitung, d. h. der Zuführung durch eine besondere Leitung, verstehen könnte. Das Traufwasser im engeren Sinne, also das vom Dach abtropfende Wasser, wäre bei einer strengen Wortlautauslegung hiervon nicht umfasst. Zudem kann „abgeleitetes" Wasser im eigentlichen Wortsinne auf das Nachbargrundstück nur übergeleitet werden, nicht aber in sonstiger Weise übertreten. Die Vorschrift ist aber nach der Gesetzesbegründung in einem **umfassenden Sinne zu verstehen**. Erfasst wird mithin Trauf- und Niederschlagswasser in allen Aggregatzuständen des Übertritts auf das Nachbargrundstück, neben Regen also noch Schnee, Hagel und Graupel (Dehner, B § 28 II a). In seiner neueren Rechtsprechung ist der BGH zu § 37 NRG RP – der insofern mit § 25 vergleichbar ist – der bislang und auch in der Vorauflage vertretenen Auffassung entgegengetreten, unter „übertreten" von Niederschlagswasser sei nur ein oberirdischer Zufluss zu verstehen, so-

dass in den Fällen, in denen das Wasser zunächst auf dem Eigentümergrundstück einsickert und dabei den Boden des Nachbargrundstückes durchfeuchtet, keine Abwehrmöglichkeit des Nachbarn bestehe (so auch OLG Köln, Urteil vom 14.05.2010, 19 U 120/09, juris und VersR 2003, 911, jeweils zu § 27 Abs. 1 NachbG NRW; Dehner, Nachbarrecht, B § 26 III.1c). Ausreichend für einen solchen Unterlassungsanspruch soll es nunmehr sein, wenn infolge baulicher Anlagen auf dem Nachbargrundstück (unterirdisch) vermehrt Sickerwasser auf das Grundstück des Nachbarn gelangt (BGH, Urteil vom 12.06.2015 – V ZR 168/14 –, juris). Zwar gebe es keine grundsätzliche Pflicht des Eigentümers eines Grundstücks, den Ablauf des Niederschlagwassers auf das Nachbargrundstück zu verhindern. Soweit die natürliche Gestaltung des Bodens einen solchen Abfluss bewirke, müsse der Grundstückseigentümer deshalb keine besonderen Maßnahmen ergreifen, um dem entgegenzuwirken. Wenn der Eigentümer jedoch auf seinem Grundstück bauliche Anlagen errichte, die ursächlich dafür seien, dass dem Nachbargrundstück vermehrt Niederschlagswasser zugeführt werde, greife er in den natürlichen Ablauf des Wassers ein, wogegen ihn das Landesnachbarrecht schützen wolle. Bauliche Anlagen könnten aber nicht nur dazu führen, dass Niederschlagswasser, das ohne die Anlagen auf dem Grundstück verblieben wäre, von der Oberfläche des Grundstücks auf die Oberfläche des Nachbargrundstücks fließt, sondern können genauso gut zur Folge haben, dass das Niederschlagswasser nur teilweise auf dem Grundstück versickere und als Sickerwasser unterirdisch vermehrt auf das Nachbargrundstück übertrete. In beiden Fällen sei der Nachbar gleichermaßen schutzwürdig.

Nicht erfasst wird aber auch weiterhin der Zufluss von **ebenerdig fließendem Wasser** (sog. oberirdische Vorflut). Denn Niederschlagswasser ist nur solches, das zunächst auf eine bauliche Anlage trifft und anschließend auf ein Grundstück (OLG Hamm, Urteil vom 05.03.2012 – 5 U 160/11 –, Rdnr. 59, juris). Der Begriff ist auch nicht identisch mit dem in § 54 WHG als Niederschlagswasser bezeichneten Abwasser. Niederschlagswasser im Sinne des NRG muss vielmehr umittelbar auf das Grundstück niedergehen (LG Wuppertal, Urteil vom 08.11.2018 – 1 O 89/18 – juris). Für die oberirdische Vorflut gilt § 37 WHG. Hiernach darf der natürliche Ablauf wild abfließenden Wassers auf ein tiefer liegendes Grundstück nicht zum Nachteil des höher liegenden Grundstückes behindert, andererseits aber auch nicht zum Nachteil eines tiefer liegenden Grundstückes behindert oder verstärkt werden. Eigentümer oder Nutzungsberechtigte von Grundstücken, auf denen der natürliche Ablauf wild abfließenden Wassers zum Nachteil eines höher liegenden Grundstücks behindert oder zum Nachteil eines tiefer liegenden Grundstücks verstärkt oder auf andere Weise verändert wird, haben die Beseitigung des Hindernisses oder der hierdurch eingetretenen Veränderung durch die Eigentümer oder Nutzungsberechtigten der benachteiligten Grundstücke zu dulden. Eine solche Behinderung liegt aber noch nicht in der bloßen Änderung der wirtschaftlichen Nutzung des Oberliegergrundstückes, selbst wenn hierdurch der Wasserabfluss verstärkt wird (BGH NJW 1991, 2772). Auch eine Hochwasserschutzwand, die gegen das von dritter Seite herausfließende Wasser Schutz bietet, wird weder durch § 37 WHG noch durch § 25 ausgeschlossen (OLG Dresden, Beschluss vom 23.10.2018 – 6 U 892/18 – juris). Anders ist dies aber dann, wenn hierdurch Schlamm in einem Umfang auf das Nachbargrundstück gelangt, der über eine natürliche Verschmutzung des abfließenden Regenwassers hinausgeht. § 37 Abs. 1 und 2 WHG (nicht aber Abs. 3) sind Teil des privaten Nachbarrechts (BT-Drs. 16/12275 S. 62) und waren bis zum 28.02.2010 Bestandteil des Landesrechts (in Sachsen § 98 Abs. 2, 3 SächsWassG, in einigen Ländern waren sie auch in die Nachbarrechtsgesetze integriert, z.B. § 21 Abs. 2 HessNRG), seit dem 01.03.2010 existiert mit § 37 WHG eine bundeseinheitliche Regelung (vgl. hierzu im Einzelnen Grizwotz/Lüke/Saller, 3. Teil Rdnr. 276 ff.).

Nicht von § 25 umfasst ist schließlich auch das sog. **Schlagregenwasser**, also Wasser, das bei schräg auftreffendem Regen von einer senkrechten Wand abläuft (ebenso Schäfer, § 25 Rdnr. 2; Kayser/Keinhorst, § 25 Rdnr. 2; a. A. Dehner, B § 26 III 1c).

3. Ist eine bauliche Anlage bei Inkrafttreten des NRG bereits so erbaut worden, dass hierdurch in erhöhtem Umfang Niederschlagswasser auf das Nachbargrundstück gelangt, so stehen dem Nachbarn die Abwehrmöglichkeiten aus §§ 1004 BGB i. V. m. § 25 wegen des **Bestandsschutzes** für bestehende Einrichtungen (§ 32) nicht zu. Er kann allerdings nach §§ 1004, 907 BGB die Beseitigung einer Anlage verlangen, von der mit Sicherheit vorauszusehen ist, dass sie eine unzulässige Einwirkung zur Folge hat. Bei Einhaltung der Vorschriften der Sächsischen Bauordnung besteht dieser Anspruch erst, wenn ein unzulässiges Übertreten von Niederschlagswasser auf das Nachbargrundstück tatsächlich stattfindet (§ 907 Abs. 1 Satz 2 BGB).

4. Tritt von einer **nach** Inkrafttreten des NRG erbauten baulichen Anlage Niederschlagswasser über, so hat der Nachbar einen Anspruch auf Unterlassung dieser Beeinträchtigung aus §§ 1004 BGB i. V. m. § 25. Wie der Eigentümer seiner Verpflichtung zur Unterlassung nachkommt, bleibt ihm allerdings selbst überlassen. Entsteht durch in unzulässiger Weise übergeleitetes Niederschlagswasser ein Schaden an dem Nachbargrundstück, so hat der Nachbar einen Schadensersatzanspruch aus § 823 Abs. 2 BGB i. V. m. § 25, da es sich um ein Schutzgesetz im Sinne dieser Vorschrift handelt (OLG Hamm, VersR 1985, 648; Schäfer, § 25 Rdnr. 3).

5. Eine **Mitteilungspflicht** des Eigentümers vor Errichtung der baulichen Anlage besteht nach § 27 nicht. Auch durch die Bauaufsichtsbehörde erfolgt eine Benachrichtigung des Nachbarn nur in Bezug auf Abweichungen und Befreiungen, wenn zu erwarten ist, dass öffentlich-rechtlich geschützte nachbarliche Belange hierdurch berührt werden (§ 70 Abs. 1 SächsBauO). Bei genehmigungspflichtigen Bauvorhaben ist ihm überdies die Baugenehmigung zuzustellen, wenn er dem Bauvorhaben nicht zugestimmt hat (§ 70 Abs. 3 SächsBauO). Im Übrigen muss sich der Nachbar selbst infor-

mieren, wenn er vor Errichtung der baulichen Anlage einen Unterlassungsanspruch durchsetzen will.

6. Die Nachbarrechtsgesetze der meisten anderen Länder enthalten zusätzlich zu dem Verbot der Ableitung von Niederschlagswasser auf das Nachbargrundstück noch Vorschriften über das Anbringen von Sammel- und Abflusseinrichtungen (z.B. § 28 NWNRG, § 38 ThürNRG, § 46 NdsNRG). Hiernach ist der aus besonderem Rechtsgrund (schuldrechtlicher Vertrag oder Grunddienstbarkeit) zur Aufnahme von Niederschlagswasser verpflichtete Nachbar berechtigt, auf dem Grundstück des Eigentümers Sammel- und Abflusseinrichtungen anzubringen, muss dann aber die Unterhaltungskosten hierfür tragen. In Sachsen besteht ein solches Recht nicht. Vielmehr müssen Nachbar und Eigentümer bereits bei der Einräumung des Traufrechts entsprechende Regelungen vereinbaren und möglichst **dinglich absichern** lassen.

7. Sondervorschriften gelten nach § 25 Abs. 2 für freistehende Mauern an dem Gemeingebrauch dienenden Flächen. Zum Begriff vgl. § 4 Anm. 8. Die Zuführung von Niederschlagswasser auf öffentliche Straßen und andere Flächen wird wohl als ortsüblich anzusehen sein, soweit eine Beeinträchtigung oder Gefährdung des Eigentümers oder Dritter ausgeschlossen ist. Der Schutz öffentlicher Verkehrsflächen ist im Übrigen dem öffentlichen Recht vorbehalten. Eine übermäßige Ableitung von Niederschlagswasser auf öffentliche Straßen ist als **unzulässige Sondernutzung** i.S.d. § 18 SächsStrG anzusehen. Aus § 25 Abs. 1 können daher Anlieger und öffentliche Hand keine wechselseitigen Abwehransprüche herleiten.

8. Öffentlich-rechtlich besteht aus § 43 Abs. 3 SächsBauO die Pflicht, bauliche Anlagen für Schmutz- und Niederschlagswasser so herzustellen und zu unterhalten, dass Gefahren nicht entstehen können. Diese Pflicht ist aber **nicht nachbarschützend**, sondern besteht ausschließlich im öffentlichen Interesse. Angesichts dieser Sondervorschrift ist fraglich, ob § 13 Abs. 1 SächsBauO ein (dritt-

schützendes) Verbot einer Ableitung von Niederschlags- und Abwasser auf das Nachbargrundstück entnommen werden kann (so aber Grziwotz/Lüke/Saller, 3. Teil Rdnr. 292).

Einführung vor § 26

1. Durch § 26 wird dem Eigentümer eine erweiterte Duldungspflicht auferlegt, die über die Regelungen des BGB hinausgeht. Nach dem BGB sind Einwirkungen auf ein Grundstück, durch die diesem in irgendeiner Weise die natürlichen Verbindungen zur Umwelt entzogen werden (sog. negative Einwirkungen), von dem Eigentümer des Nachbargrundstückes grundsätzlich entschädigungslos hinzunehmen (vgl. Anm. zu § 6 Nr. 1b; BGH, NJW 1984, 729 [730]; Grziwotz/Lüke/Saller, 3. Teil Rdnr. 59). Auch wenn zum Inhalt des Grundeigentums die funktionsgerechte Verwendung eines Grundstückes zu zählen ist (zu einer funktionsgerechten Verwendung zählt auch ein ungestörter Radio-, Fernseh- und Telefonempfang), so muss dieses Recht gegenüber dem Recht des Eigentümers, sein Grundstück in einer baurechtlich zulässigen Weise bebauen zu dürfen, **zurücktreten** (BGH, NJW 1991, 1672; Palandt/Herrler, § 906 Rdnr. 4; Schäfer, § 26 Rdnr. 1). Die Abschattung von Funkwellen fällt daher nicht unter § 906 BGB (Grziwotz/Lüke/Saller, a. a. O.). Nur ausnahmsweise begründet das nachbarschaftliche Gemeinschaftsverhältnis hier einen Beseitigungsanspruch des Eigentümers. Werden durch ein benachbartes Hochhaus Fernsehwellen abgeschattet, kann auch die Übernahme der Kosten für einen Kabelanschluss nicht verlangt werden (AG Berlin-Charlottenburg, WuM 1980, 99).

2. Von der durch Art. 124 EGBGB gewährten Kompetenz des Landesgesetzgebers, das alleinige Recht des Eigentümers zur Nutzung seines Grundstückes und der darauf befindlichen Gebäude **einzuschränken**, ist vom Sächsischen Gesetzgeber in § 26 in mehrfacher Hinsicht Gebrauch gemacht worden. Trotz der bereits bei Inkrafttreten des Gesetzes weiten Verbreitung von Kabelanschluss wurde

ausdrücklich auch ein Befestigungsrecht für Antennenanlagen mitgeregelt. Es bleibt abzuwarten, ob die Verbreitung von Dachantennen mit dem Ausbau des digitalen Fernsehens wieder zunehmen wird. Eine Pflicht zur Höherführung enthält das Nachbarrechtsgesetz nicht. Eine solche Pflicht kann sich aber aus vorrangigen (§ 3) Vorschriften des öffentlichen Rechts ergeben: So schreibt etwa § 42 Abs. 3 SächsBauO vor, dass Abgase von Feuerstätten durch Abgasleitungen, Schornsteine und Verbindungsstücke so zu führen sind, dass keine Gefahren oder unzumutbare Belästigungen entstehen. Die VDI-Richtlinie 3781 sieht vor, dass eine Schornsteinmündung Fenster und Türen eines Nachbargebäudes um mindestens einen Meter überragen muss, wenn der Abstand weniger als zehn Meter beträgt; für jeden weiteren Meter Abstand kann die Mündungshöhe um 30 cm reduziert werden. Unabhängig vom Abstand zum Nachbargebäude müssen nach § 9 der Sächsischen Feuerungsverordnung in der Fassung vom 13.07.2011 (SächsGVBl. S. 312) die Mündungen von Abgasanlagen den First um mindestens 40 cm überragen oder von der Dachfläche mindestens 1 m entfernt sein; ein Abstand von der Dachfläche von 40 cm genügt, wenn nur raumluftunabhängige Feuerstätten für flüssige oder gasförmige Brennstoffe angeschlossen sind, die Summe der Nennleistungen der angeschlossenen Feuerstätten nicht mehr als 50 kW beträgt und das Abgas durch Ventilatoren abgeführt wird (Nr. 1). Dachaufbauten, Gebäudeteile, Öffnungen zu Räumen und ungeschützte Bauteile aus brennbaren Baustoffen, ausgenommen Bedachungen, müssen sie um mindestens 1 m überragen, soweit deren Abstand zu den Abgasanlagen weniger als 1,5 m beträgt (Nr. 2).

3. Die Regelung in § 26 weist Ähnlichkeiten mit § 17 ThürNRG auf, enthält aber bezüglich der Abwägungsmaßstäbe bei der Verhältnismäßigkeitsprüfung und der Ausschlussklausel in Abs. 3 auch Unterschiede.

§ 26
Hochführen von Schornsteinen, Lüftungsschächten und Antennen

(1) Grenzt ein Gebäude unmittelbar an ein höheres, so hat der Eigentümer des höheren Gebäudes zu dulden, dass der Nachbar Schornsteine, Lüftungsschächte und Antennenanlagen befestigt, wenn dies für deren Betriebsfähigkeit erforderlich ist und der Eigentümer nicht unverhältnismäßig beeinträchtigt wird.

(2) Der Eigentümer hat ferner zu dulden, dass

1. die höher geführten Schornsteine, Lüftungsschächte und Antennenanlagen von seinem Grundstück aus unterhalten oder gereinigt werden oder
2. die hierfür erforderlichen Einrichtungen auf seinem Grundstück angebracht werden,

wenn diese Maßnahmen anders nicht oder nur mit unverhältnismäßig hohen Kosten getroffen werden können.

(3) Die Absätze 1 und 2 gelten nicht, soweit der Eigentümer dem Nachbarn die Mitbenutzung einer eigenen geeigneten Anlage gestattet.

Erläuterungen

1. Die in Abs. 1 eingeräumte **Duldungspflicht** besteht unter folgenden Voraussetzungen:

a) Die Gebäude (= bauliche Anlagen i. S. d. § 2 Abs. 2 SächsBauO; nicht erforderlich ist, dass es sich um Wohnbebauung handelt) von Nachbar und Eigentümer müssen unmittelbar aneinander angrenzen. Es liegt somit eine Abweichung von dem Grundsatz in § 1 vor, wonach ein enger örtlicher Zusammenhang (zum Begriff vgl. § 1 Anm. 3) zwischen zwei Grundstücken ausreicht, um ein Nachbarschaftsverhältnis zu begründen. Erforderlich ist in jedem Fall, dass die Gebäude eine bauliche Verbindung aufweisen (z. B. Reihenhäuser oder Doppelhaushälften); es genügt nicht, wenn lediglich eine unmittelbare Nachbarschaft der Grundstücke gegeben ist, eine bauliche Verbindung der Gebäude aber nicht besteht (Dehner, B § 28a II 1; Schäfer, § 26 Rdnr. 2; a. M. Bauer/Schlick, § 17 Anm. 2 bei allerdings auch leicht abweichendem Wortlaut; offen gelassen von

Postier, BbgNRG § 25 Anm. 1.1). Die Vorschrift dürfte daher vorrangig in städtischen Gebieten Sachsens Bedeutung erlangen. Im Übrigen wird zumeist bei einer derartigen Konstellation auch die für eine Duldungspflicht erforderliche Beeinträchtigung des Nachbargrundstücks nicht vorliegen.

b) Durch die unmittelbare Nachbarschaft der beiden Gebäude muss die **Betriebsfähigkeit** von Schornsteinen, Lüftungsschächten oder Antennenanlagen des niedrigeren Gebäudes ausgeschlossen sein. Der Begriff des Schornsteins wird als technischer Begriff zwar kaum noch verwendet (vgl. aber § 42 SächsBauO), hat sich aber allgemein eingebürgert. Unter einem Lüftungsschacht versteht man eine senkrechte Lüftungsleitung (Dehner, B § 28a I 2). Da nur bei senkrechten Lüftungsleitungen eine Höherführung in Betracht kommt, wurde auf die Aufnahme von Lüftungskanälen (waagerechte Lüftungsleitung) oder des Oberbegriffes der Lüftungsleitung in den Gesetzestext verzichtet. Nach dem Sinn und Zweck der Vorschrift ist unter einer Antennenleitung die herkömmliche Dachantenne ebenso zu verstehen, wie eine Parabolantenne („Satellitenschüssel"). Der Anschluss an ein Datenübertragungskabel steht einer Antennenanlage gleich. Es muss sich um eine Empfangsantenne handeln, sodass reine Sendeantennen ohne Einwilligung des Eigentümers nicht angebracht werden dürfen (Schäfer, § 26 Rdnr. 7; Bauer/Schlick, § 17 Nr. 3a). Hierunter fallen insbesondere Amateurfunkantennen, für die allein die Vorschriften des Amateurfunkgesetzes vom 23.06.1997 (BGBl. I S. 1494, zuletzt geändert durch Artikel 8 des Gesetzes vom 04.11.2016 (BGBl. I S. 2473 – AFuG 1997) und der Amateurfunkverordnung vom 23.12.1997 (BGBl. I 1998 S. 42) gelten.

Der Ausschluss der **Betriebsfähigkeit** bezieht sich bei Schornsteinen und Lüftungsschächten auf eine verminderte Abzugsfähigkeit, bei Antennenanlagen auf eine gestörte oder aufgehobene Empfangsleistung. Dabei ist die Drittwirkung des Grundrechts des gestörten Nachbarn nach Art. 5 Abs. 1 Satz 1 Halbs. 2 GG, sich aus allgemein zugänglichen Quellen ungehindert zu unterrichten, auch in einem

Nachbarschaftsstreit nach § 26 zu beachten. Nach der Rechtsprechung des Bundesverfassungsgerichts (Beschluss vom 24.01.2005 – 1 BvR 1953/00 – juris, vgl. auch BGH, Urteil vom 10.01.2007 – VIII ZR 260/06 –, Rdnr. 13, juris) muss beispielsweise das Interesse ständig in Deutschland lebender Ausländer am Empfang von Rundfunkprogrammen ihrer Heimatländer im Sinne einer Grundversorgung berücksichtigt werden. Ausnahmsweise kann daher ein Anspruch nach § 26 auch gegeben sein, obwohl auch ohne diesen eine vorhandene Antennenanlage grundsätzlich betriebsfähig wäre. Außerhalb dieses Bereichs setzt aber nach dem Wortlaut der Norm ein Befestigungsrecht voraus, dass hierdurch die Betriebsfähigkeit einer Anlage nicht lediglich verbessert, sondern **hergestellt** wird.

Die vorhandene Einrichtung muss grundsätzlich funktionstauglich sein; ist sie dies nicht oder nur eingeschränkt, besteht kein Recht, eine solche Anlage auf dem Gebäude des Eigentümers höher zu führen, vielmehr ist diese zuvor von dem Nachbarn instand zu setzen.

c) Die Hochführung der Anlagen (Befestigung) muss für die Wiederherstellung oder Aufrechterhaltung der Betriebsfähigkeit erforderlich sein. Eine solche **Erforderlichkeit** ist von dem Nachbarn im Prozess vorzutragen und zu beweisen, wofür i. d. R. ein Sachverständigengutachten vonnöten sein wird. Welche Parameter hier heranzuziehen sind, lässt § 26 Abs. 1 offen. Ebenso wie in § 25 Abs. 1 BbgNRG oder § 17 ThürNRG kommt es für Schornsteine und Lüftungsanlagen neben der Betriebsfähigkeit auf die Einhaltung öffentlich-rechtlicher Vorschriften an. Darüber hinaus ist auch ein Kostenvergleich anzustellen: wäre die Befestigung ohne Inanspruchnahme des Nachbargrundstückes zwar möglich, jedoch mit unverhältnismäßigen Kosten für den Nachbar verbunden, ist sie gleichfalls erforderlich. Voraussetzung ist aber ein bei einem Kostenvergleich festzustellendes grobes Missverhältnis und zudem eine auch in absoluten Zahlen erhebliche Kostenbelastung (vgl. insoweit Anm. 2b und § 19 Anm 2b). Für Thüringen, wo dies ausdrücklich formuliert ist, wird in der Kommentarliteratur (Bauer/Schlick, § 17 Anm. 3) eine unverhältnismäßige Kostenbelastung bei Gesamtkosten für die Befestigung auf dem eigenen Grundstück von unter 2000 € verneint, für Sachsen dürften ähnliche Werte gelten. Ästhetische Belange geben ebenfalls kein Recht zur Benutzung des Eigentümergebäudes. Auch spielt es keine Rolle, ob der Eigentümer durch den nachträglichen Bau seines Gebäudes die Störung hervorgerufen hat, wenn der Nachbar diese auch durch eine Hochführung an seinem eigenen Gebäude beseitigen könnte. Verschuldensgesichtspunkte sind der Regelung in § 25 fremd und bleiben daher außer Betracht (so auch Bauer/Schlick, § 17 Anm. 4), ohne Belang ist auch, welchem Beteiligten eine Störung ursächlich zuzurechnen ist. Es ist daher in jedem Fall unerheblich, welches der benachbarten Gebäude zuerst errichtet wurde (Schäfer, § 17 Erl. 3; Dehner, B § 28a II 2).

Die **Art und Weise der Ausführung** bemisst sich nach den baulichen Voraussetzungen der benachbarten Gebäude, der baurechtlichen Zulässigkeit und der Frage, wie eine optimale Betriebsfähigkeit der Anlage unter Berücksichtigung der Beeinträchtigungen für den Eigentümer am besten gewährleistet werden kann. Durch die Befestigung darf aber die Nutzung des Gebäudes nicht eingeschränkt werden, was z. B. bei einer Befestigung vor einem Fenster der Fall wäre. Die Arbeiten selbst sind vom Nachbarn auszuführen, eine Verpflichtung des Eigentümers, die über die Duldung der Arbeiten hinausgeht, besteht nicht. Auch kann der Eigentümer nicht verpflichtet werden, bei der baulichen Gestaltung seines Gebäudes auf bestimmte Ausstattungsmerkmale zu verzichten, um die Betriebsfähigkeit der nachbarlichen Anlagen zu gewährleisten. Die Kosten für die Höherführung der Anlage hat der Nachbar zu tragen.

d) Die durch die Vornahme dieser Arbeiten hervorgerufene Belastung des Eigentümers darf nicht zu einer **unverhältnismäßigen** Beeinträchtigung führen. Trotz der unterschiedlichen Formulierungen sind für die Beurteilung der Verhältnismäßigkeit die in den §§ 19 und 21 enthaltenen Kriterien heranzuziehen. Die Betriebsfähigkeit darf somit nicht durch Maßnahmen auf dem Nachbargrundstück herzustellen sein, die mit zumutbaren Kosten durchgeführt werden können; ferner muss die hervorgerufene Beeinträchtigung für den Eigentümer zumutbar sein. Als unverhältnismäßig dürfte es z. B. anzusehen sein, wenn die Schwingungen einer Antenne zu lang andauernden und häufigen Geräuschen führen (Schäfer, § 17 Erl. 6) oder ein höher geführter Schornstein nicht über genügende Abzugsfähigkeit verfügt.

e) Ungeschriebenes Tatbestandsmerkmal ist, ebenso wie in den §§ 19 und 24, die **„materielle" Zulässigkeit** der Einrichtung nach öffentlich-rechtlichen Vorschriften. Eine Duldungspflicht für ein Vorhaben, das baurechtlich nicht genehmigungsfähig ist, würde die Rechte des Eigentümers zu weitgehend beeinträchtigen und ist deshalb abzulehnen. Ebenso wenig wie im Falle eines Notleitungsrechts (vgl. § 19 Anm. 4) ist aber bei der Höherführung von Anlagen das Vorliegen einer bestandskräftigen Genehmigung nach öffentlich-rechtlichen Vorschriften erforderlich; es genügt vielmehr die materielle Genehmigungsfähigkeit des Vorhabens, da bei deren Vorliegen ohnehin ein Anspruch auf eine solche Genehmigung besteht, sodass die Rechtsposition des Eigentümers durch einen Verzicht hierauf im Rahmen der nachbarrechtlichen Ansprüche nicht geschmälert wird.

f) Die Duldungspflicht kann im Streitfall nur auf der Grundlage eines Vollstreckungstitels durchgesetzt werden. Zu einer unmittelbaren Selbsthilfe berechtigt sie nicht (vgl. Anm. 1 zu § 27). Es empfiehlt sich daher auch hier, das Hochführungsrecht durch eine Grunddienstbarkeit, u. U. auch durch eine öffentlich-rechtliche Baulast zu sichern.

2. Abs. 2 enthält die für eine wirkungsvolle Umsetzung des Rechts zur Höherführung von Schornsteinen, Lüftungsschächten und Antennenanlagen erforderlichen **„Folgerechte"** des Nachbarn.

a) Bei dem Recht, diese Anlage vom Grundstück des Nachbarn zu unterhalten und zu reinigen, handelt es sich um ein sog. Tret- oder Trepprecht, das dem in § 7 Abs. 1 Satz 2 und in § 21 vergleichbar ist. **Unterhaltung** beinhaltet alle Maßnahmen, die aus der Sicht des Unterhaltungspflichtigen erforderlich sind, um die Anlage in einer ihrem Zweck entsprechenden Beschaffenheit zu erhalten, also insbesondere Wartungs- und Reparaturmaßnahmen, daneben aber auch die Anpassung an veränderte technische Gegebenheit, wenn anderenfalls die Stilllegung der Anlage droht (vgl. Bauer/Schlick, § 17 Anm. 4b). Bei den in Nr. 2 genannten Einrichtungen handelt es sich in erster Linie um solche, die die Erreichbarkeit der Anlagen erleichtern sollen (dienendes Zubehör) oder die Arbeiten an diesen sicherer machen, wie Gerüste, Stege, Steigleitern u. Ä.

b) Voraussetzung für die Inanspruchnahme dieser Rechte ist freilich, dass die erforderlichen Unterhaltungsmaßnahmen anders nicht oder nur mit **unverhältnismäßig hohen Kosten** durchgeführt werden könnten. Hierbei ist die Kostenbelastung für den Nachbarn gegenüberzustellen, die diesem entstünde, wenn er die Höherführung auf seinem Gebäude vornähme. Eine pauschalierende Betrachtungsweise ist abzulehnen, vielmehr ist nach dem jeweiligen Einzelfall zu entscheiden, wobei ein strenger Maßstab anzulegen ist, da die durch die Arbeiten zwangsläufig für den Eigentümer eintretenden Belästigungen möglichst gering gehalten werden sollen. Der Gesetzgeber hat aus diesem Grund davon Abstand genommen, eine derartige Duldungspflicht für den Fall zu begründen, dass die Arbeiten anders nicht zweckmäßig ausgeführt werden können, wie dies z. B. in § 49 NdsNRG, § 17 ThürNRG und in § 17 RhPflNRG geregelt wurde. Als **unverhältnismäßig** dürfte eine Mehrkostenbelastung über 50 % anzusehen sein (vgl. § 19 Anm. 2b). Lässt sich eine Maßnahme anders nicht oder nur mit unverhältnismäßig hohen Kosten durchführen, kommt es nicht darauf an, ob der Eigentümer hierdurch unverhältnismäßig beeinträchtigt wird, auch eine solche Beeinträchtigung hat er dann regelmäßig in Kauf zu nehmen. Hieraus folgt aber noch nicht das Recht des Nachbarn, zur Vornahme der Arbeiten auch das Wohnhaus des Eigentümers zu betreten, selbst wenn sich die Arbeiten anders nicht durchführen lassen. Die Entscheidung des SächsVerfGH vom 25.10.1996 (vgl.

§ 24 Anm. 5d) zum Hammerschlags- und Leiterrecht ist auch insoweit zu beachten. Als Gegenstück zur Hinnahme dieser Beeinträchtigung erhöht sich die nach § 29 zu zahlende Entschädigung (vgl. § 29 Anm. 2).

c) Die Ausübung der Rechte aus § 26 Abs. 2 ist nach § 27 einen Monat vor der Aufnahme der Tätigkeit von dem Nachbarn **anzuzeigen**. Dies gilt nicht für die vorgeschriebenen Tätigkeiten des **Bezirksschornsteinfegermeisters** im Rahmen der ihm nach dem Schornsteinfeger-Handwerksgesetz (SchHWG) vom 26.11.2008 (BGBl. I S. 2242), zuletzt geändert durch Artikel 1 des Gesetzes vom 17.07.2017 (BGBl. I S. 2495) zugewiesenen Aufgaben. Nach § 1 Abs. 3 SchHWG ist jeder Eigentümer oder Besitzer eines Grundstücks oder eines Raums verpflichtet, dem bevollmächtigten Bezirksschornsteinfeger für die Durchführung der diesem zugewiesenen Aufgaben, Zutritt zu den Grundstücken und Räumen zu gestatten, sowie für kleinere Arbeiten. Zu Einzelheiten der Anzeigepflicht vgl. die Kommentierung zu § 27 Anm. 5.

3. Als Ausnahme von den Absätzen 1 und 2 hat der Nachbar kein Recht zur Höherführung und Unterhaltung von Schornsteinen, Lüftungsschächten und Antennenanlagen, wenn der Eigentümer bereits eine ausreichend bemessene Einrichtung (z. B. eine Gemeinschaftsantenne an einem benachbarten Mehrfamilienhaus) vorhält und den Anschluss hieran gestattet. Abs. 3 enthält insofern eine **Einrede des Eigentümers**. Im Gegensatz zu anderen Nachbarrechtsgesetzen (z. B. § 17 Abs. 3 ThürNRG) ist diese nicht auf Antennenanlagen beschränkt. Allerdings kann der Nachbar nur auf die Benutzung einer funktionstüchtigen Anlage („geeigneten“) verwiesen werden. Sind hierfür noch Arbeiten erforderlich, so muss der Eigentümer diese auf **eigene Kosten** vornehmen, wenn er die Rechte des Nachbarn aus den Absätzen 1 und 2 abwehren will (Bauer/ Schlick, § 17 Anm. 5; Schäfer, § 26 Rdnr. 12). Unternimmt der Eigentümer auf Fristsetzung des Nachbarn keine Anstalten, seine Anlage so auszubauen, dass ein Anschluss möglich wird, so er-

lischt dessen Einrede aus § 26 Abs. 3 und die Rechte aus den Absätzen 1 und 2 leben wieder auf. Einen Anspruch des Nachbarn, auf die Geltendmachung des Befestigungsrechts nach Abs. 1 zu verzichten und sich stattdessen an die Anlage des Eigentümers anzuschließen, sieht das Gesetz jedoch nicht vor; insoweit hat der Eigentümer die Wahl, ob er eine Befestigung gestattet oder dem Nachbarn den Anschluss an seine Anlage ermöglicht (a. A. wohl Bauer/Schlick, § 17 Anm. 5, die von einer Duldungspflicht ausgehen).

Schließt der Nachbar an eine Anlage des Eigentümers an, so entsteht zwischen Nachbar und Eigentümer eine BGB-Gesellschaft gem. §§ 705 ff. BGB, sodass die Kosten für Unterhalt und Betrieb nach § 706 BGB von den Parteien zu gleichen Teilen getragen werden müssen, wenn diese nicht eine andere Regelung vereinbaren (a. A. Kayser/Keinhorst, § 26 Rdnr. 16; Schäfer, § 26 Rdnr. 12, Bauer/Schlick, § 17 Anm. 5 die von einer Anwendbarkeit der Vorschriften über die Gemeinschaft ausgehen; wie hier Bauer/Schlick, § 17 Rdnr. 5; an der grundsätzlichen Pflicht des Nachbarn, sich an den Kosten der angeschlossenen Anlage zu beteiligen, ändert sich hierdurch nichts). Die von dem Nachbarn angebauten Leitern, Stege, etc. bleiben als Scheinbestandteile gem. § 95 Abs. 1 Satz 2 BGB in dessen Eigentum und können von diesem jederzeit wieder entfernt werden.

Siebenter Abschnitt
Gemeinsame Bestimmungen

§ 27
Anzeigepflicht

(1) Die Ausübung der Rechte aus § 21, § 24 oder § 26 Abs. 2 ist dem Eigentümer spätestens einen Monat, die Ausübung der Rechte aus § 4, § 19 Abs. 1 und § 26 Abs. 1 ist dem Eigentümer spätestens zwei Monate vor Durchführung der geplanten Maßnahme anzuzeigen. Die Ausübung des Rechts aus § 19 Abs. 2 ist dem Nachbarn spätestens einen Monat vor Durchführung der Arbeiten anzuzeigen. Die vorgeschriebenen Tätigkeiten

des Bezirksschornsteinfegermeisters, notwendige Besichtigungen zu duldender Anlagen sowie kleinere Arbeiten, die den Eigentümer nicht belästigen, bedürfen keiner Anzeige nach Satz 1.

(2) Die Anzeige muss schriftlich erfolgen und detaillierte Angaben zu Art und Umfang der geplanten Rechtsausübung enthalten.

(3) Etwaige Einwendungen gegen die beabsichtigte Rechtsausübung sollen unverzüglich erhoben werden. Sie sind schriftlich geltend zu machen.

(4) Ist der Aufenthalt des Eigentümers und seines Vertreters nicht bekannt und sind diese nur mit unverhältnismäßig hohem Aufwand alsbald erreichbar, so genügt die Anzeige an den unmittelbaren Besitzer oder in den Fällen des § 1 Abs. 2 an denjenigen, der im Grundbuch als Eigentümer eingetragen ist.

(5) § 904 des Bürgerlichen Gesetzbuches (BGB) bleibt unberührt.

Erläuterungen

1. Bestimmte Vorhaben nach diesem Gesetz bedürfen vor ihrer Durchführung der **Anzeige** an den belasteten Eigentümer. Der Gesetzgeber hat davon abgesehen, in jedem in Betracht kommenden Einzelfall die Anzeigepflicht zu regeln und stattdessen mit § 27 eine Vorschrift geschaffen, die als gemeinsame Bestimmung für anzeigepflichtige Vorhaben gilt. Es handelt sich bei dieser Vorschrift um eine verfassungsmäßige Inhalts- und Schrankenbestimmung gem. Art. 14 GG. Dem Eigentümer soll durch die Anzeigeverpflichtung die Möglichkeit eröffnet werden, etwaige Einwendungen bereits im Vorfeld geltend zu machen, um einem möglichen Konflikt im Nachbarschaftsverhältnis vorzubeugen bzw. ihn zu entschärfen (vgl. § 4 Anm. 7). Die Anzeige ist Voraussetzung für die Ausübung des Rechts, nicht aber Bedingung des Duldungsanspruchs. Erklärt sich der Verpflichtete nicht, darf der Berechtigte daher das Nachbargrundstück ohne Weiteres für die Durchführung der Arbeiten betreten und nutzen. Verweigert sich der Verpflichtete, darf der Berechtigte – außer im Fall des Notstands (§ 904 BGB, s. hierzu 8.) – sein Recht nicht im Wege der Selbsthilfe durchsetzen; vielmehr muss er Duldungsklage erheben und darf das Nachbargrundstück

erst aufgrund einer gerichtlichen Entscheidung in Anspruch nehmen (BGH, Urteil vom 14.12.2012 – V ZR 49/12 –, Rdnr. 15, juris; OLG Hamm, Beschluss vom 13.10.2011 – 5 W 48/11, juris Rdnr. 14). Bei der Formulierung ist darauf zu achten, den Klageantrag dahingehend zu formulieren, dass die Arbeiten erst einen Monat nach dem Zugang der Mitteilung über den beabsichtigten Arbeitsbeginn ausgeführt werden sollen. Erst im Zwangsvollstreckungsverfahren hat der Nachbar durch eine öffentliche oder öffentlich beglaubigte Urkunde nachzuweisen, dass er der Mitteilungspflicht nachgekommen ist (§ 726 Abs. 1 ZPO).

2. Abs. 1 gliedert Eingriffe nicht völlig unwesentlicher Art je nach ihrer Schwere in solche, die einen Monat vor der Ausführung, und solche, die zwei Monate vor der Ausführung angezeigt werden müssen. Voraussetzung für deren Zulässigkeit ist eine rechtzeitige Information des Duldungspflichtigen, damit dieser vermeidbare Beeinträchtigungen abwenden kann. Da die Eingriffe beim Duldungspflichtigen unterschiedlich schwer wiegen, ist eine **differenzierte Anzeige** der Maßnahme geboten. Satz 3 nimmt völlig untergeordnete Eingriffe von dem Erfordernis der formellen Anzeige aus, wenn sie nicht einmal zu einer leichten Belästigung führen.

3. Eingriffe von einigem Gewicht, die dem belasteten Grundstückseigentümer spätestens **einen Monat** vor der geplanten Durchführung anzuzeigen sind, sind:

- das Betretungs-, Transport- und Lagerungsrecht des Nachbarn aus § 21 zur Verlegung, Änderung, Unterhaltung oder Beseitigung einer Wasserversorgungs- oder Abwasserleitung (vgl. oben die Anm. zu § 21),
- das Hammerschlags-, Leiter- und Schaufelschlagrecht des § 24 (vgl. oben die Anm. zu § 24)
- sowie auch das Recht des Nachbarn aus § 26 Abs. 2 zur Unterhaltung und Reinigung höher geführter Schornsteine, Lüftungsschächte und Antennenanlagen sowie das Anbringen der hierfür erforderlichen Einrichtungen (vgl. oben die Anm. zu § 26 Abs. 2).

Schwerwiegendere Eingriffe, die dem belasteten Grundstückseigentümer spätestens **zwei Monate** vor der geplanten Durchführung anzuzeigen sind, sind:

- die Ausübung des Einfriedungsrechts aus § 4 (vgl. oben die Anm. zu § 4), selbst wenn die Einfriedung gem. § 4 Satz 1 auf dem eigenen Grundstück vorgenommen werden soll und die Beeinträchtigung des Nachbargrundstückes eher unwahrscheinlich ist,
- das Recht des Nachbarn aus § 19 Abs. 1, Wasserversorgungs- und Abwasserleitungen durch das Grundstück des belasteten Eigentümers zu verlegen (vgl. oben die Anm. zu § 19)
- sowie auch das Recht des Nachbarn, unter den Voraussetzungen des § 26 Abs. 1 Schornsteine, Lüftungsschächte und Antennenanlagen am höheren Gebäude des belasteten Eigentümers zu befestigen (vgl. oben die Anm. zu § 26).

4 § 19 Abs. 2 räumt dem duldungspflichtigen Eigentümer seinerseits das Recht ein, sein Grundstück an die vom Nachbarn nach § 19 Abs. 1 verlegten Leitungen anzuschließen. Die Ausübung dieses Rechts hat der Grundstückseigentümer dem zur Verlegung der Leitungen berechtigten Nachbarn nach Abs. 1 Satz 2 spätestens **einen Monat** vor der Durchführung der Arbeiten anzuzeigen.

5. Die Absätze 2 und 3 enthalten die Anforderungen an die Anzeige und die Verpflichtung des Eigentümers zu baldiger Reaktion. Aus Beweissicherungsgründen und zur Streitvermeidung müssen sowohl die Anzeige nach Abs. 2 als auch die Erhebung von Einwänden nach Abs. 3 **schriftlich** erfolgen. Dennoch können Fragen dann auftauchen, wenn eine ausdrückliche schriftliche Zustimmungserklärung zu einer beabsichtigten und angezeigten Rechtsausübung nicht vorliegt. Insoweit dürfte zu trennen sein:

Die Anzeige nach Abs. 2 muss schriftlich erfolgen unter genauer Angabe und Bezeichnung der geplanten Maßnahmen. Aus Nachweisgründen sollte dies nur gegen Empfangsbestätigung oder Einschreiben mit Rückschein erfolgen. Dabei ist sowohl der Beginn der

Arbeiten nach Tag und Uhrzeit anzugeben als auch der voraussichtliche Umfang der Arbeiten so genau wie möglich zu umreißen (BGH, Urteil vom 14.12.2012 – V ZR 49/12 –, Rdnr. 13, juris). Dies ist erforderlich, weil jede der vom Nachbarn geplanten Maßnahmen im Rahmen der bezeichneten Vorschriften einen Eingriff in Rechtspositionen des Eigentümers darstellt, auf die er sich einstellen und deren Berechtigung er überprüfen können muss. Deshalb erstreckt sich die Anzeigepflicht nach Abs. 1 nicht nur auf die reine Tatsache der geplanten Ausübung des jeweiligen Rechts und der damit verbundenen Grundstücksnutzung. Mitzuteilen sind vielmehr alle wesentlichen Angaben über Art und Umfang der geplanten Maßnahme, also alle Einzelheiten, die der Eigentümer (Nachbar im Falle des Absatzes 1 Satz 2) kennen muss, um etwaige Einwendungen geltend machen zu können. Damit soll sichergestellt werden, dass sich der Verpflichtete auf etwaige Behinderungen einstellen kann und genügend Zeit zur Prüfung hat, z. B. um Vorkehrungen zur Vermeidung von etwaigen Behinderungen oder Störungen zu treffen. Wo dies für eine ordnungsgemäße Prüfung erforderlich ist, sind der Anzeige Baupläne und Berechnungen beizufügen (OLG Hamm, Urteil vom 16.01.2012 – I-5 U 94/11 – openJur 2012, 84506).

Die Frist beginnt mit dem Zugang der Anzeige an den Anzeigeberechtigten zu laufen. Vor Ablauf der Frist darf das Recht nicht ausgeübt werden, sofern nicht ein Fall des § 904 BGB vorliegt (Abs. 5).

Fraglich ist, ob auch die Zustimmung des Eigentümers (Nachbarn im Falle des § 19 Abs. 1 Satz 2) schriftlich erfolgen muss oder ob aus dem Schweigen des nach Abs. 3 Verpflichteten auf Zustimmung geschlossen werden kann. Einwendungen gegen die geplante und angezeigte Maßnahme sind unverzüglich (ohne schuldhaftes Zögern) und schriftlich geltend zu machen. Es bietet sich darüber hinaus schon aus Gründen der Rechtssicherheit und -klarheit an, auch die Zustimmung schriftlich zu erteilen. Gefordert wird dies vom Gesetz nicht. Auch die allgemeinen Vorschriften des BGB über Willenserklärungen und Verträge enthalten für derartige Fälle keine gesonderten Formerfordernisse. Die Zustimmung kann mithin auch konkludent erfolgen. So kann in der Regel das bloße Schweigen des Eigentümers/Nachbarn auf die nach Abs. 1 obligatorische Anzeige als stillschweigende Zustimmung ausgelegt werden. Dies allerdings erst, wenn dem Eigentümer/Nachbarn eine gewisse Überlegungsfrist zur Geltendmachung etwaiger Einwände eingeräumt wurde. D. h., mit den Vorbereitungen für die geplante Maßnahme sollte sinnvollerweise erst nach Ablauf dieser Überlegungsfrist begonnen werden. Für die Dauer dieser Überlegungsfrist trifft das Gesetz keine Anforderungen. Man wird daher je nach Grad der zu erwartenden Beeinträchtigung für den Eigentümer/Nachbarn zu unterscheiden haben: Die Überlegungsfrist für Maßnahmen des Abs. 1 Satz 1, Alt. 2 dürfte länger zu bemessen sein als die des Abs. 1 Satz 1 Alt. 1 bzw. des Absatzes 1 Satz 2.

Die Einwendungen, sollten sie erhoben werden, sind nach Abs. 3 unverzüglich schriftlich geltend zu machen. Die Unverzüglichkeit entspricht dabei der Legaldefinition des § 121 Abs. 1 BGB: ohne schuldhaftes Zögern, weil diese Begriffsbezeichnung grundsätzlich für das gesamte Privatrecht gilt (vgl. Palandt/Ellenberger, § 121 Rdnr. 3). Unverzüglich bedeutet nicht sofort, da demjenigen, der einwendungsberechtigt ist, Gelegenheit zur Prüfung, Überlegung und zur Einholung von ggf. (Rechts-)Rat gegeben werden muss. Obergrenze für eine derartige Prüfungs- und Überlegungsfrist dürfte aber auch in den hier angesprochenen Fällen in der Regel eine Frist von zwei Wochen sein (vgl. OLG Hamm, NJW-RR 1990, 523; Palandt/Ellenberger, a. a. O.)

6. **Anzeigepflichtig** ist der Nachbar bzw. Eigentümer (oder Erbbauberechtigter bzw. Nutzer i. S. d. § 1). Adressat der Anzeige ist ebenfalls der in § 1 bezeichnete Personenkreis. Bei Mit- oder Gesamthandeigentum (z. B. einer WEG) ist grundsätzlich jeder Berechtigte zu informieren. Nur schuldrechtlich am Grundstück berechtigte Personen sind nur bei gesonderter Bevollmächtigung anzeigeberechtigt bzw. zur wirksamen Entgegennahme der Anzeige befugt. Hiervon macht allerdings Abs. 4 eine Ausnahme. Danach genügt die Anzeige an den unmittelbaren Besitzer, wenn die eigent-

lichen Adressaten in zumutbarer Weise nicht erreichbar sind. Mit der Formulierung „als Eigentümer eingetragen“ soll klargestellt werden, dass hier die Begriffsbestimmungen des § 1 Abs. 1 Satz 2, Abs. 2 nicht gelten sollen. Ist nach einem Erbfall noch nicht klar, wer das Grundstück erhält oder sind die Erben generell unbekannt, kann die Anzeige an denjenigen gerichtet werden, der das Grundstück derzeit tatsächlich nutzt (Abs. 4). Gibt es einen unmittelbaren Besitzer nicht und liegt das Grundstück brach, kann der Nachbar, will er nicht bis zur Klärung der Erbangelegenheit abwarten, beim Nachlassgericht eine Nachlasspflegschaft anregen. Für Eilfälle gilt Abs. 5 in Verbindung mit § 904 BGB (s. hierzu 8.).

7. Sofern der betroffene Eigentümer (Nachbar) nach erfolgter, schriftlich begründeter Anzeige Einwendungen nach Abs. 3 erhebt, darf mit den vorgesehenen Maßnahmen nicht begonnen werden. Ein Betreten oder Benutzen des Grundstücks des verpflichteten Eigentümers entgegen dessen Willen wäre verbotene Eigenmacht (§ 858 Abs. 1 BGB), gegen die sich der Eigentümer zur Wehr setzen (§ 859 Abs. 1 BGB) und die er mit der Klage auf Unterlassung der Besitzstörung abwehren kann (§ 862 Abs. 1 BGB). Der berechtigte Nachbar könnte sich demgegenüber nicht mehr mit Erfolg darauf berufen, dass ihm nach den in Abs. 1 genannten materiellen Vorschriften eine Befugnis zur Inanspruchnahme des benachbarten Grundstückes zusteht. Die durch das Nachbarrecht eingeräumten Rechtspositionen müssen notfalls im Klagewege durchgesetzt werden, ein eigenmächtiges Handeln gestatten sie nicht. Der Nachbar muss also einen **gerichtlichen Duldungstitel** erwirken, bevor er mit der Ausführung seiner geplanten Maßnahme beginnt. Hierbei muss er bereits im Klagantrag genau umschreiben, welche konkrete Inanspruchnahme seines Grundstücks der Eigentümer zu dulden hat, auch der Urteilstenor ist nur dann vollstreckbar, wenn er die Duldungspflicht hinreichend klar umreißt.

8. Abs. 5 stellt klar, dass die Anzeigepflicht im **Notstand** nicht gilt. Gegen den Willen des Grundstückseigentümers und ohne Vorliegen eines Duldungstitels ist eine Inanspruchnahme des Nachbargrund-

stückes nur dann gerechtfertigt, wenn die Einwirkung zur Abwendung einer gegenwärtigen Gefahr notwendig und der drohende Schaden gegenüber dem aus der Einwirkung dem Eigentümer entstehenden Schaden unverhältnismäßig groß ist (§ 904 BGB). Eine derartige Notstandshandlung kann z. B. bei Brand oder bei schweren Unwetterschäden vorliegen. Dabei ist die Notwendigkeit objektiv zu bestimmen; die Beweislast trägt derjenige, der sich auf die Rechtfertigung durch § 904 beruft (Palandt/Herrler, § 904 Rdnr. 3).

§ 28
Schadensersatz

(1) Ein Schaden, der dem Eigentümer durch Ausübung der Rechte des Nachbarn nach § 4, § 7 Abs. 1 Satz 2, § 19 Abs. 1, §§ 21, 24 oder § 26 Abs. 1 oder 2 oder aufgrund Geltendmachung seines eigenen Anspruchs nach § 22 entsteht, ist von dem Nachbarn zu ersetzen. Hat der Eigentümer den Schaden mitverursacht, so hängt die Ersatzpflicht sowie der Umfang der Ersatzleistung von den Umständen ab, insbesondere davon, inwieweit der Schaden vorwiegend von dem einen oder anderen Teil verursacht worden ist; in dem Fall des § 22 gilt die Geltendmachung des Anspruchs durch den Eigentümer nicht als Mitverschulden.

(2) Abs. 1 gilt entsprechend für einen Schaden, der dem Nachbarn durch Ausübung des Rechts aus § 19 Abs. 2 entsteht.

Erläuterungen

1. Bei der Ausübung der Rechte des Nachbarn aus den §§ 4 (Einfriedungsrecht), 7 Abs. 1 Satz 2 (Betretungsrecht), 19 Abs. 1 (Leitungsdurchführungsrecht), 21 (Betretungsrecht), 24 (Hammerschlags-, Leiter- und Schaufelschlagrecht), 26 Abs. 1 oder 2 (Hochführen von Schornsteinen, Lüftungsschächten und Antennen) bzw. auch im Fall des § 22 (Nachträgliche erhebliche Beeinträchtigungen) kann dem Eigentümer, dem Erbbauberechtigten oder dem Nutzer des betroffenen Grundstücks nach § 1 Abs. 2 Nr. 2 ein Schaden entstehen. Da die genannten Maßnahmen nicht von der ausdrücklichen Einwilligung (s. o. zu § 27) und dem Interesse

des Eigentümers abhängig sind, sieht Abs. 1 Satz 1 aus Billigkeitserwägungen eine **Gefährdungshaftung** des handelnden Nachbarn vor, da die den Schaden verursachende Maßnahme allein in seinem Interesse erfolgt ist. Wenn dem benachbarten Grundstückseigentümer schon die Ausübung des Rechts durch den Nachbarn zugemutet wird, so soll ihm bei der Entstehung eines Schadens dafür die Vergünstigung gewährt werden, ohne Rücksicht auf das Verschulden Ersatz verlangen zu können.

2. **Schadensersatzpflichtig** ist der Nachbar, der eines der in Abs. 1 Satz 1 aufgezählten Rechte ausübt; **schadensersatzberechtigt** ist der Eigentümer des betroffenen benachbarten Grundstückes. Sind mehrere Personen Eigentümer, Erbbauberechtigte oder dingliche Nutzer des betroffenen Grundstücks, dann steht ihnen der Schadensersatzanspruch gemeinschaftlich zu. Lediglich obligatorisch am Grundstück Berechtigte (Mieter, Pächter) können dagegen Ansprüche aus § 28 nicht herleiten (vgl. oben § 1 Anm. 1); diese können allerdings bei Vorliegen der Voraussetzungen einen selbständigen Schadensersatzanspruch nach § 823 BGB haben. Eine Anspruchskonkurrenz besteht hier aber in der Regel nicht, da die Beeinträchtigung des Eigentums nicht rechtswidrig ist, wenn die Voraussetzungen der §§ 4, 7 Abs. 1 Satz 2, 19 Abs. 1, 21, 24 und 26 Abs. 1 und 2 vorliegen. Nach seinem Wortlaut, der den Schadensersatzanspruch an die „Ausübung eines Rechts" des Nachbarn bindet, scheint der Anspruch nur dann gegeben zu sein, wenn der Nachbar auch rechtmäßig gehandelt, das heißt auch seiner Anzeigepflicht nach § 27 genügt hat. Sinn und Zweck des § 28 gebieten jedoch eine andere Auslegung. Die Erfüllung dieser Anzeigepflicht ist hiernach lediglich Voraussetzung für die Ausübung dieser Rechte, nicht aber für Gegenansprüche des Nachbarn. Denn die Norm will den zur Duldung verpflichteten und insoweit teilenteigneten Grundstücksnachbarn schützen, keineswegs aber den Usurpator fremder Rechtsmacht (LG Tübingen, Urteil vom 20.11.2008 – 1 S 233/05 –, Rdnr. 10, juris). War die Ausübung dieser Rechte zugleich zur Abwehr einer drohenden Gefahr notwendig, kann eine Anspruchs-

konkurrenz zu § 904 BGB gegeben sein. Allein auf die allgemeinen Vorschriften der §§ 823 ff. BGB ist jedenfalls dann abzustellen, wenn der angerichtete Schaden in keinem inneren Zusammenhang mit der Rechtsausübung steht, also nur „bei Gelegenheit" dieser Rechtsausübung erfolgt ist (z.B. Diebstähle auf dem Grundstück des betroffenen Eigentümers). Denn § 28 umfasst nur die „in Ausübung" der Rechte nach Abs. 1 Satz 1 entstandenen Schäden.

Fraglich ist allerdings, ob ein solcher innerer Zusammenhang auch dann besteht, wenn der Nachbar das Grundstück des Eigentümers versehentlich in Anspruch nimmt. In dem der o.a. Entscheidung des LG Tübingen zugrunde liegenden Sachverhalt, hatte ein Bauherr ein Bauunternehmen mit der Errichtung einer Grenzmauer beauftragt, eine Inanspruchnahme des Eigentümergrundstückes war hier nicht vorgesehen. Aufgrund der schwierigen Grundstückssituation wurden im Zuge der Arbeiten aber der Zaun, der Rasen und die Bepflanzung des Nachbargrundstückes beschädigt. Nach Auffassung des LG Tübingen a.a.O. hat der Nachbar, wenn er von seinen Rechten nach dem Nachbarrechtsgesetz keinen Gebrauch machen will, zumindest bei vorhersehbaren Schwierigkeiten alle notwendigen Aufwendungen zum Schutz des Nachbargrundstücks vorzunehmen; unterlässt er das und greifen die Bauarbeiten doch schädigend auf das Nachbargrundstück über, haftet er wegen Verletzung seiner Verkehrssicherungspflicht direkt nach § 823 Abs 1 BGB; § 831 BGB kommt ihm nicht zu Gute (so auch Staudinger/Karl-Dieter Albrecht (2013) EGBGB Artikel 124, Rdnr. 31). Für den Schadensersatzanspruch aus § 904 Abs. 2 Satz 2 BGB hat der BGH einen Schadensersatzanspruch bei „unbeabsichtigter Gefahrenabwehr" verneint (BGHZ 92, 357; LG Aachen NJW-RR 1190, 1122; Palandt-Herrler, § 904 Rdnr. 3). Ob diese Rechtsprechung, die zu einem Ausweichfall im Straßenverkehr entwickelt wurde, auf den Schadensersatzanspruch nach § 28 übertragbar ist, obwohl der Nachbar, der Arbeiten im Grenzbereich zum Eigentümergrundstück ausübt, willentlich handelt und konkrete Grundstückssituation kennt, erscheint fraglich (zweifelnd auch LG Tübingen a.a.O.).

3. Der **Umfang** des Schadensersatzanspruchs richtet sich nach allgemeinen Regeln (§§ 249 ff. BGB). Danach ist nicht nur der an dem Nachbargrundstück entstandene Sachschaden zu ersetzen, sondern gem. § 252 BGB auch ein etwaiger Vermögensschaden, der z. B. durch zeitweise Unbenutzbarkeit des betroffenen Grundstücks und den damit verbundenen Miet- und Pachtausfall entstanden sein kann. Nutzungsvorteile wie z. B. ein Abzug „neu für alt" sind anzurechnen (BGH, Urteil vom 13.01.2012 – V ZR 136/11 –, Rdnr. 9, juris).

4. Eine **Mitverursachung** des Schadens durch den geschädigten Eigentümer kann nach Abs. 1 Satz 2 zu einer Verringerung des Schadensersatzanspruches führen. Satz 2 ist der Mitverschuldensregelung des § 254 BGB nachgebildet, die jedoch auf den Fall einer Gefährdungshaftung nicht unmittelbar anwendbar ist. Den Geschädigten trifft dann ein **Mitverschulden**, wenn er diejenige Aufmerksamkeit und Sorgfalt außer Acht lässt, die jedem ordentlichen und verständigen Menschen obliegt, um sich vor Schaden zu bewahren. Ein schuldhaftes Verhalten, das eine Haftung gegenüber einem anderen begründen könnte, ist nicht erforderlich. Allerdings muss der Geschädigte die ihm in eigenen Angelegenheiten obliegende Sorgfalt vorsätzlich oder fahrlässig verletzt haben. Im Übrigen gelten hier die gleichen Grundsätze wie bei § 254 BGB. Weiterhin wird durch Satz 2 Halbs. 2 klargestellt, dass in dem besonderen Fall des § 22, wonach verlegte Leitungen nachträglich zu einer erheblichen Beeinträchtigung und zu einem Schadenseintritt führen können, dem Eigentümer die Geltendmachung des Anspruchs nicht gem. § 254 BGB als Mitverschulden angelastet werden kann.

5. § 28 umfasst nur den **in Ausübung** (Abs. 1 Satz 1) der aufgezählten Rechte entstandenen Schaden. Er greift nicht ein, wenn durch die Ausübung des betreffenden Rechts ein Schaden bei einem Dritten entsteht.

6. Wird das Grundstück des benachbarten Eigentümers ohne dessen Einverständnis oder einen Duldungstitel allein aufgrund einer

Notstandssituation gem. § 904 Satz 1 BGB in Anspruch genommen, so ergibt sich eine etwaige Ersatzpflicht allein aus § 904 Satz 2 BGB.

7. Die Rechtsfolgen aus Abs. 1 gelten entsprechend für einen Schaden, der dem Nachbarn durch Ausübung des Rechts des Eigentümers aus § 19 Abs. 2 entstanden ist. Dies stellt Abs. 2 ausdrücklich klar.

§ 29
Entschädigung

Für die Duldung der Rechtsausübung nach § 7 Abs. 1 Satz 2, § 19 Abs. 1, §§ 21, 24 oder § 26 Abs. 1 und 2 hat der Nachbar den Eigentümer nach Billigkeit zu entschädigen. Dabei sind die dem Nachbarn durch die Ausübung des Rechts zugute kommenden Einsparungen und der Umfang der Belästigung des Eigentümers angemessen zu berücksichtigen. Bei dauernder Duldungspflicht ist eine Rente jährlich im Voraus zu entrichten.

Erläuterungen

1. Aus derselben Erwägung wie die Gefährdungshaftung nach § 28 ergibt sich die **Entschädigungspflicht**. Der Eigentümer des dienenden Grundstücks erleidet durch die Rechtsausübung nach den §§ 7 Abs. 1 Satz 2 (Betretungsrecht), 19 Abs. 1 (Leitungsdurchführungsrecht), 21 (Betretungsrecht), 24 (Hammerschlags-, Leiter- und Schaufelschlagsrecht) oder 26 Abs. 1 und 2 (Hochführen von Schornsteinen, Lüftungsschächten und Antennen) eine Einschränkung in seiner grundgesetzlich gewährleisteten Eigentumsposition und verbunden damit einen **Nutzungsverlust**. Diese Einschränkung soll dann, wenn sie nicht nur unwesentlich ist, durch eine Geldrente kompensiert werden. Ebenso wie der Schadensersatzanspruch nach § 28 hängt auch die Entschädigungspflicht nach § 29 nicht davon ab, dass der Nachbar vor Ausübung seiner Rechte seiner Anzeigepflicht nach § 27 genügt hat (§ 28 Anm. 2). Nimmt der Eigentümer hin, dass die Bepflanzung des Nachbargrundstückes die Grenzabstände der §§ 9ff. unterschreitet, so steht ihm hierfür

kein Entschädigungsanspruch zu. Zum niedersächsischen Nachbarrecht hat der BGH bereits vor geraumer Zeit entschieden, dass dem Eigentümer, der wegen des Ablaufs einer nachbarrechtlichen Ausschlussfrist das Zurückschneiden von Pflanzen, die den maßgeblichen Grenzabstand nicht einhalten, nicht mehr verlangen kann, für den erhöhten Reinigungsaufwand infolge des Abfallens von Nadeln und Zapfen dieser Bäume ein nachbarrechtlicher Ausgleichsanspruch nach § 906 Abs. 2 Satz 2 BGB analog zustehen kann (BGH, Urteil vom 14.11.2003 – V ZR 102/03- juris). Mit BGH, Urteil vom 27.10.2017 – V ZR 8/17 –, juris hat er nunmehr ausdrücklich bestätigt, dass dies auch im Anwendungsbereich des Sächsischen Nachbarrechtsgesetzes gilt. Dass es der Nachbar selbst in der Hand gehabt hätte, den Ausschluss seines Beseitigungsrechts abzuwenden, änderte hieran nichts. Nach Außerkrafttreten der §§ 15 und 30, die Regelungen über die Ausschlussfrist enthielten, kommt es für die Entschädigung nunmehr auf den Ablauf der Verjährungsfrist an.

2. **Schuldner** der jeweiligen Geldrente ist der Nachbar i. S. d. § 1; er haftet für die ab Eigentumserwerb fällige Rente. **Gläubiger** ist der jeweilige Eigentümer des belasteten Grundstücks. Die Entschädigungspflicht beginnt dann, wenn der Nachbar das ihm nach den maßgeblichen Vorschriften eingeräumte Recht ausübt. Die Höhe der Entschädigung beurteilt sich nach dem Maß der Beeinträchtigung. Mit der Anknüpfung an die „Billigkeit" wird klargestellt, dass es auf eine Gesamtabwägung aller Vor- und Nachteile für den Eigentümer unter Berücksichtigung von Treu und Glauben ankommt. Die zu § 917 Abs. 2 BGB entwickelte Rechtsprechung ist insofern nicht heranzuziehen, weil diese vorrangig an die Minderung des Verkehrswerts anknüpft (vgl. etwa OLG Dresden OLG-NL 2000, 153). Dabei sind die dem berechtigten Nachbarn durch die Ausübung des Rechts zugute kommenden Einsparungen sowie auch der Umfang der Belästigung des Eigentümers angemessen zu berücksichtigen. Zahlenmäßig fassbare Anhaltspunkte lassen sich nach diesen Grundsätzen nur sehr schwer feststellen. **Berech-**

nungsgrundlage dürfte aber nicht der Verkehrswert eines Grundstücks sein, sondern ausschließlich der Nutzungswert, was allerdings im Einzelfall ebenfalls zu Feststellungsschwierigkeiten führen kann (vgl. auch oben § 21 Anm. 8). Bei den Belästigungen, die für die Bemessung der Geldrente zu berücksichtigen sind, kommt es allerdings auf die dauernde Belästigung an, nicht auf eine nur vorübergehende Störung im Zusammenhang mit einer durchzuführenden Maßnahme. Stets ist eine Gesamtwürdigung vorzunehmen. Verläuft etwa eine Notleitung nach § 19 unter einem Notweg, so ist über die Notwegerente hinaus nicht noch eine zusätzliche Notleitungsrente zu zahlen, da hierin keine zusätzliche Beeinträchtigung liegt (OLG Dresden, Urteil vom 24.02.2002 – 11 W 149/02 – juris).

3. Da die zu erwartenden Rentenbeträge nicht allzu hoch sein dürften, ist zur Begrenzung des Aufwandes für Veranlassung und Überprüfung der Zahlung in der Regel eine **jährliche Vorauszahlung** sachgerecht. Sind die Beeinträchtigungen unerheblich, kann ein Anspruch des Eigentümers auf Zahlung einer Geldrente auch einmal gänzlich ausgeschlossen sein. Hinzuweisen ist darauf, dass eine Entschädigung, die der Eigentümer für die Inanspruchnahme seines Grundstücks durch den Nachbarn erhält, nach § 21 Abs. 1 EStG zu versteuern ist (BFH, Urteil vom 02.03.2004 – IX R 43/03).

4. Bei dauernder Duldungspflicht kann der Eigentümer die Duldung verweigern, bis der erste Jahresbeitrag gezahlt ist (Bauer/ Schlick, § 32 Anm. 5). § 29 Satz 3 entspricht insofern § 913 BGB. In den übrigen Fällen ist Zahlung erst nach Abschluss der Arbeiten zu leisten.

§ 30
(aufgehoben)

vgl. die Anmerkung zu § 8.

Einführung vor § 31

Die sich aus den nachbarlichen Bestimmungen des BGB ergebenden Ansprüche unterliegen nach der Neuregelung der Verjährungsregelungen durch das zum 01.01.2002 in Kraft getretene Gesetz zur Modernisierung des Schuldrechts vom 26.11.2001 (BGBl. I S. 3138) grundsätzlich der regelmäßigen Verjährungsfrist von drei Jahren (§ 195 BGB). Die zuvor bestehende regelmäßige Verjährungsfrist von 30 Jahren (§ 195 BGB a.F.) wurde dadurch stark verkürzt. Allerdings beginnt seitdem die neue, kürzere Verjährungsfrist nicht mehr bereits mit der Entstehung des Anspruchs, sondern erst, wenn nach Entstehung des Anspruchs der Nachbar von den anspruchsbegründenden Umständen und der Person des Schuldners Kenntnis erlangt oder ohne grobe Fahrlässigkeit erlangen müsste; ohne Rücksicht auf die Umstände tritt die Verjährung, je nach Art des Anspruchs nach Ablauf von zehn oder 30 Jahren ein (vgl. hierzu im Einzelnen § 199 BGB). Wegen der weiteren Einzelheiten des neuen Verjährungsrechts muss im Rahmen dieser Darstellung auf §§ 194 ff. BGB und die einschlägigen Erläuterungswerke zum BGB verwiesen werden (vgl. z.B. Palandt/Ellenberger, Überblick vor § 194).

Die neuen Verjährungsvorschriften gelten nach Art. 229 § 6 Abs. 1 Satz 1 EGBGB für Ansprüche, die am 01.01.2002 bereits entstanden und noch nicht verjährt sind. Sieht das neue Recht eine Verkürzung der Verjährungsfristen vor, was insbesondere für die bisherige regelmäßige Verjährungsfrist von 30 Jahren von Bedeutung ist, so beginnt die neue (kürzere) erst am 01.01.2002, es sei denn, die alte (längere) Frist würde früher ablaufen als die neue (Art. 229 § 6 Abs. 4 EGBGB). Verlängert dagegen das neue Recht die Verjährungsfrist, so richtet sich die Verjährung nach altem, bis zum 31.12.2001 geltenden Recht (Art. 229 § 6 Abs. 3 EGBGB). Im Einzelnen wird insoweit auf Art. 229 § 6 EGBGB (vgl. Anhang 2) verwiesen.

Für bestimmte nachbarrechtliche Ansprüche ist jedoch Unverjährbarkeit vorgesehen. Es handelt sich insoweit um die in § 924 BGB aufgeführten Ansprüche nach §§ 907 bis 909, 915, 917 Abs. 1, 918 Abs. 2, 919, 920 und 923 Abs. 2 BGB.

Die Verjährungsvorschriften dienen in erster Linie der Befriedung. Wer während der in den einschlägigen Vorschriften genannten Zeit Verstöße nicht gerügt hat, von dem nimmt das Nachbarrecht an, dass er sich nicht gestört fühlt. Spätere Einwendungen sind nicht möglich: Nach Ablauf der Verjährungsfrist braucht z. B. eine rechtswidrig erstellte Anlage nicht mehr beseitigt zu werden, wenn der Eigentümer sich auf die Einrede der Verjährung beruft.

Bis zum 31.12.2008 sah das sächsische Nachbarrechtsgesetz ein hiervon abweichendes Verjährungsrecht vor, das sich am Bürgerlichen Gesetzbuch in der bis zum 31.01.2001 geltenden Fassung orientierte: für Schadensersatzansprüche sah § 31 a. F. über eine Verweisung auf § 852 BGB a. F. eine dreijährige Verjährung vor, wobei subjektiv an die Kenntnis von Schaden und Person des Ersatzpflichtigen angeknüpft wurde. Für sonstige Geldansprüche galt eine vierjährige Verjährungsfrist mit objektiver Anknüpfung. Daneben existierten in §§ 8 und 15 für Beseitigungsansprüche gegenüber Einfriedungen und Pflanzen, die gegen Abstandsvorschriften verstießen, Ausschlussfristen, bei denen es sich dogmatisch nicht um Verjährungsregelungen handelte. Je mehr Zeit seit dem Inkrafttreten des Schuldrechtsmodernisierungsgesetzes verstrichen war, desto dringlicher stellte sich indes die Frage nach einer Angleichung der unterschiedlichen Verjährungsvorschriften. Ein Auseinanderdriften für in der Sache vergleichbare Ansprüche wurde als nicht sinnvoll erachtet. Zum 01.01.2009 ist § 31 daher an die Verjährungsvorschriften des BGB angepasst worden. Die Ausschlussfristen in §§ 8. 15 und 30 wurden dabei aufgehoben, sodass für Verstöße gegen die Einhaltung der Abstandsvorschriften nunmehr Verjährungsrecht greift. In § 32a wurde eine Überleitungsvorschrift aufgenommen.

§ 31
Verjährung

(1) Ansprüche auf Schadensersatz und andere Ansprüche nach diesem Gesetz, die auf Zahlung von Geld gerichtet sind, sowie Ansprüche aus § 14 Abs. 1 verjähren in drei Jahren.

(2) Abs. 1 gilt auch für Ansprüche auf Beseitigung einer Einfriedung, die einen geringeren als den in § 7 Abs. 1 vorgeschriebenen Grenzabstand hat. Wird die in Satz 1 genannte Einfriedung durch eine andere ersetzt, beginnt die Verjährung des Beseitigungsanspruchs erneut.

(3) Die Vorschriften des Bürgerlichen Gesetzbuches hinsichtlich Beginn, Hemmung, Ablaufhemmung und Neubeginn der Verjährung gelten entsprechend.

Erläuterungen

1. Nach § 852 BGB a.F. verjährte ein Anspruch des aus einer unerlaubten Handlung entstandenen Schadens in drei Jahren ab Kenntniserlangung von dem Schaden und der Person des Ersatzpflichtigen, anderenfalls in 30 Jahren ab Begehung der unerlaubten Handlung. Das Schuldrechtsmodernisierungsgesetz (SMG) hat die insoweit einschlägigen früheren Abs. 1 und 2 des § 852 BGB aufgehoben. Maßgebend für die Verjährung sind nunmehr die durch das SMG neu gefassten allgemeinen Vorschriften der §§ 194 ff. BGB. Dies gilt seit dem 01.01.2009 auch für Schadensersatzansprüche nach § 28, die sich bis zum 31.12.2008 noch nach § 852 BGB a.F. richteten. In diesem Zusammenhang wurde die unterschiedliche Verjährung von Schadensersatzansprüchen und anderen auf Geldleistung gerichteten Ansprüchen aufgehoben und die vierjährige Verjährungsfrist des § 31 Abs. 2 a.F. abgeschafft. Zu den sich hieraus ergebenden Übergangsfällen vgl. die Kommentierung zu § 32a.

2. Auch für Ansprüche auf Beseitigung einer Einfriedung (§ 7) und von Bäumen, Sträuchern und Hecken (§ 14) gilt nunmehr die dreijährige Verjährungsfrist, die bisher geltende Ausschlussfrist

(§§ 8, 15 a. F.) wurde aufgehoben. Dies stellt für den Nachbarn eine nicht unerhebliche Verbesserung dar. Zum einen, weil eine Verjährungsfrist gegenüber dem Beseitigungsanspruch des Nachbarn von dem beklagten Eigentümer eingewandt werden muss, während die Ausschlussfristen der §§ 8, 15 a. F. vom angerufenen Gericht von Amts wegen zu beachten waren (vgl. etwa für das ThürNRG Bauer/Schlick § 51 Anm. 3). War die Ausschlussfrist abgelaufen, konnte das Gericht überdies außerprozessuales Verhalten des Nachbarn, wie etwa wiederholte schriftliche Aufforderungen, die Einfriedung zu entfernen, nicht mehr berücksichtigen, weil § 203 BGB, der eine Hemmung der Verjährung bei Verhandlungen zwischen den Parteien vorsah, keine Anwendung fand. Auch die weiteren Vorschriften in den §§ 203 bis 213 BGB, die sich mit Hemmung, Ablaufhemmung und Neubeginn der Verjährung befassten, waren nicht anwendbar, das Regime der Ausschlussfristen erwies sich daher als relativ starr und in Einzelfällen ungerecht. Misslich war es überdies, dass die Ausschlussfristen in den §§ 8 und 15 unterschiedlich lang waren, was Abgrenzungsprobleme hervorrief (vgl. die 2. Aufl. § 8 Anm. 4). Schließlich lief die Ausschlussfrist auch – anders als eine Verjährungsfrist – unabhängig davon, ob der Nachbar von den den Anspruch begründenden Umständen und der Person des Schuldners Kenntnis erlangte oder ohne grobe Fahrlässigkeit hätte erlangen müssen (§ 199 Abs. 1 Nr. 2 BGB). Auch dies konnte zu ungewollten Härten führen, die regelmäßig auch nicht über das nachbarrechtliche Gemeinschaftsverhältnis ausgeglichen werden konnten.

Auf diese Streitfragen kommt es nach der Neufassung nicht mehr an. Ob eine Anpflanzung im Sinne des § 14 zugleich eine Einfriedung darstellt, ist nunmehr verjährungsrechtlich gleichgültig. Darüber hinaus stellt Abs. 2 Satz 2 klar, dass für grenzverletzende Einfriedungen kein „Bestandsschutz" gilt, die Verjährung vielmehr von Neuem beginnt, wenn eine Einfriedung, die mit dieser Einrede behaftet war, durch eine andere ersetzt wird. Dies entspricht § 8 Satz 2 a. F.

3. Rechtstechnisch wird in Abs. 1 zunächst ein vom BGB unabhängiger Verjährungstatbestand geregelt. Erst durch den Verweis in Abs. 3 auf die Vorschriften des BGB wird klargestellt, dass die §§ 199 ff. BGB ergänzende Anwendung finden sollen. Anders als etwa im ThürNRG, das alle Ansprüche nach dem Nachbarrechtsgesetz global den „Bestimmungen des Bürgerlichen Gesetzbuchs" unterwirft, finden aber Verjährungsvorschriften, die weder den Beginn, die Hemmung oder Ablaufhemmung noch den Neubeginn betreffen, keine Anwendung. Auch rechtskräftige oder durch Urteil festgestellte Ansprüche verjähren daher in den Fristen des § 31. Da der Landesgesetzgeber durch Art. 124 EGBGB nicht nur ermächtigt ist, diese Ansprüche neu zu begründen, sondern auch deren zeitliche Grenzen festzulegen, bestehen hieran auch verfassungsrechtlich keine Bedenken. Die dreijährige Verjährungsfrist beginnt gem. § 199 Abs. 1 BGB mit dem Schluss des Jahres, in dem die anspruchsbegründenden Umstände eingetreten sind und der Gläubiger hiervon Kenntnis erlangt bzw. hätte erlangen müssen. Voraussetzung für den Beginn der Verjährung aller auch nach dem Nachbarrechtsgesetz begründeten Geldansprüche ist deren Fälligkeit. Die Verjährung ist durch eine der in § 204 BGB aufgeführten Handlungen durch Verhandlungen (§ 203 BGB) oder bei einem bestehenden Leistungsverweigerungsrecht des Schuldners gehemmt. Für den Anspruch auf Beseitigung oder Rückschnitt aus § 14 Abs. 1 beginnt die Verjährung auch bei Kenntnis des Eigentümers nicht mit der Anpflanzung, sondern erst mit dem Überschreiten der in §§ 9, 10 aufgeführten Höhen. Der Anspruch auf Beseitigung einer Einfriedung nach § 7 Abs. 1 beginnt – Kenntnis vorausgesetzt – mit der Errichtung der Einfriedung. Die Schadensersatzansprüche des § 28 verjähren auch ohne Kenntnis oder grob fahrlässige Unkenntnis in zehn Jahren von ihrer Entstehung und in 30 Jahren von der Begehung der Handlung, der Pflichtverletzung oder dem sonstigen, den Schaden auslösenden Ereignis ab (§ 199 Abs. 3 BGB), für Unterlassungsansprüche nach § 1004 BGB, die mit der Zuwiderhandlung entstehen (§ 199 Abs. 5 BGB) tritt Verjährung

auch ohne Kenntnis mit Ablauf von 10 Jahren nach dieser Zuwiderhandlung ein (§ 199 Abs. 4 BGB).

4. Die übrigen Ansprüche nach dem Nachbarrechtsgesetz verjähren – entsprechend der Regelung des § 924 BGB – nicht, insbesondere kann nicht angenommen werden, dass der Gesetzgeber diese nunmehr einer dreijährigen Verjährungsfrist unterwerfen wollte. Wie Art. 124 EGBGB belegt, kann eine landesgesetzliche Regelung das Grundstückseigentum zugunsten des Nachbarn weitergehenden Beschränkungen unterwerfen (BGH, Beschluss vom 04.03.2010 – V ZB 130/09 –, Rdnr. 24, juris). Derartige Beschränkungen können auch darin liegen, dass nachbarrechtliche Ansprüche zeitlich unbegrenzt eingeräumt werden (a. A. allerdings für das ThürNRG Bauer/Schlick, § 52 Anm. 1). Unverjährbar sind hiernach etwa die nicht auf Geld gerichteten Ansprüche nach den §§ 17 bis 26. Der regelmäßigen Verjährung unterliegen aber Beseitigungsansprüche nach § 1004 Abs. 1 BGB. Diese sind von den Ansprüchen nach dem Nachbarrechtsgesetz losgelöst zu sehen, weil nur bei § 1004 Abs. 1 BGB eine Eigentumsbeeinträchtigung des Nachbargrundstückes Anspruchsvoraussetzung ist. Die Verjährung des für den Nachbarn vorteilhafteren landesrechtlichen Anspruchs bleibt damit auf ihren Anwendungsfall beschränkt und lässt konkurrierende Ansprüche nach dem Bürgerlichen Gesetzbuch unberührt. Insbesondere führt die erfolgreiche Erhebung der auf eine landesrechtliche Bestimmung gestützten Verjährungseinrede nicht dazu, dass deshalb eine von der bundesrechtlichen Vorschrift des § 1004 Abs. 1 Satz 1 BGB erfasste Eigentumsbeeinträchtigung hingenommen werden müsste (BGH, Beschluss vom 4. 3.2010 – V ZB 130/09 –, Rdnr. 24, juris).

Achter Abschnitt
Schlussbestimmungen

§ 32
Übergangsbestimmungen

(1) Einrichtungen und Pflanzen, die bei Inkrafttreten dieses Gesetzes dem bisherigen Recht entsprechen, sind nach Maßgabe des bisherigen Rechts weiter zu dulden.

(2) Nach diesem Gesetz können Ansprüche im Hinblick auf Einrichtungen und Pflanzen, die bei Inkrafttreten dieses Gesetzes dem bisherigen Recht nicht entsprochen haben, aber bis zum 2. Oktober 1990 von staatlichen Stellen geduldet wurden, nicht vor Ablauf von zwei Jahren ab Inkrafttreten geltend gemacht werden, es sei denn, dem Eigentümer war im Zeitpunkt der Errichtung die Rechtslage bekannt.

Erläuterungen

1. Die Vorschrift betrifft den **Bestandsschutz** für bestehende Einrichtungen und Pflanzen. Mehr als 20 Jahre nach Inkrafttreten des Gesetzes kommt ihr kaum noch Bedeutung zu, Abs. 2 ist inzwischen gegenstandlos. Unter Einrichtungen sind nur die in diesem Gesetz geregelten zu verstehen, also Einfriedungen, Bodenerhöhungen, Aufschüttungen, Befestigungen für Schornsteine u. Ä. und die zur Unterhaltung hierfür erforderlichen Vorrichtungen (vgl. § 26 Anm. 2a). Zum Begriff der Pflanze i. S. d. NRG vgl. § 9 Anm. 6.

2. a) Abs. 1 stellt klar, dass der Bestandsschutz nicht lediglich die fortdauernde Duldungspflicht der geschützten Einrichtung umfasst, sondern dass diese auch weiterhin dem bisherigen Recht unterliegt. Dies betrifft z. B. Fragen des Abstandes einer Einfriedung und der Entschädigungspflicht für deren Errichtung. Dies ist dem Wortlaut nach abweichend etwa von § 54 Abs. 3 ThürNRG geregelt, wonach sich der Umfang von Rechten ab Inkrafttreten des Nachbarrechtsgesetzes nach dessen Vorschriften bestimmt. Allerdings umfasst der Bestandsschutz die Einrichtung nur in dem Zustand, in dem sie sich am Tag des Inkrafttretens des Gesetzes befand. So darf

zum Beispiel eine bestandsgeschützte, nicht ortsübliche Einfriedung auf der Grenze nicht durch eine andere, ebenfalls nicht ortsübliche Einfriedung am selben Standort ersetzt werden. Generell umfasst die Duldungspflicht für bestandsgeschützte Einrichtungen nicht deren **Neuanlage**, da es bei einer solchen dem Eigentümer zuzumuten ist, die Vorschriften des nunmehr geltenden Rechts einzuhalten (a. A. Bauer/Schlick, § 54 Anm. 3). Auch das Hinauswachsen von bestandsgeschützten Pflanzen bemisst sich seit dem Stichtag nach §§ 9 ff., nicht nach § 32 Abs. 1.

Beispiel: Bei Inkraftreten des Gesetzes am 01.01.1998 stand eine 1,5 m hohe Birke in einem Abstand von 0,4 m zur Grenze des Nachbargrundstücks. Wird diese gefällt, ist nach § 9 Abs. 1 bei einer Neuanpflanzung ein Mindestabstand von 0,5 m unabhängig von der Höhe der Pflanze einzuhalten. Da der Baum aber vor diesem Zeitpunkt angepflanzt wurde und das bisherige Recht (sofern keine Ortsatzung o. Ä. einen Grenzabstand vorschrieb) keine derartigen Regelungen enthielt, genießt die Birke nach § 32 Abs. 1 Bestandsschutz. Sie ist allerdings durch Rückschnitt permanent auf einer Höhe von unter zwei Meter zu halten (vgl. § 8 Abs. 1). Wüchse die Pflanze auf eine Höhe von mehr als zwei Meter, so entstünde nämlich ein neuer Beseitigungsanspruch aus § 14. Es kommt also nicht darauf an, ob die Pflanze auch in dieser Höhe nach dem zuvor geltenden Recht in dem bestehenden Grenzabstand zulässig gewesen wäre.

b) Zur Frage, welches Recht anwendbar ist, kommt es auf den Zeitpunkt der Herstellung der Einrichtung an. Einrichtungen, die zwischen dem 01.01.1976 und dem 02.10.1990 errichtet wurden, sind daher nach den Vorschriften des ZGB der DDR zu beurteilen. Das Gleiche gilt in Bezug auf solche Einrichtungen, die aus der Zeit vor dem 01.01.1976 stammen, da nach § 2 Abs. 2 EGZGB das ZGB auch auf alle bei seinem Inkrafttreten bestehenden Zivilrechtsverhältnisse anzuwenden war. Die Generalklausel des § 316 ZGB ist unter Beachtung des § 242 BGB auszulegen Seit dem 03.10.1990 gilt gem. Art. 230 EGBGB nur noch das BGB. Lässt sich der Errichtungszeitpunkt einer Einrichtung nicht mehr feststellen, entscheidet das Gericht wegen des Ausnahmecharakters von Abs. 1 auf der Grundlage des geltenden Rechts.

c) Vertragliche Vereinbarungen aus der Zeit vor Inkrafttreten des NRG bleiben ebenfalls unberührt. Dies ergibt sich zwar nicht aus § 3, der nur für vertragliche Vereinbarungen nach Inkrafttreten des NRG gilt, folgt aber aus Art. 124 EGBGB, der keine Ermächtigung des Landesgesetzgebers zur Regelung bzw. Aufhebung vertraglicher Verhältnisse enthält (vgl. auch Dehner, A § 5 Fn. 1). Zur Fortgeltung von Mitbenutzungsrechten nach §§ 321, 322 ZGB vgl. Einleitung 2e. Eine Anpassung wegen einer Störung der Geschäftsgrundlage nach § 313 BGB ist jedoch möglich.

3. Da zu DDR-Zeiten die verbreitete Behördenpraxis bestand, das gültige Recht aufgrund oftmals sachfremder Kriterien unangewendet zu lassen, hielt der Gesetzgeber aus Vertrauensschutzgesichtspunkten eine Auslauffrist zugunsten der rechtswidrig begünstigten Eigentümer und Nutzungsberechtigten für geboten. Diese ist in Abs. 2 enthalten. Ansprüche „im Hinblick auf Einrichtungen und Pflanzen", die zu DDR-Zeiten rechtswidrig errichtet, gleichwohl aber bis zum 02.10.1990 geduldet worden waren, konnten daher erst ab dem 01.01.2000 geltend gemacht werden; die maßgeblichen Fristen sind inzwischen abgelaufen, ein verbleibender Anwendungsbereich kommt der Vorschrift nicht mehr zu.

§ 32a
Überleitungsvorschrift

Artikel 229 § 6 des Einführungsgesetzes zum Bürgerlichen Gesetzbuche in der Fassung der Bekanntmachung vom 21. September 1994 (BGBl. I S. 2494, 1997 I S. 1061), das zuletzt durch Artikel 2 des Gesetzes vom 23. Oktober 2008 (BGBl. I S. 2022) geändert worden ist, ist in der jeweils geltenden Fassung mit der Maßgabe entsprechend anzuwenden, dass an die Stelle des 1. Januar 2002 der 1. Januar 2009 und an die Stelle des 31. Dezember 2001 der 31. Dezember 2008 tritt.

Erläuterungen

1. Die Vorschrift betrifft allein die Frage, wie mit den bei Inkrafttreten des neuen Verjährungsrechts bereits bestehenden, aber noch nicht verjährten Ansprüchen umzugehen ist. Anders als es der Wortlaut des Art. 229 Abs. 1 Satz 1 EGBGB nahelegt, wird durch die Verweisung in § 32a demgegenüber nicht die umfassende Anwendung der Verjährungsvorschriften des BGB für alle Ansprüche nach dem 01.01.2009 angeordnet; die Anwendung der §§ 195 ff. BGB richtet sich vielmehr nach Maßgabe des § 31 (vgl. die dortige Kommentierung). Durch den Verweis in § 32a wird klargestellt, dass es für den Beginn, die **Hemmung** und die Ablaufhemmung **der Verjährung** dieser Ansprüche auf das bis zum 31.12.2008 geltende Recht ankommt und dass eine Verjährungsfrist, die nach altem Recht länger war als nach neuem (z. B. Ansprüche auf Zahlung von Geld, die auch bei Kenntnis in vier Jahre verjährten, § 31 Abs. 2 a. F., Schadensersatzansprüche in Unkenntnis des Schadens und des Ersatzpflichtigen, 30 Jahre) mit Ablauf dieser Frist verjährte, eine kürzere Frist hingegen ab dem 01.01.2009 zu berechnen war (vgl. Art. 229 § 6 Abs. 3 und 4). Durch § 32a wurde daneben die Überleitung von Unterbrechungstatbeständen (§§ 31 Abs. 3 a. F. i. V. m. § 209 BGB a. F.) in Hemmungstatbestände geregelt.

2. Zehn Jahre nach ihrem Inkrafttreten ist die Vorschrift weitgehend obsolet. Ob der Gesetzgeber mit der „entsprechenden" Anwendung von Art. 229 § 6 EGBGB auch die in §§ 8, 15 geregelten **Ausschlussfristen** mit der Folge einbeziehen wollte, dass die bis zum 31.12.2008 angelaufene, aber noch nicht verstrichene Ausschlussfrist auf die Verjährungsfrist anzurechnen war oder ob für diese Ansprüche eine Verjährungsfrist erst ab dem 01.01.2009 laufen sollte, muss daher hier nicht mehr erörtert werden, weil auch im letzteren Fall die ab dem 01.01.2009 berechneten Verjährungsfristen bereits abgelaufen wären (§ 199 Abs. 4, 5 BGB). Auch für Schadensersatzansprüche nach § 31 Abs. 1 a. F. die eine Höchstfrist (bei Unkenntnis von dem Schaden und der Person des Ersatzpflich-

tigen) von 30 Jahren vorsahen, ist mit Ablauf des 31.12.2008 die 10-Jahresfrist des § 199 Abs. 3 Nr. 1 BGB verstrichen.

3. In Einzelfällen mag das alte Recht noch von Bedeutung sein, wenn ein Hemmungs-, (§ 204 BGB) oder ein Unterbrechungstatbestand (§ 209 BGB a. F.) zu einer Verlängerung auch dieser Höchstfrist geführt hat (diese kann dann erheblich länger sein, vgl. Palandt/Ellenberger § 199 Rdnr. 42 m. w. N.; gegen eine Anwendung von Hemmungstatbeständen auf Höchstfristen allerdings Herberger/Martinek/Rüßmann/Weth/Würdinger, jurisPK-BGB, 8. Aufl. 2017, § 199 BGB Rdnr. 194). Auch kann nach § 28 auch eine **Gefährdungshaftung** wegen Verletzung des Lebens, des Körpers oder der Gesundheit geltend gemacht werden, die dann innerhalb einer Höchstfrist von 30 Jahren verjährt (§ 199 Abs. 2 BGB, der nicht auf deliktische Ansprüche beschränkt ist, Herberger/Martinek/Rüßmann/Weth/Würdinger, a. a. O.). Die Darstellung der sich im Einzelnen aus den Verjährungsvorschriften des BGB ergebenden Konstellationen würde den hier zur Verfügung stehenden Rahmen sprengen; insofern muss für eine Darlegung im Einzelnen auf die Kommentare zum Bürgerlichen Gesetzbuch verwiesen werden.

§ 33
Außerkrafttreten von Bestimmungen

Soweit privates Nachbarrecht über den 2. Oktober 1990 hinaus als Landesrecht fortgegolten hat, wird dieses hiermit aufgehoben.

Erläuterungen

Die Vorschrift enthält eine umfassende Aufhebung privaten Nachbarrechts. Hiermit wird eine weitgehende Klärung der Rechtslage erreicht. Auch wenn das Gesetz nachbarrechtliche Tatbestände nicht umfassend regelt und zahlreiche in der Praxis weniger relevante Fragen auch künftig der Rechtsprechung überlassen bleiben, sollen auch weitergehende „Altrechte“ aus Rechtsbereinigungsgründen nicht mehr fortgelten. Im Hinblick auf Art. 31 GG enthält

§ 33 nur die Aufhebung von Vorschriften des Landesrechts. Öffentliches (Landes-) Nachbarrecht wird durch diese Aufhebung ebenfalls nicht berührt. Soweit öffentlich-rechtliche Vorschriften aus DDR-Zeiten, die im Einzelfall Berührungspunkte zum Nachbarrecht aufweisen, als Landesrecht fortgalten, sind diese durch das Sächsische Rechtsbereinigungsgesetz vom 17.04.1998 (SächsGVBl. S. 151) mit Ausnahme einiger Vorschriften, die in einer Positivliste ausdrücklich für fortgehend erklärt wurden, aufgehoben worden.

§ 34
Inkrafttreten

Dieses Gesetz tritt am 1. Januar 1998 in Kraft.

Erläuterungen

Die Vorschrift regelt das Inkrafttreten. Sie ist im Rahmen der §§ 5 („vorhandene" Einfriedung) und 32 (Übergangsbestimmungen) auch weiterhin zur Beantwortung der Frage heranzuziehen, ob sich ein Anspruch aus dem NRG oder den Vorschriften des bisherigen Rechts ergibt.

Anhang 1
Bürgerliches Gesetzbuch (BGB – Buch 1 bis 3)

in der Fassung der Bekanntmachung vom 2. Januar 2002 (BGBl. I S. 42, ber. S. 2909, ber. 2003 I S. 738), zuletzt geändert durch Gesetz vom 31. Januar 2019 (BGBl. I S. 54)

§ 94
Wesentliche Bestandteile eines Grundstücks oder Gebäudes

(1) Zu den wesentlichen Bestandteilen eines Grundstücks gehören die mit dem Grund und Boden fest verbundenen Sachen, insbesondere Gebäude, sowie die Erzeugnisse des Grundstücks, solange sie mit dem Boden zusammenhängen. Samen wird mit dem Aussäen, eine Pflanze wird mit dem Einpflanzen wesentlicher Bestandteil des Grundstücks.

(2) Zu den wesentlichen Bestandteilen eines Gebäudes gehören die zur Herstellung des Gebäudes eingefügten Sachen.

§ 95
Nur vorübergehender Zweck

(1) Zu den Bestandteilen eines Grundstücks gehören solche Sachen nicht, die nur zu einem vorübergehenden Zweck mit dem Grund und Boden verbunden sind. Das Gleiche gilt von einem Gebäude oder anderen Werk, das in Ausübung eines Rechts an einem fremden Grundstück von dem Berechtigten mit dem Grundstück verbunden worden ist.

(2) Sachen, die nur zu einem vorübergehenden Zwecke in ein Gebäude eingefügt sind, gehören nicht zu den Bestandteilen des Gebäudes.

§ 96
Rechte als Bestandteile eines Grundstücks

Rechte, die mit dem Eigentum an einem Grundstück verbunden sind, gelten als Bestandteile des Grundstücks.

§ 226
Schikaneverbot

Die Ausübung eines Rechts ist unzulässig, wenn sie nur den Zweck haben kann, einem anderen Schaden zuzufügen.

§ 228
Notstand

Wer eine fremde Sache beschädigt oder zerstört, um eine durch sie drohende Gefahr von sich oder einem anderen abzuwenden, handelt nicht widerrechtlich, wenn die Beschädigung oder die Zerstörung zur Abwendung der Gefahr erforderlich ist und der Schaden nicht außer Verhältnis zu der Gefahr steht. Hat der Handelnde die Gefahr verschuldet, so ist er zum Schadensersatz verpflichtet.

§ 232
Arten

(1) Wer Sicherheit zu leisten hat, kann dies bewirken durch Hinterlegung von Geld oder Wertpapieren, durch Verpfändung von Forderungen, die in das Bundesschuldbuch oder Landesschuldbuch eines Landes eingetragen sind, durch Verpfändung beweglicher Sachen, durch Bestellung von Schiffshypotheken an Schiffen oder Schiffsbauwerken, die in einem deutschen Schiffsregister oder Schiffsbauregister eingetragen sind, durch Bestellung von Hypotheken an inländischen Grundstücken, durch Verpfändung von Forderungen, für die eine Hypothek an einem inländischen Grundstück besteht, oder durch Verpfändung von Grundschulden oder Rentenschulden an inländischen Grundstücken.

(2) Kann die Sicherheit nicht in dieser Weise geleistet werden, so ist die Stellung eines tauglichen Bürgen zulässig.

§ 242
Leistung nach Treu und Glauben

Der Schuldner ist verpflichtet, die Leistung so zu bewirken, wie Treu und Glauben mit Rücksicht auf die Verkehrssitte es erfordern.

§ 741
Gemeinschaft nach Bruchteilen

Steht ein Recht mehreren gemeinschaftlich zu, so finden, sofern sich nicht aus dem Gesetz ein anderes ergibt, die Vorschriften der §§ 742 bis 758 Anwendung (Gemeinschaft nach Bruchteilen).

§ 744
Gemeinschaftliche Verwaltung

(1) Die Verwaltung des gemeinschaftlichen Gegenstands steht den Teilhabern gemeinschaftlich zu.

(2) Jeder Teilhaber ist berechtigt, die zur Erhaltung des Gegenstands notwendigen Maßregeln ohne Zustimmung der anderen Teilhaber zu treffen; er kann verlangen, dass diese ihre Einwilligung zu einer solchen Maßregel im Voraus erteilen.

§ 745
Verwaltung und Benutzung durch Beschluss

(1) Durch Stimmenmehrheit kann eine der Beschaffenheit des gemeinschaftlichen Gegenstands entsprechende ordnungsmäßige Verwaltung und Benutzung beschlossen werden. Die Stimmenmehrheit ist nach der Größe der Anteile zu berechnen.

(2) Jeder Teilhaber kann, sofern nicht die Verwaltung und Benutzung durch Vereinbarung oder durch Mehrheitsbeschluss geregelt ist, eine dem Interesse aller Teilhaber nach billigem Ermessen entsprechende Verwaltung und Benutzung verlangen.

(3) Eine wesentliche Veränderung des Gegenstands kann nicht beschlossen oder verlangt werden. Das Recht des einzelnen Teilhabers auf einen seinem Anteil entsprechenden Bruchteil der Nutzungen kann nicht ohne seine Zustimmung beeinträchtigt werden.

§ 823
Schadensersatzpflicht

(1) Wer vorsätzlich oder fahrlässig das Leben, den Körper, die Gesundheit, die Freiheit, das Eigentum oder ein sonstiges Recht eines anderen wider-

rechtlich verletzt, ist dem anderen zum Ersatz des daraus entstehenden Schadens verpflichtet.

(2) Die gleiche Verpflichtung trifft denjenigen, welcher gegen ein den Schutz eines anderen bezweckendes Gesetz verstößt. Ist nach dem Inhalt des Gesetzes ein Verstoß gegen dieses auch ohne Verschulden möglich, so tritt die Ersatzpflicht nur im Falle des Verschuldens ein.

§ 890
Vereinigung von Grundstücken; Zuschreibung

(1) Mehrere Grundstücke können dadurch zu einem Grundstück vereinigt werden, dass der Eigentümer sie als ein Grundstück in das Grundbuch eintragen lässt.

(2) Ein Grundstück kann dadurch zum Bestandteil eines anderen Grundstücks gemacht werden, dass der Eigentümer es diesem im Grundbuch zuschreiben lässt.

§ 891
Gesetzliche Vermutung

(1) Ist im Grundbuch für jemand ein Recht eingetragen, so wird vermutet, dass ihm das Recht zustehe.

(2) Ist im Grundbuch ein eingetragenes Recht gelöscht, so wird vermutet, dass das Recht nicht bestehe.

§ 892
Öffentlicher Glaube des Grundbuchs

(1) Zugunsten desjenigen, welcher ein Recht an einem Grundstück oder ein Recht an einem solchen Recht durch Rechtsgeschäft erwirbt, gilt der Inhalt des Grundbuchs als richtig, es sei denn, dass ein Widerspruch gegen die Richtigkeit eingetragen oder die Unrichtigkeit dem Erwerber bekannt ist. Ist der Berechtigte in der Verfügung über ein im Grundbuch eingetragenes Recht zugunsten einer bestimmten Person beschränkt, so ist die Beschränkung dem Erwerber gegenüber nur wirksam, wenn sie aus dem Grundbuch ersichtlich oder dem Erwerber bekannt ist.

(2) Ist zu dem Erwerb des Rechts die Eintragung erforderlich, so ist für die Kenntnis des Erwerbers die Zeit der Stellung des Antrags auf Eintragung oder, wenn die nach § 873 erforderliche Einigung erst später zustande kommt, die Zeit der Einigung maßgebend.

§ 893
Rechtsgeschäft mit dem Eingetragenen

Die Vorschrift des § 892 findet entsprechende Anwendung, wenn an denjenigen, für welchen ein Recht im Grundbuch eingetragen ist, auf Grund dieses Rechts eine Leistung bewirkt oder wenn zwischen ihm und einem anderen in Ansehung dieses Rechts ein nicht unter die Vorschrift des § 892 fallendes Rechtsgeschäft vorgenommen wird, das eine Verfügung über das Recht enthält.

§ 894
Berichtigung des Grundbuchs

Steht der Inhalt des Grundbuchs in Ansehung eines Rechts an dem Grundstück, eines Rechts an einem solchen Recht oder einer Verfügungsbeschränkung der in § 892 Abs. 1 bezeichneten Art mit der wirklichen Rechtslage nicht im Einklang, so kann derjenige, dessen Recht nicht oder nicht richtig eingetragen oder durch die Eintragung einer nicht bestehenden Belastung oder Beschränkung beeinträchtigt ist, die Zustimmung zu der Berichtigung des Grundbuchs von demjenigen verlangen, dessen Recht durch die Berichtigung betroffen wird.

§ 903
Befugnisse des Eigentümers

Der Eigentümer einer Sache kann, soweit nicht das Gesetz oder Rechte Dritter entgegenstehen, mit der Sache nach Belieben verfahren und andere von jeder Einwirkung ausschließen. Der Eigentümer eines Tieres hat bei der Ausübung seiner Befugnisse die besonderen Vorschriften zum Schutz der Tiere zu beachten.

§ 904
Notstand

Der Eigentümer einer Sache ist nicht berechtigt, die Einwirkung eines anderen auf die Sache zu verbieten, wenn die Einwirkung zur Abwendung einer gegenwärtigen Gefahr notwendig und der drohende Schaden gegenüber dem aus der Einwirkung dem Eigentümer entstehenden Schaden unverhältnismäßig groß ist. Der Eigentümer kann Ersatz des ihm entstehenden Schadens verlangen.

§ 905
Begrenzung des Eigentums

Das Recht des Eigentümers eines Grundstücks erstreckt sich auf den Raum über der Oberfläche und auf den Erdkörper unter der Oberfläche. Der Eigentümer kann jedoch Einwirkungen nicht verbieten, die in solcher Höhe oder Tiefe vorgenommen werden, dass er an der Ausschließung kein Interesse hat.

§ 906
Zuführung unwägbarer Stoffe

(1) Der Eigentümer eines Grundstücks kann die Zuführung von Gasen, Dämpfen, Gerüchen, Rauch, Ruß, Wärme, Geräusch, Erschütterungen und ähnliche von einem anderen Grundstück ausgehende Einwirkungen insoweit nicht verbieten, als die Einwirkung die Benutzung seines Grundstücks nicht oder nur unwesentlich beeinträchtigt. Eine unwesentliche Beeinträchtigung liegt in der Regel vor, wenn die in Gesetzen oder Rechtsverordnungen festgelegten Grenz- oder Richtwerte von den nach diesen Vorschriften ermittelten und bewerteten Einwirkungen nicht überschritten werden. Gleiches gilt für Werte in allgemeinen Verwaltungsvorschriften, die nach § 48 des Bundes-Immissionsschutzgesetzes erlassen worden sind und den Stand der Technik wiedergeben.

(2) Das Gleiche gilt insoweit, als eine wesentliche Beeinträchtigung durch eine ortsübliche Benutzung des anderen Grundstücks herbeigeführt wird und nicht durch Maßnahmen verhindert werden kann, die Benutzern dieser Art wirtschaftlich zumutbar sind. Hat der Eigentümer hiernach eine Einwirkung zu dulden, so kann er von dem Benutzer des anderen Grundstücks

einen angemessenen Ausgleich in Geld verlangen, wenn die Einwirkung eine ortsübliche Benutzung seines Grundstücks oder dessen Ertrag über das zumutbare Maß hinaus beeinträchtigt.

(3) Die Zuführung durch eine besondere Leitung ist unzulässig.

§ 907
Gefahr drohende Anlagen

(1) Der Eigentümer eines Grundstücks kann verlangen, dass auf den Nachbargrundstücken nicht Anlagen hergestellt oder gehalten werden, von denen mit Sicherheit vorauszusehen ist, dass ihr Bestand oder ihre Benutzung eine unzulässige Einwirkung auf sein Grundstück zur Folge hat. Genügt eine Anlage den landesgesetzlichen Vorschriften, die einen bestimmten Abstand von der Grenze oder sonstige Schutzmaßregeln vorschreiben, so kann die Beseitigung der Anlage erst verlangt werden, wenn die unzulässige Einwirkung tatsächlich hervortritt.

(2) Bäume und Sträucher gehören nicht zu den Anlagen im Sinne dieser Vorschriften.

§ 908
Drohender Gebäudeeinsturz

Droht einem Grundstück die Gefahr, dass es durch den Einsturz eines Gebäudes oder eines anderen Werkes, das mit einem Nachbargrundstück verbunden ist, oder durch die Ablösung von Teilen des Gebäudes oder des Werkes beschädigt wird, so kann der Eigentümer von demjenigen, welcher nach dem § 836 Abs. 1 oder den §§ 837, 838 für den eintretenden Schaden verantwortlich sein würde, verlangen, dass er die zur Abwendung der Gefahr erforderliche Vorkehrung trifft.

§ 909
Vertiefung

Ein Grundstück darf nicht in der Weise vertieft werden, dass der Boden des Nachbargrundstücks die erforderliche Stütze verliert, es sei denn, dass für eine genügende anderweitige Befestigung gesorgt ist.

§ 910
Überhang

(1) Der Eigentümer eines Grundstücks kann Wurzeln eines Baumes oder eines Strauches, die von einem Nachbargrundstück eingedrungen sind, abschneiden und behalten. Das Gleiche gilt von herüberragenden Zweigen, wenn der Eigentümer dem Besitzer des Nachbargrundstücks eine angemessene Frist zur Beseitigung bestimmt hat und die Beseitigung nicht innerhalb der Frist erfolgt.

(2) Dem Eigentümer steht dieses Recht nicht zu, wenn die Wurzeln oder die Zweige die Benutzung des Grundstücks nicht beeinträchtigen.

§ 911
Überfall

Früchte, die von einem Baume oder einem Strauche auf ein Nachbargrundstück hinüberfallen, gelten als Früchte dieses Grundstücks. Diese Vorschrift findet keine Anwendung, wenn das Nachbargrundstück dem öffentlichen Gebrauch dient.

§ 912
Überbau; Duldungspflicht

(1) Hat der Eigentümer eines Grundstücks bei der Errichtung eines Gebäudes über die Grenze gebaut, ohne dass ihm Vorsatz oder grobe Fahrlässigkeit zur Last fällt, so hat der Nachbar den Überbau zu dulden, es sei denn, dass er vor oder sofort nach der Grenzüberschreitung Widerspruch erhoben hat.

(2) Der Nachbar ist durch eine Geldrente zu entschädigen. Für die Höhe der Rente ist die Zeit der Grenzüberschreitung maßgebend.

§ 913
Zahlung der Überbaurente

(1) Die Rente für den Überbau ist dem jeweiligen Eigentümer des Nachbargrundstücks von dem jeweiligen Eigentümer des anderen Grundstücks zu entrichten.

(2) Die Rente ist jährlich im Voraus zu entrichten.

§ 914
Rang, Eintragung und Erlöschen der Rente

(1) Das Recht auf die Rente geht allen Rechten an dem belasteten Grundstück, auch den älteren, vor. Es erlischt mit der Beseitigung des Überbaus.

(2) Das Recht wird nicht in das Grundbuch eingetragen. Zum Verzicht auf das Recht sowie zur Feststellung der Höhe der Rente durch Vertrag ist die Eintragung erforderlich.

(3) Im Übrigen finden die Vorschriften Anwendung, die für eine zugunsten des jeweiligen Eigentümers eines Grundstücks bestehende Reallast gelten.

§ 915
Abkauf

(1) Der Rentenberechtigte kann jederzeit verlangen, dass der Rentenpflichtige ihm gegen Übertragung des Eigentums an dem überbauten Teil des Grundstücks den Wert ersetzt, den dieser Teil zur Zeit der Grenzüberschreitung gehabt hat. Macht er von dieser Befugnis Gebrauch, so bestimmen sich die Rechte und Verpflichtungen beider Teile nach den Vorschriften über den Kauf.

(2) Für die Zeit bis zur Übertragung des Eigentums ist die Rente fortzuentrichten.

§ 916
Beeinträchtigung von Erbbaurecht oder Dienstbarkeit

Wird durch den Überbau ein Erbbaurecht oder eine Dienstbarkeit an dem Nachbargrundstück beeinträchtigt, so finden zugunsten des Berechtigten die Vorschriften der §§ 912 bis 914 entsprechende Anwendung.

§ 917
Notweg

(1) Fehlt einem Grundstück die zur ordnungsmäßigen Benutzung notwendige Verbindung mit einem öffentlichen Wege, so kann der Eigentümer von den Nachbarn verlangen, dass sie bis zur Hebung des Mangels die Benutzung ihrer Grundstücke zur Herstellung der erforderlichen Verbindung dulden. Die Richtung des Notwegs und der Umfang des Benutzungsrechts werden erforderlichenfalls durch Urteil bestimmt.

(2) Die Nachbarn, über deren Grundstücke der Notweg führt, sind durch eine Geldrente zu entschädigen. Die Vorschriften des § 912 Abs. 2 Satz 2 und der §§ 913, 914, 916 finden entsprechende Anwendung.

§ 918
Ausschluss des Notwegrechts

(1) Die Verpflichtung zur Duldung des Notwegs tritt nicht ein, wenn die bisherige Verbindung des Grundstücks mit dem öffentlichen Wege durch eine willkürliche Handlung des Eigentümers aufgehoben wird.

(2) Wird infolge der Veräußerung eines Teils des Grundstücks der veräußerte oder der zurückbehaltene Teil von der Verbindung mit dem öffentlichen Wege abgeschnitten, so hat der Eigentümer desjenigen Teils, über welchen die Verbindung bisher stattgefunden hat, den Notweg zu dulden. Der Veräußerung eines Teils steht die Veräußerung eines von mehreren demselben Eigentümer gehörenden Grundstücken gleich.

§ 919
Grenzabmarkung

(1) Der Eigentümer eines Grundstücks kann von dem Eigentümer eines Nachbargrundstücks verlangen, dass dieser zur Errichtung fester Grenzzeichen und, wenn ein Grenzzeichen verrückt oder unkenntlich geworden ist, zur Wiederherstellung mitwirkt.

(2) Die Art der Abmarkung und das Verfahren bestimmen sich nach den Landesgesetzen; enthalten diese keine Vorschriften, so entscheidet die Ortsüblichkeit.

(3) Die Kosten der Abmarkung sind von den Beteiligten zu gleichen Teilen zu tragen, sofern nicht aus einem zwischen ihnen bestehenden Rechtsverhältnis sich ein anderes ergibt.

§ 920
Grenzverwirrung

(1) Lässt sich im Falle einer Grenzverwirrung die richtige Grenze nicht ermitteln, so ist für die Abgrenzung der Besitzstand maßgebend. Kann der Besitzstand nicht festgestellt werden, so ist jedem der Grundstücke ein gleich großes Stück der streitigen Fläche zuzuteilen.

(2) Soweit eine diesen Vorschriften entsprechende Bestimmung der Grenze zu einem Ergebnis führt, das mit den ermittelten Umständen, insbesondere mit der feststehenden Größe der Grundstücke, nicht übereinstimmt, ist die Grenze so zu ziehen, wie es unter Berücksichtigung dieser Umstände der Billigkeit entspricht.

§ 921
Gemeinschaftliche Benutzung von Grenzanlagen

Werden zwei Grundstücke durch einen Zwischenraum, Rain, Winkel, einen Graben, eine Mauer, Hecke, Planke oder eine andere Einrichtung, die zum Vorteil beider Grundstücke dient, voneinander geschieden, so wird vermutet, dass die Eigentümer der Grundstücke zur Benutzung der Einrichtung gemeinschaftlich berechtigt seien, sofern nicht äußere Merkmale darauf hinweisen, dass die Einrichtung einem der Nachbarn allein gehört.

§ 922
Art der Benutzung und Unterhaltung

Sind die Nachbarn zur Benutzung einer der in § 921 bezeichneten Einrichtungen gemeinschaftlich berechtigt, so kann jeder sie zu dem Zwecke, der sich aus ihrer Beschaffenheit ergibt, insoweit benutzen, als nicht die Mitbenutzung des anderen beeinträchtigt wird. Die Unterhaltungskosten sind von den Nachbarn zu gleichen Teilen zu tragen. Solange einer der Nachbarn an dem Fortbestand der Einrichtung ein Interesse hat, darf sie nicht ohne seine Zustimmung beseitigt oder geändert werden. Im Übrigen bestimmt sich das Rechtsverhältnis zwischen den Nachbarn nach den Vorschriften über die Gemeinschaft.

§ 923
Grenzbaum

(1) Steht auf der Grenze ein Baum, so gebühren die Früchte und, wenn der Baum gefällt wird, auch der Baum den Nachbarn zu gleichen Teilen.

(2) Jeder der Nachbarn kann die Beseitigung des Baumes verlangen. Die Kosten der Beseitigung fallen den Nachbarn zu gleichen Teilen zur Last. Der Nachbar, der die Beseitigung verlangt, hat jedoch die Kosten allein zu tragen, wenn der andere auf sein Recht an dem Baume verzichtet; er erwirbt

in diesem Falle mit der Trennung das Alleineigentum. Der Anspruch auf die Beseitigung ist ausgeschlossen, wenn der Baum als Grenzzeichen dient und den Umständen nach nicht durch ein anderes zweckmäßiges Grenzzeichen ersetzt werden kann.

(3) Diese Vorschriften gelten auch für einen auf der Grenze stehenden Strauch.

§ 924
Unverjährbarkeit nachbarrechtlicher Ansprüche

Die Ansprüche, die sich aus den §§ 907 bis 909, 915, dem § 917 Abs. 1, dem § 918 Abs. 2, den §§ 919, 920 und dem § 923 Abs. 2 ergeben, unterliegen nicht der Verjährung.

§ 946
Verbindung mit einem Grundstück

Wird eine bewegliche Sache mit einem Grundstück dergestalt verbunden, dass sie wesentlicher Bestandteil des Grundstücks wird, so erstreckt sich das Eigentum an dem Grundstück auf diese Sache.

§ 948
Vermischung

(1) Werden bewegliche Sachen miteinander untrennbar vermischt oder vermengt, so findet die Vorschrift des § 947 entsprechende Anwendung.

(2) Der Untrennbarkeit steht es gleich, wenn die Trennung der vermischten oder vermengten Sachen mit unverhältnismäßigen Kosten verbunden sein würde.

§ 949
Erlöschen von Rechten Dritter

Erlischt nach den §§ 946 bis 948 das Eigentum an einer Sache, so erlöschen auch die sonstigen an der Sache bestehenden Rechte. Erwirbt der Eigentümer der belasteten Sache Miteigentum, so bestehen die Rechte an dem Anteil fort, der an die Stelle der Sache tritt. Wird der Eigentümer der belasteten Sache Alleineigentümer, so erstrecken sich die Rechte auf die hinzutretende Sache.

§ 951
Entschädigung für Rechtsverlust

(1) Wer infolge der Vorschriften der §§ 946 bis 950 einen Rechtsverlust erleidet, kann von demjenigen, zu dessen Gunsten die Rechtsänderung eintritt, Vergütung in Geld nach den Vorschriften über die Herausgabe einer ungerechtfertigten Bereicherung fordern. Die Wiederherstellung des früheren Zustands kann nicht verlangt werden.

(2) Die Vorschriften über die Verpflichtung zum Schadensersatz wegen unerlaubter Handlungen sowie die Vorschriften über den Ersatz von Verwendungen und über das Recht zur Wegnahme einer Einrichtung bleiben unberührt. In den Fällen der §§ 946, 947 ist die Wegnahme nach den für das Wegnahmerecht des Besitzers gegenüber dem Eigentümer geltenden Vorschriften auch dann zulässig, wenn die Verbindung nicht von dem Besitzer der Hauptsache bewirkt worden ist.

§ 1004
Beseitigungs- und Unterlassungsanspruch

(1) Wird das Eigentum in anderer Weise als durch Entziehung oder Vorenthaltung des Besitzes beeinträchtigt, so kann der Eigentümer von dem Störer die Beseitigung der Beeinträchtigung verlangen. Sind weitere Beeinträchtigungen zu besorgen, so kann der Eigentümer auf Unterlassung klagen.

(2) Der Anspruch ist ausgeschlossen, wenn der Eigentümer zur Duldung verpflichtet ist.

§ 1008
Miteigentum nach Bruchteilen

Steht das Eigentum an einer Sache mehreren nach Bruchteilen zu, so gelten die Vorschriften der §§ 1009 bis 1011.

§ 1009
Belastung zugunsten eines Miteigentümers

(1) Die gemeinschaftliche Sache kann auch zugunsten eines Miteigentümers belastet werden.

(2) Die Belastung eines gemeinschaftlichen Grundstücks zugunsten des jeweiligen Eigentümers eines anderen Grundstücks sowie die Belastung eines anderen Grundstücks zugunsten der jeweiligen Eigentümer des gemeinschaftlichen Grundstücks wird nicht dadurch ausgeschlossen, dass das andere Grundstück einem Miteigentümer des gemeinschaftlichen Grundstücks gehört.

§ 1010
Sondernachfolger eines Miteigentümers

(1) Haben die Miteigentümer eines Grundstücks die Verwaltung und Benutzung geregelt oder das Recht, die Aufhebung der Gemeinschaft zu verlangen, für immer oder auf Zeit ausgeschlossen oder eine Kündigungsfrist bestimmt, so wirkt die getroffene Bestimmung gegen den Sondernachfolger eines Miteigentümers nur, wenn sie als Belastung des Anteils im Grundbuch eingetragen ist.

(2) Die in den §§ 755, 756 bestimmten Ansprüche können gegen den Sondernachfolger eines Miteigentümers nur geltend gemacht werden, wenn sie im Grundbuch eingetragen sind.

§ 1011
Ansprüche aus dem Miteigentum

Jeder Miteigentümer kann die Ansprüche aus dem Eigentum Dritten gegenüber in Ansehung der ganzen Sache geltend machen, den Anspruch auf Herausgabe jedoch nur in Gemäßheit des § 432.

§ 1030
Gesetzlicher Inhalt des Nießbrauchs an Sachen

(1) Eine Sache kann in der Weise belastet werden, dass derjenige, zu dessen Gunsten die Belastung erfolgt, berechtigt ist, die Nutzungen der Sache zu ziehen (Nießbrauch).

(2) Der Nießbrauch kann durch den Ausschluss einzelner Nutzungen beschränkt werden.

Anhang 2
Einführungsgesetz zum Bürgerlichen Gesetzbuch (EGBGB)

in der Fassung der Bekanntmachung vom 21. September 1994 (BGBl. I S. 2494, ber. 1997 I S. 1061), zuletzt geändert durch Gesetz vom 18. Dezember 2018 (BGBl. I S. 2648)

– Auszug –

Artikel 124

Unberührt bleiben die landesgesetzlichen Vorschriften, welche das Eigentum an Grundstücken zugunsten der Nachbarn noch anderen als den im Bürgerlichen Gesetzbuch bestimmten Beschränkungen unterwerfen. Dies gilt insbesondere auch von den Vorschriften, nach welchen Anlagen sowie Bäume und Sträucher nur in einem bestimmten Abstand von der Grenze gehalten werden dürfen.

Artikel 229
Weitere Überleitungsvorschriften

§ 6
Überleitungsvorschrift zum Verjährungsrecht nach dem Gesetz zur Modernisierung des Schuldrechts vom 26. November 2001

(1) Die Vorschriften des Bürgerlichen Gesetzbuchs über die Verjährung in der seit dem 1. Januar 2002 geltenden Fassung finden auf die an diesem Tag bestehenden und noch nicht verjährten Ansprüche Anwendung. Der Beginn, die Hemmung, die Ablaufhemmung und der Neubeginn der Verjährung bestimmen sich jedoch für den Zeitraum vor dem 1. Januar 2002 nach dem Bürgerlichen Gesetzbuch in der bis zu diesem Tag geltenden Fassung. Wenn nach Ablauf des 31. Dezember 2001 ein Umstand eintritt, bei dessen Vorliegen nach dem Bürgerlichen Gesetzbuch in der vor dem 1. Januar 2002 geltenden Fassung eine vor dem 1. Januar 2002 eintretende Unterbrechung der Verjährung als nicht erfolgt oder als erfolgt gilt, so ist

auch insoweit das Bürgerliche Gesetzbuch in der vor dem 1. Januar 2002 geltenden Fassung anzuwenden.

(2) Soweit die Vorschriften des Bürgerlichen Gesetzbuchs in der seit dem 1. Januar 2002 geltenden Fassung anstelle der Unterbrechung der Verjährung deren Hemmung vorsehen, so gilt eine Unterbrechung der Verjährung, die nach den anzuwendenden Vorschriften des Bürgerlichen Gesetzbuchs in der vor dem 1. Januar 2002 geltenden Fassung vor dem 1. Januar 2002 eintritt und mit Ablauf des 31. Dezember 2001 noch nicht beendigt ist, als mit dem Ablauf des 31. Dezember 2001 beendigt, und die neue Verjährung ist mit Beginn des 1. Januar 2002 gehemmt.

(3) Ist die Verjährungsfrist nach dem Bürgerlichen Gesetzbuch in der seit dem 1. Januar 2002 geltenden Fassung länger als nach dem Bürgerlichen Gesetzbuch in der bis zu diesem Tag geltenden Fassung, so ist die Verjährung mit dem Ablauf der im Bürgerlichen Gesetzbuch in der bis zu diesem Tag geltenden Fassung bestimmten Frist vollendet.

(4) Ist die Verjährungsfrist nach dem Bürgerlichen Gesetzbuch in der seit dem 1. Januar 2002 geltenden Fassung kürzer als nach dem Bürgerlichen Gesetzbuch in der bis zu diesem Tag geltenden Fassung, so wird die kürzere Frist von dem 1. Januar 2002 an berechnet. Läuft jedoch die im Bürgerlichen Gesetzbuch in der bis zu diesem Tag geltenden Fassung bestimmte längere Frist früher als die im Bürgerlichen Gesetzbuch in der seit diesem Tag geltenden Fassung bestimmten Frist ab, so ist die Verjährung mit dem Ablauf der im Bürgerlichen Gesetzbuch in der bis zu diesem Tag geltenden Fassung bestimmten Frist vollendet.

(5) Die vorstehenden Absätze sind entsprechend auf Fristen anzuwenden, die für die Geltendmachung, den Erwerb oder den Verlust eines Rechts maßgebend sind.

(6) Die vorstehenden Absätze gelten für die Fristen nach dem Handelsgesetzbuch und dem Umwandlungsgesetz entsprechend.

Artikel 231
Erstes Buch. Allgemeiner Teil des Bürgerlichen Gesetzbuchs

§ 5
Sachen

(1) Nicht zu den Bestandteilen eines Grundstücks gehören Gebäude, Baulichkeiten, Anlagen, Anpflanzungen oder Einrichtungen, die gemäß dem am Tag vor dem Wirksamwerden des Beitritts geltenden Recht vom Grundstückseigentum unabhängiges Eigentum sind. Das gleiche gilt, wenn solche Gegenstände am Tag des Wirksamwerdens des Beitritts oder danach errichtet oder angebracht werden, soweit dies aufgrund eines vor dem Wirksamwerden des Beitritts begründeten Nutzungsrechts an dem Grundstück oder Nutzungsrechts nach den §§ 312 bis 315 des Zivilgesetzbuchs der Deutschen Demokratischen Republik zulässig ist.

(2) Das Nutzungsrecht an dem Grundstück und die erwähnten Anlagen, Anpflanzungen oder Einrichtungen gelten als wesentliche Bestandteile des Gebäudes. Artikel 233 § 4 Abs. 3 und 5 bleibt unberührt.

(3) Das Gebäudeeigentum nach den Absätzen 1 und 2 erlischt, wenn nach dem 31. Dezember 2000 das Eigentum am Grundstück übertragen wird, es sei denn, daß das Nutzungsrecht oder das selbständige Gebäudeeigentum nach Artikel 233 § 2b Abs. 2 Satz 3 im Grundbuch des veräußerten Grundstücks eingetragen ist oder dem Erwerber das nicht eingetragene Recht bekannt war. Dem Inhaber des Gebäudeeigentums steht gegen den Veräußerer ein Anspruch auf Ersatz des Wertes zu, den das Gebäudeeigentum im Zeitpunkt seines Erlöschens hatte; an dem Gebäudeeigentum begründete Grundpfandrechte werden Pfandrechte an diesem Anspruch.

(4) Wird nach dem 31. Dezember 2000 das Grundstück mit einem dinglichen Recht belastet oder ein solches Recht erworben, so gilt für den Inhaber des Rechts das Gebäude als Bestandteil des Grundstücks. Absatz 3 Satz 1 ist entsprechend anzuwenden.

(5) Ist ein Gebäude auf mehreren Grundstücken errichtet, gelten die Absätze 3 und 4 nur in Ansehung des Grundstücks, auf dem sich der überwiegende Teil des Gebäudes befindet. Für den Erwerber des Grundstücks gelten in Ansehung des auf dem anderen Grundstück befindlichen Teils des Gebäudes die Vorschriften über den zu duldenden Überbau sinngemäß.

Artikel 233
Drittes Buch. Sachenrecht

ERSTER ABSCHNITT
Allgemeine Vorschriften

§ 4
Sondervorschriften für dingliche Nutzungsrechte und Gebäudeeigentum

(1) Für das Gebäudeeigentum nach § 288 Abs. 4 oder § 292 Abs. 3 des Zivilgesetzbuchs der Deutschen Demokratischen Republik gelten von dem Wirksamwerden des Beitritts an die sich auf Grundstücke beziehenden Vorschriften des Bürgerlichen Gesetzbuchs mit Ausnahme der §§ 927 und 928 entsprechend. Vor der Anlegung eines Gebäudegrundbuchblatts ist das dem Gebäudeeigentum zugrundeliegende Nutzungsrecht von Amts wegen im Grundbuch des belasteten Grundstücks einzutragen. Der Erwerb eines selbständigen Gebäudeeigentums oder eines dinglichen Rechts am Gebäude der in Satz 1 genannten Art aufgrund der Vorschriften über den öffentlichen Glauben des Grundbuchs ist nur möglich, wenn auch das zugrundeliegende Nutzungsrecht bei dem belasteten Grundstück eingetragen ist.

(2) Ein Nutzungsrecht nach den §§ 287 bis 294 des Zivilgesetzbuchs der Deutschen Demokratischen Republik, das nicht im Grundbuch des belasteten Grundstücks eingetragen ist, wird durch die Vorschriften des Bürgerlichen Gesetzbuchs über den öffentlichen Glauben des Grundbuchs nicht beeinträchtigt, wenn ein aufgrund des Nutzungsrechts zulässiges Eigenheim oder sonstiges Gebäude in dem für den öffentlichen Glauben maßgebenden Zeitpunkt ganz oder teilweise errichtet ist und der dem Erwerb zugrundeliegende Eintragungsantrag vor dem 1. Januar 2001 gestellt worden ist. Der Erwerber des Eigentums oder eines sonstigen Rechts an dem belasteten Grundstück kann in diesem Fall die Aufhebung oder Änderung des Nutzungsrechts gegen Ausgleich der dem Nutzungsberechtigten dadurch entstehenden Vermögensnachteile verlangen, wenn das Nutzungsrecht für ihn mit Nachteilen verbunden ist, welche erheblich größer sind als der dem Nutzungsberechtigten durch die Aufhebung oder Änderung seines Rechts entstehende Schaden; dies gilt nicht, wenn er beim Erwerb des Eigentums oder sonstigen Rechts in dem für den öffentlichen

Glauben des Grundbuchs maßgeblichen Zeitpunkt das Vorhandensein des Nutzungsrechts kannte.

(3) Der Untergang des Gebäudes läßt den Bestand des Nutzungsrechts unberührt. Aufgrund des Nutzungsrechts kann ein neues Gebäude errichtet werden; Belastungen des Gebäudeeigentums setzen sich an dem Nutzungsrecht und dem neu errichteten Gebäude fort. Ist ein Nutzungsrecht nur auf die Gebäudegrundfläche verliehen worden, so umfaßt das Nutzungsrecht auch die Nutzung des Grundstücks in dem für Gebäude der errichteten Art zweckentsprechenden ortsüblichen Umfang, bei Eigenheimen nicht mehr als eine Fläche von 500 qm. Auf Antrag ist das Grundbuch entsprechend zu berichtigen. Absatz 2 gilt entsprechend.

(4) Besteht am Gebäude selbständiges Eigentum nach § 288 Abs. 4 und § 292 Abs. 3 des Zivilgesetzbuchs der Deutschen Demokratischen Republik, so bleibt bei bis zum Ablauf des 31. Dezember 2000 angeordneten Zwangsversteigerungen ein nach jenem Recht begründetes Nutzungsrecht am Grundstück bei dessen Versteigerung auch dann bestehen, wenn es bei der Feststellung des geringsten Gebots nicht berücksichtigt ist.

(5) War der Nutzer beim Erwerb des Nutzungsrechts unredlich im Sinne des § 4 des Vermögensgesetzes, kann der Grundstückseigentümer die Aufhebung des Nutzungsrechts durch gerichtliche Entscheidung verlangen. Der Anspruch nach Satz 1 ist ausgeschlossen, wenn er nicht bis zum 31. Dezember 2000 rechtshängig geworden ist. Ein Klageantrag auf Aufhebung ist unzulässig, wenn der Grundstückseigentümer zu einem Antrag auf Aufhebung des Nutzungsrechts durch Bescheid des Amtes zur Regelung offener Vermögensfragen berechtigt oder berechtigt gewesen ist. Mit der Aufhebung des Nutzungsrechts erlischt das Eigentum am Gebäude nach § 288 Abs. 4 und § 292 Abs. 3 des Zivilgesetzbuchs der Deutschen Demokratischen Republik. Das Gebäude wird Bestandteil des Grundstücks. Der Nutzer kann für Gebäude, Anlagen und Anpflanzungen, mit denen er das Grundstück ausgestattet hat, Ersatz verlangen, soweit der Wert des Grundstücks hierdurch noch zu dem Zeitpunkt der Aufhebung des Nutzungsrechts erhöht ist. Grundpfandrechte an einem aufgrund des Nutzungsrechts errichteten Gebäude setzen sich am Wertersatzanspruch des Nutzers gegen den Grundstückseigentümer fort. § 16 Abs. 3 Satz 5 des Vermögensgesetzes ist entsprechend anzuwenden.

(6) Auf die Aufhebung eines Nutzungsrechts nach § 287 oder § 291 des Zivilgesetzbuchs der Deutschen Demokratischen Republik finden die §§ 875 und 876 des Bürgerlichen Gesetzbuchs Anwendung. Ist das Nutzungsrecht nicht im Grundbuch eingetragen, so reicht die notariell beurkundete Erklärung des Berechtigten, daß er das Recht aufgebe, aus, wenn die Erklärung bei dem Grundbuchamt eingereicht wird. Mit der Aufhebung des Nutzungsrechts erlischt das Gebäudeeigentum nach § 288 Abs. 4 oder § 292 Abs. 3 des Zivilgesetzbuchs der Deutschen Demokratischen Republik; das Gebäude wird Bestandteil des Grundstücks.

(7) Die Absätze 1 bis 5 gelten entsprechend, soweit aufgrund anderer Rechtsvorschriften Gebäudeeigentum, für das ein Gebäudegrundbuchblatt anzulegen ist, in Verbindung mit einem Nutzungsrecht an dem betroffenen Grundstück besteht.

Anhang 3
Gesetz über das Wohnungseigentum und das Dauerwohnrecht (Wohnungseigentumsgesetz – WEG)

vom 15. März 1951 (BGBl. I S. 175, ber. S. 209), zuletzt geändert durch Gesetz vom 5. Dezember 2014 (BGBl. I S. 1962)

– Auszug –

§ 1
Begriffsbestimmungen

(1) Nach Maßgabe dieses Gesetzes kann an Wohnungen das Wohnungseigentum, an nicht zu Wohnzwecken dienenden Räumen eines Gebäudes das Teileigentum begründet werden.

(2) Wohnungseigentum ist das Sondereigentum an einer Wohnung in Verbindung mit dem Miteigentumsanteil an dem gemeinschaftlichen Eigentum, zu dem es gehört.

(3) Teileigentum ist das Sondereigentum an nicht zu Wohnzwecken dienenden Räumen eines Gebäudes in Verbindung mit dem Miteigentumsanteil an dem gemeinschaftlichen Eigentum, zu dem es gehört.

(4) Wohnungseigentum und Teileigentum konnen nicht in der Weise begründet werden, daß das Sondereigentum mit Miteigentum an mehreren Grundstücken verbunden wird.

(5) Gemeinschaftliches Eigentum im Sinne dieses Gesetzes sind das Grundstück sowie die Teile, Anlagen und Einrichtungen des Gebäudes, die nicht im Sondereigentum oder im Eigentum eines Dritten stehen.

(6) Für das Teileigentum gelten die Vorschriften über das Wohnungseigentum entsprechend.

§ 2
Arten der Begründung

Wohnungseigentum wird durch die vertragliche Einräumung von Sondereigentum (§ 3) oder durch Teilung (§ 8) begründet.

§ 3
Vertragliche Einräumung von Sondereigentum

(1) Das Miteigentum (§ 1008 des Bürgerlichen Gesetzbuches) an einem Grundstück kann durch Vertrag der Miteigentümer in der Weise beschränkt werden, daß jedem der Miteigentümer abweichend von § 93 des Bürgerlichen Gesetzbuches das Sondereigentum an einer bestimmten Wohnung oder an nicht zu Wohnzwecken dienenden bestimmten Räumen in einem auf dem Grundstück errichteten oder zu errichtenden Gebäude eingeräumt wird.

(2) Sondereigentum soll nur eingeräumt werden, wenn die Wohnungen oder sonstigen Räume in sich abgeschlossen sind. Garagenstellplätze gelten als abgeschlossene Räume, wenn ihre Flächen durch dauerhafte Markierungen ersichtlich sind.

(3) weggefallen

§ 4
Formvorschriften

(1) Zur Einräumung und zur Aufhebung des Sondereigentums ist die Einigung der Beteiligten über den Eintritt der Rechtsänderung und die Eintragung in das Grundbuch erforderlich.

(2) Die Einigung bedarf der für die Auflassung vorgeschriebenen Form. Sondereigentum kann nicht unter einer Bedingung oder Zeitbestimmung eingeräumt oder aufgehoben werden.

(3) Für einen Vertrag, durch den sich ein Teil verpflichtet, Sondereigentum einzuräumen, zu erwerben oder aufzuheben, gilt § 311b Abs. 1 des Bürgerlichen Gesetzbuchs entsprechend.

§ 5
Gegenstand und Inhalt des Sondereigentums

(1) Gegenstand des Sondereigentums sind die gemäß § 3 Abs. 1 bestimmten Räume sowie die zu diesen Räumen gehörenden Bestandteile des Gebäudes, die verändert, beseitigt oder eingefügt werden können, ohne daß dadurch das gemeinschaftliche Eigentum oder ein auf Sondereigentum beruhendes Recht eines anderen Wohnungseigentümers über das nach § 14 zulässige Maß hinaus beeinträchtigt oder die äußere Gestaltung des Gebäudes verändert wird.

(2) Teile des Gebäudes, die für dessen Bestand oder Sicherheit erforderlich sind, sowie Anlagen und Einrichtungen, die dem gemeinschaftlichen Gebrauch der Wohnungseigentümer dienen, sind nicht Gegenstand des Sondereigentums, selbst wenn sie sich im Bereich der im Sondereigentum stehenden Räume befinden.

(3) Die Wohnungseigentümer können vereinbaren, daß Bestandteile des Gebäudes, die Gegenstand des Sondereigentums sein können, zum gemeinschaftlichen Eigentum gehören.

(4) Vereinbarungen über das Verhältnis der Wohnungseigentümer untereinander können nach den Vorschriften des 2. und 3. Abschnittes zum Inhalt des Sondereigentums gemacht werden. Ist das Wohnungseigentum mit der Hypothek, Grund- oder Rentenschuld oder der Reallast eines Dritten belastet, so ist dessen nach anderen Rechtsvorschriften notwendige Zustimmung zu der Vereinbarung nur erforderlich, wenn ein Sondernutzungsrecht begründet oder ein mit dem Wohnungseigentum verbundenes Sondernutzungsrecht aufgehoben, geändert oder übertragen wird. Bei der Begründung eines Sondernutzungsrechts ist die Zustimmung des Dritten nicht erforderlich, wenn durch die Vereinbarung gleichzeitig das zu seinen Gunsten belastete Wohnungseigentum mit einem Sondernutzungsrecht verbunden wird.

§ 14
Pflichten des Wohnungseigentümers

Jeder Wohnungseigentümer ist verpflichtet:

1. die im Sondereigentum stehenden Gebäudeteile so instand zu halten und von diesen sowie von dem gemeinschaftlichen Eigentum nur in

solcher Weise Gebrauch zu machen, daß dadurch keinem der anderen Wohnungseigentümer über das bei einem geordneten Zusammenleben unvermeidliche Maß hinaus ein Nachteil erwächst;

2. für die Einhaltung der in Nummer 1 bezeichneten Pflichten durch Personen zu sorgen, die seinem Hausstand oder Geschäftsbetrieb angehören oder denen er sonst die Benutzung der im Sonder- oder Miteigentum stehenden Grundstücks- oder Gebäudeteile überläßt;
3. Einwirkungen auf die im Sondereigentum stehenden Gebäudeteile und das gemeinschaftliche Eigentum zu dulden, soweit sie auf einem nach Nummer 1, 2 zulässigen Gebrauch beruhen;
4. das Betreten und die Benutzung der im Sondereigentum stehenden Gebäudeteile zu gestatten, soweit dies zur Instandhaltung und Instandsetzung des gemeinschaftlichen Eigentums erforderlich ist; der hierdurch entstehende Schaden ist zu ersetzen.

§ 15
Gebrauchsregelung

(1) Die Wohnungseigentümer können den Gebrauch des Sondereigentums und des gemeinschaftlichen Eigentums durch Vereinbarung regeln.

(2) Soweit nicht eine Vereinbarung nach Absatz 1 entgegensteht, können die Wohnungseigentümer durch Stimmenmehrheit einen der Beschaffenheit der im Sondereigentum stehenden Gebäudeteile und des gemeinschaftlichen Eigentums entsprechenden ordnungsmäßigen Gebrauch beschließen.

(3) Jeder Wohnungseigentümer kann einen Gebrauch der im Sondereigentum stehenden Gebäudeteile und des gemeinschaftlichen Eigentums verlangen, der dem Gesetz, den Vereinbarungen und Beschlüssen und, soweit sich die Regelung hieraus nicht ergibt, dem Interesse der Gesamtheit der Wohnungseigentümer nach billigem Ermessen entspricht.

§ 18
Entziehung des Wohnungseigentums

(1) Hat ein Wohnungseigentümer sich einer so schweren Verletzung der ihm gegenüber anderen Wohnungseigentümern obliegenden Verpflichtungen schuldig gemacht, daß diesen die Fortsetzung der Gemeinschaft mit

ihm nicht mehr zugemutet werden kann, so können die anderen Wohnungseigentümer von ihm die Veräußerung seines Wohnungseigentums verlangen. Die Ausübung des Entziehungsrechts steht der Gemeinschaft der Wohnungseigentümer zu, soweit es sich nicht um eine Gemeinschaft handelt, die nur aus zwei Wohnungseigentümern besteht.

(2) Die Voraussetzungen des Absatzes 1 liegen insbesondere vor, wenn

1. der Wohnungseigentümer trotz Abmahnung wiederholt gröblich gegen die ihm nach § 14 obliegenden Pflichten verstößt;
2. der Wohnungseigentümer sich mit der Erfüllung seiner Verpflichtungen zur Lasten- und Kostentragung (§ 16 Abs. 2) in Höhe eines Betrages, der drei vom Hundert des Einheitswertes seines Wohnungseigentums übersteigt, länger als drei Monate in Verzug befindet; in diesem Fall steht § 30 der Abgabenordnung einer Mitteilung des Einheitswerts an die Gemeinschaft der Wohnungseigentümer oder, soweit die Gemeinschaft nur aus zwei Wohnungseigentümern besteht, an den anderen Wohnungseigentümer nicht entgegen.

(3) Über das Verlangen nach Absatz 1 beschließen die Wohnungseigentümer durch Stimmenmehrheit. Der Beschluß bedarf einer Mehrheit von mehr als der Hälfte der stimmberechtigten Wohnungseigentümer. Die Vorschriften des § 25 Abs. 3, 4 sind in diesem Falle nicht anzuwenden.

(4) Der in Absatz 1 bestimmte Anspruch kann durch Vereinbarung der Wohnungseigentümer nicht eingeschränkt oder ausgeschlossen werden.

§ 30

(1) Steht ein Erbbaurecht mehreren gemeinschaftlich nach Bruchteilen zu, so können die Anteile in der Weise beschränkt werden, daß jedem der Mitberechtigten das Sondereigentum an einer bestimmten Wohnung oder an nicht zu Wohnzwecken dienenden bestimmten Räumen in einem auf Grund des Erbbaurechts errichteten oder zu errichtenden Gebäude eingeräumt wird (Wohnungserbbaurecht, Teilerbbaurecht).

(2) Ein Erbbauberechtigter kann das Erbbaurecht in entsprechender Anwendung des § 8 teilen.

(3) Für jeden Anteil wird von Amts wegen ein besonderes Erbbaugrundbuchblatt angelegt (Wohnungserbbaugrundbuch, Teilerbbaugrundbuch).

Im übrigen gelten für das Wohnungserbbaurecht (Teilerbbaurecht) die Vorschriften über das Wohnungseigentum (Teileigentum) entsprechend.

Anhang 4
Gesetz zum Schutz vor schädlichen Bodenveränderungen und zur Sanierung von Altlasten (Bundes-Bodenschutzgesetz – BBodSchG)

vom 17. März 1998 (BGBl. I S. 502) zuletzt geändert durch Verordnung vom 27. September 2017 (BGBl. I S. 3465)

– Auszug –

§ 4
Pflichten zur Gefahrenabwehr

(1) Jeder, der auf den Boden einwirkt, hat sich so zu verhalten, daß schädliche Bodenveränderungen nicht hervorgerufen werden.

(2) Der Grundstückseigentümer und der Inhaber der tatsächlichen Gewalt über ein Grundstück sind verpflichtet, Maßnahmen zur Abwehr der von ihrem Grundstück drohenden schädlichen Bodenveränderungen zu ergreifen.

(3) Der Verursacher einer schädlichen Bodenveränderung oder Altlast sowie dessen Gesamtrechtsnachfolger, der Grundstückseigentümer und der Inhaber der tatsächlichen Gewalt über ein Grundstück sind verpflichtet, den Boden und Altlasten sowie durch schädliche Bodenveränderungen oder Altlasten verursachte Verunreinigungen von Gewässern so zu sanieren, daß dauerhaft keine Gefahren, erheblichen Nachteile oder erheblichen Belästigungen für den einzelnen oder die Allgemeinheit entstehen. Hierzu kommen bei Belastungen durch Schadstoffe neben Dekontaminations- auch Sicherungsmaßnahmen in Betracht, die eine Ausbreitung der Schadstoffe langfristig verhindern. Soweit dies nicht möglich oder unzumutbar ist, sind sonstige Schutz- und Beschränkungsmaßnahmen durchzuführen. Zur Sanierung ist auch verpflichtet, wer aus handelsrechtlichem oder gesellschaftsrechtlichem Rechtsgrund für eine juristische Person einzustehen hat, der ein Grundstück, das mit einer schädlichen Bodenveränderung oder

einer Altlast belastet ist, gehört, und wer das Eigentum an einem solchen Grundstück aufgibt.

(4) Bei der Erfüllung der boden- und altlastenbezogenen Pflichten nach den Absätzen 1 bis 3 ist die planungsrechtlich zulässige Nutzung des Grundstücks und das sich daraus ergebende Schutzbedürfnis zu beachten, soweit dies mit dem Schutz der in § 2 Abs. 2 Nr. 1 und 2 genannten Bodenfunktionen zu vereinbaren ist. Fehlen planungsrechtliche Festsetzungen, bestimmt die Prägung des Gebiets unter Berücksichtigung der absehbaren Entwicklung das Schutzbedürfnis. Die bei der Sanierung von Gewässern zu erfüllenden Anforderungen bestimmen sich nach dem Wasserrecht.

(5) Sind schädliche Bodenveränderungen oder Altlasten nach dem 1. März 1999 eingetreten, sind Schadstoffe zu beseitigen, soweit dies im Hinblick auf die Vorbelastung des Bodens verhältnismäßig ist. Dies gilt für denjenigen nicht, der zum Zeitpunkt der Verursachung auf Grund der Erfüllung der für ihn geltenden gesetzlichen Anforderungen darauf vertraut hat, daß solche Beeinträchtigungen nicht entstehen werden, und sein Vertrauen unter Berücksichtigung der Umstände des Einzelfalles schutzwürdig ist.

(6) Der frühere Eigentümer eines Grundstücks ist zur Sanierung verpflichtet, wenn er sein Eigentum nach dem 1. März 1999 übertragen hat und die schädliche Bodenveränderung oder Altlast hierbei kannte oder kennen mußte. Dies gilt für denjenigen nicht, der beim Erwerb des Grundstücks darauf vertraut hat, daß schädliche Bodenveränderungen oder Altlasten nicht vorhanden sind, und sein Vertrauen unter Berücksichtigung der Umstände des Einzelfalles schutzwürdig ist.

§ 7
Vorsorgepflicht

Der Grundstückseigentümer, der Inhaber der tatsächlichen Gewalt über ein Grundstück und derjenige, der Verrichtungen auf einem Grundstück durchführt oder durchführen läßt, die zu Veränderungen der Bodenbeschaffenheit führen können, sind verpflichtet, Vorsorge gegen das Entstehen schädlicher Bodenveränderungen zu treffen, die durch ihre Nutzung auf dem Grundstück oder in dessen Einwirkungsbereich hervorgerufen werden können. Vorsorgemaßnahmen sind geboten, wenn wegen der räumlichen, langfristigen oder komplexen Auswirkungen einer Nutzung auf die Bodenfunktionen die Besorgnis einer schädlichen Bodenveränderung besteht. Zur Erfüllung der Vorsorgepflicht sind Bodeneinwirkungen zu vermeiden oder zu vermindern, soweit dies auch im Hinblick auf den Zweck der Nutzung des Grundstücks verhältnismäßig ist. Anordnungen zur Vorsorge gegen schädliche Bodenveränderungen dürfen nur getroffen werden, soweit Anforderungen in einer Rechtsverordnung nach § 8 Abs. 2 festgelegt sind. Die Erfüllung der Vorsorgepflicht bei der landwirtschaftlichen Bodennutzung richtet sich nach § 17 Abs. 1 und 2, für die forstwirtschaftliche Bodennutzung richtet sie sich nach dem Zweiten Kapitel des Bundeswaldgesetzes und den Forst- und Waldgesetzen der Länder. Die Vorsorge für das Grundwasser richtet sich nach wasserrechtlichen Vorschriften. Bei bestehenden Bodenbelastungen bestimmen sich die zu erfüllenden Pflichten nach § 4.

Anhang 5
Waldgesetz für den Freistaat Sachsen (SächsWaldG)

vom 10. April 1992 (SächsGVBl. S. 137) zuletzt geändert durch Gesetzes vom 29. April 2015 (SächsGVBl. S. 349)

– Auszug –

§ 25
Nachbarrechte und Nachbarpflichten

(1) Die Waldbesitzer haben bei der Bewirtschaftung ihres Waldes auf die Bewirtschaftung benachbarter Grundstücke Rücksicht zu nehmen, soweit dies im Rahmen einer ordnungsgemäßen Forstwirtschaft ohne unbillige Härten möglich ist. Sie haben ihre Wirtschaftsmaßnahmen in der Nähe der Grenzen aufeinander abzustimmen.

(2) Bei der Neubegründung eines Waldes hat der Waldbesitzer zwischen den äußeren Forstpflanzen und der Grenze einen Abstand von sechs Metern einzuhalten, wenn das Nachbargrundstück nicht forstwirtschaftlich genutzt wird. Bei Verjüngung von Waldungen, die bei Inkrafttreten dieses Gesetzes bereits bestehen, ermäßigt sich der Abstand nach Satz 1 auf die Hälfte. Gegenüber Ödland, Wirtschaftswegen und Wald muss der Abstand mindestens zwei Meter betragen. Die freigelassenen Streifen können bis zu einem Meter Abstand von der Grenze mit Sträuchern, deren Höhe zwei Meter nicht überschreitet, bepflanzt werden. Die Grundstücksbesitzer können andere Abstände vereinbaren.

(3) Bauliche Anlagen mit Feuerstätten müssen von Wäldern, Mooren und Heiden mindestens 30 Meter entfernt sein; die gleiche Entfernung ist mit Gebäuden von Wäldern sowie mit Wäldern von Gebäuden einzuhalten. Ausnahmen können gestattet werden. Größere Abstände können verlangt werden, soweit dies wegen des Brandschutzes oder zur Sicherheit der Gebäude erforderlich ist. Die Entscheidung trifft die untere Baurechtsbehörde im Benehmen mit der Forstbehörde. Äußert sich die Forstbehörde nach

Eingang des Ersuchens nicht innerhalb der Frist des § 69 Abs. 1 Satz 3 der Sächsischen Bauordnung (SächsBO) vom 28. Mai 2004 (SächsGVBl. S. 200), die zuletzt durch Artikel 23 des Gesetzes vom 27. Januar 2012 (SächsGVBl. S. 130, 142) geändert worden ist, in der jeweiligen Fassung, gilt das Benehmen als hergestellt.

§ 26
Benutzung fremder Grundstücke

(1) Ist die forstliche Bewirtschaftung einer Waldfläche ohne Benutzung eines fremden Grundstückes nicht oder nur mit unzumutbar hohem Aufwand möglich, so kann die Forstbehörde den Eigentümer oder Nutzungsberechtigten des fremden Grundstückes auf Antrag des Waldbesitzers verpflichten, die notwendige Benutzung zu gestatten, wenn dieser sich bereit erklärt, den durch die Benutzung eventuell entstehenden Schaden zu beheben oder zu ersetzen und wenn er auf Verlangen des Grundstückseigentümers oder Nutzungsberechtigten eine Sicherheitsleistung in Höhe des voraussichtlichen Schadens erbringt.

(2) Unter den Voraussetzungen des Absatzes 1 kann der Waldbesitzer verpflichtet werden, die Mitbenutzung eines Waldweges gegen angemessene Entschädigung in Geld zu dulden.

Anhang 6
Sächsisches Wassergesetz (SächsWG)

vom 12. Juli 2013 (SächsGVBl. S. 503), zuletzt geändert durch Gesetz vom 26. Juni 2017 (SächsGVBl. S. 406)

– Auszug –

§ 3
Gewässereigentum, Eigentumsgrenzen und Duldungspflichten (zu § 4 WHG)

(1) Eigentum an oberirdischen Gewässern, das bei Inkrafttreten dieses Gesetzes bestand, bleibt aufrechterhalten.

(2) Das Eigentum an einem oberirdischen Gewässer beschränkt sich auf das Gewässerbett. Das Gewässerbett wird zum Ufer durch die Uferlinie im Sinne von § 23 abgegrenzt. Absperrbauwerke von Anlagen im Sinne des § 67 Abs. 1 gehören zum Gewässerbett.

(3) Die Eigentumsgrenzen an einem oberirdischen Gewässer bestimmen sich nach dem Liegenschaftskataster. Veränderungen des oberirdischen Gewässers haben keine Auswirkungen auf das Eigentum.

(4) Für die erstmalige Feststellung der Eigentumsgrenzen im Verlauf eines oberirdischen Gewässers oder seiner Ufer, für das bisher kein selbstständiges Grundstück gebildet wurde, sind die tatsächlichen Verhältnisse am 26. Juni 1998 maßgeblich. Die Eigentumsgrenzen am Gewässerbett bestimmen sich wie folgt:

1. für gegenüberliegende Grundstücke durch eine Linie, die in der Mitte des oberirdischen Gewässers bei Mittelwasserstand verläuft,
2. für nebeneinanderliegende Grundstücke durch eine vom Schnittpunkt ihrer Grenze mit der Uferlinie senkrecht auf die vorbezeichnete Mittellinie zu ziehende Linie,

3. für auf der anderen Seite des oberirdischen Gewässers sich fortsetzende Grundstücke eines Eigentümers durch die Verbindungslinie der beiderseitigen Grundstücksgrenzen,
4. für Gewässergrundstücke durch die Uferlinie.

Lassen sich die tatsächlichen Eigentumsverhältnisse am 26. Juni 1998 nicht feststellen, so sind die Regelungen des § 16 Abs. 4 des Gesetzes über das amtliche Vermessungswesen und das Liegenschaftskataster im Freistaat Sachsen (Sächsisches Vermessungs- und Katastergesetz – SächsVermKatG) vom 29. Januar 2008 (SächsGVBl. S. 138, 148), das durch Artikel 2 des Gesetzes vom 19. Mai 2010 (SächsGVBl. S. 134, 140) geändert worden ist, in der jeweils geltenden Fassung, entsprechend anzuwenden. § 124 bleibt unberührt.

(5) Die Feststellung nach Absatz 4 erfolgt von Amts wegen oder auf Antrag des Eigentümers eines Ufergrundstücks. Im Übrigen sind für das Verfahren und die Zuständigkeit die Regelungen des Sächsischen Vermessungs- und Katastergesetzes über die Grenzbestimmung entsprechend anzuwenden.

(6) Die Duldung gemäß § 4 Abs. 4 Satz 1 WHG erfolgt unentgeltlich.

(7) Es ist der freie Zugang zu oberirdischen Gewässern sowie Quellen zur Erholung zu ermöglichen, soweit nicht durch das Wasserhaushaltsgesetz, durch dieses Gesetz oder aufgrund dieser Gesetze Beschränkungen des Zuganges geregelt sind.

(8) Über die Benutzungen der oberirdischen Gewässer durch den Eigentümer oder den Nutzungsberechtigten entscheidet im Streitfall die zuständige Wasserbehörde.

§ 16
Gemeingebrauch
(zu § 25 WHG)

(1) Der Gemeingebrauch nach § 25 Satz 1 WHG an natürlichen Gewässern erstreckt sich auf das Baden, Tränken, Schöpfen mit Handgefäßen, den Eissport und das Befahren mit kleinen Wasserfahrzeugen ohne maschinellen Antrieb sowie das Einleiten von nicht verunreinigtem Quell- und Grundwasser, soweit dies wasserwirtschaftlich unbedenklich ist, insbesondere eine Beeinträchtigung des Gewässers und seiner Ufer sowie der Tier-

und Pflanzenwelt nicht zu erwarten ist. Der Gemeingebrauch nach § 25 Satz 1 WHG erstreckt sich auch auf das schadlose Einleiten von Niederschlagswasser, das nicht aus gemeinsamen Anlagen eingeleitet oder von gewerblich genutzten Flächen abgeleitet wird, sowie nach Maßgabe des Fischereigesetzes für den Freistaat Sachsen (Sächsisches Fischereigesetz – SächsFischG) vom 9. Juli 2007 (SächsGVBl. S. 310), zuletzt geändert durch Gesetz vom 29. April 2012 (SächsGVBl. S. 254), in der jeweils geltenden Fassung, auf das Einbringen von Stoffen wie Fischereigeräten und Fischnahrung in oberirdische Gewässer zu Zwecken der Fischerei, der Fischzucht und der Fischhaltung, soweit dadurch keine signifikanten nachteiligen Auswirkungen auf den Gewässerzustand und seine Nutzungsmöglichkeiten zu erwarten sind und der Wasserabfluss nicht nachteilig beeinflusst wird.

(2) Absatz 1 gilt nicht für Gewässer, die in Hofräumen, Betriebsgrundstücken, Gärten und Parkanlagen liegen, sowie für Gewässer- und Gewässerteile, die aufgrund eines besonderen Rechts angelegt worden sind.

(3) Die zuständige Wasserbehörde kann an künstlichen Gewässern den Gemeingebrauch zulassen, soweit nicht Rechte Dritter entgegenstehen.

(4) Die zuständige Wasserbehörde kann den Gemeingebrauch nach den Absätzen 1 und 3 in seinem Umfang regeln und im Einzelfall ganz ausschließen und ihn zum Wohl der Allgemeinheit, insbesondere zur Wasserversorgung, zum Hochwasserschutz, der Sicherstellung der Erholung, des Schutzes der Natur, der Erreichung der Bewirtschaftungsziele oder der Abwehr von Gefahren für die öffentliche Sicherheit und Ordnung einschränken oder untersagen. Sie kann die Zulassung des Gemeingebrauchs von der Herstellung, Unterhaltung und Überwachung erforderlicher Einrichtungen und Anlagen abhängig machen.

§ 27
Unterhaltung von Anlagen
(zu § 36 WHG)

(1) Wasserbenutzungsanlagen und sonstige Anlagen in, an, unter und über oberirdischen Gewässern sind von ihren Eigentümern und Betreibern so zu betreiben, zu unterhalten und zu sichern, dass der Zustand und die Unterhaltung des Gewässers sowie der Hochwasserschutz nicht beeinträchtigt werden und die Erreichung der Bewirtschaftungsziele nach den

§§ 27 bis 31 WHG nicht gefährdet wird. Die Anlagen sind insbesondere von Treibgut und Eis freizuhalten.

(2) Den Baulastträgern von Anlagen im Sinne von Absatz 1 obliegt auch die Unterhaltung der dem Schutz dieser Anlagen dienenden technischen Einrichtungen.

(3) Der zur Unterhaltung oder Sicherung nach Absatz 1 Verpflichtete kann von demjenigen, der durch die Unterhaltung oder Sicherung einen unmittelbaren Vorteil hat, eine angemessene Beteiligung an den Kosten der Unterhaltungs- oder Sicherungsmaßnahmen verlangen mit Ausnahme der Aufwendungen aus Gründen des Wohls der Allgemeinheit. Die Kostenbeteiligung richtet sich nach dem Maß des Vorteils. Soweit sich der Vorteil aus einer rechtlich gesicherten Möglichkeit der Inanspruchnahme der Anlage ergibt, erfolgt die Vorteilsbemessung nach dem Umfang der möglichen Inanspruchnahme, nicht nach der tatsächlichen Nutzung. Ist für die Unterhaltung von Anlagen nach Absatz 1 eine Körperschaft des öffentlichen Rechts zuständig, können die nach Satz 1 umzulegenden Aufwendungen durch Leistungsbescheid festgesetzt werden

(4) Die Eigentümer oder Betreiber der Anlagen nach Absatz 1 haben dem Träger der Unterhaltungslast für das jeweilige Gewässer entstehende zusätzliche Aufwendungen zu erstatten.

(5) Wird die Sicherungs- oder Unterhaltungspflicht nicht oder nicht ordnungsgemäß erfüllt, kann der Unterhaltungslastträger für das jeweilige Gewässer die notwendigen Arbeiten auf Kosten des Trägers der Unterhaltungslast nach Absatz 1 ausführen. Dies gilt nicht, soweit für die Anlage eine Körperschaft des öffentlichen Rechts Träger der Unterhaltungslast nach Absatz 1 ist. Ist der Unterhaltungslastträger nach Absatz 1 nicht feststellbar, hat der Gewässerunterhaltungspflichtige die notwendigen Arbeiten auf seine Kosten durchzuführen. Die Pflicht zur Ersatzvornahme begründet keinen Rechtsanspruch Dritter gegen den zur Ersatzvornahme Verpflichteten. Ist der Gewässerunterhaltungspflichtige eine Körperschaft des öffentlichen Rechts, können die nach Satz 1 entstandenen Aufwendungen durch Leistungsbescheid festgesetzt werden.

§ 29
Regelungen für den Wasserabfluss
(zu § 37 WHG)

Die Eigentümer oder Nutzungsberechtigten von Bodenflächen und Grundstücken haben gegen die bodenabtragende Wirkung des wild abfließenden Wassers geeignete Maßnahmen zu treffen.

§ 38
Besondere Pflichten bei der Gewässerunterhaltung
(zu § 41 WHG)

(1) Die Gewässereigentümer, die Anlieger und die Hinterlieger haben die zur Unterhaltung der Gewässer erforderlichen Maßnahmen auf den Ufergrundstücken und Gewässerrandstreifen sowie das Einbauen von Festpunkten, das Aufstellen von Flusseinteilungszeichen und das Anbringen von Hochwassermarken durch die Berechtigten zu dulden. Für die Anlieger und Hinterlieger gilt im Übrigen § 41 Abs. 1 Satz 1 Nr. 1 WHG entsprechend.

(2) Soweit es zur ordnungsgemäßen Unterhaltung eines Gewässers notwendig ist, haben die Inhaber von Wasserbenutzungsrechten oder Befugnissen zu dulden, dass ihre Wasserbenutzungsanlagen vorübergehend mitbenutzt oder stillgelegt werden. Dies gilt auch für die Ausübung der Fischerei durch die Fischereiausübungsberechtigten.

(3) Die Anlieger und die Hinterlieger haben das vorübergehende Aufbringen und das Einebnen von Aushub auf ihren Grundstücken zu dulden, soweit dadurch die Nutzung nicht wesentlich beeinträchtigt wird. Die abfallrechtlichen und bodenschutzrechtlichen Vorschriften bleiben unberührt.

(4) Entstehen durch Handlungen nach Absatz 1 oder 3 Schäden, so hat der Geschädigte Anspruch auf Schadensersatz.

§ 95
Durchleiten von Wasser und Abwasser
(zu § 93 WHG)

Die nach bisherigem Recht auf fremden Grundstücken bereits errichteten und genutzten Anlagen nach § 93 Satz 1 WHG sind weiterhin zu dulden.

§ 96
Mitbenutzung von Anlagen
(zu § 94 WHG)

§ 94 WHG ist entsprechend auf sonstige wasserwirtschaftliche Anlagen anzuwenden.

§ 97
Duldung vorbereitender Maßnahmen
(zu den §§ 91 bis 94 WHG)

Soweit es die Vorbereitung von wasserwirtschaftlichen Vorhaben erfordert, haben die Eigentümer und Nutzungsberechtigten der betreffenden Grundstücke auf Anordnung der zuständigen Wasserbehörde zu dulden, dass der Unternehmer oder dessen Beauftragter nach vorheriger rechtzeitiger Ankündigung Grundstücke betreten und die erforderlichen Arbeiten durchführen kann.

§ 114
Einwendungen aufgrund von Privatrechtsverhältnissen

(1) Werden Einwendungen aufgrund von Privatrechtsverhältnissen erhoben, so kann das Verwaltungsverfahren ausgesetzt werden, um den Beteiligten Gelegenheit zu geben, eine gerichtliche Entscheidung herbeizuführen. Es muss ausgesetzt werden, wenn der Antrag bei Bestehen des Rechts abzuweisen wäre. Bei Aussetzung des Verfahrens ist zu bestimmen, bis wann die Klage erhoben sein muss. Wird die Prozessführung verzögert, so kann das Verfahren fortgesetzt werden.

(2) Wird im Falle nach Absatz 1 einem Antrag stattgegeben, bevor über das Bestehen des Rechts rechtskräftig entschieden worden ist, so bleibt die Entscheidung über das Bestehen des Rechts festzusetzenden Auflagen und Entschädigungen vorbehalten. Über die sonstigen nichterledigten Einwendungen wird entschieden.

(3) Die Entscheidung ist dem Antragsteller zuzustellen.

Anhang 7
Straßengesetz für den Freistaat Sachsen (Sächsisches Straßengesetz – SächsStrG)

vom 21. Januar 1993 (SächsGVBl. S. 93), zuletzt geändet durch Gesetz vom 24. Februar 2016 (SächsGVBl. S. 78)

– Auszug –

§ 6
Widmung

(1) Widmung ist die Allgemeinverfügung, durch die Straßen, Wege und Plätze die Eigenschaft einer öffentlichen Straße erhalten. Sie ist mit Rechtsbehelfsbelehrung öffentlich bekanntzumachen und wird frühestens im Zeitpunkt der öffentlichen Bekanntmachung wirksam.

(2) Die Widmung einer Straße für den öffentlichen Verkehr verfügt

1. für die Staatsstraßen das Landesamt für Straßenbau und Verkehr,
2. für die Kreisstraßen die obere besondere Straßenaufsichtsbehörde,
3. für die Gemeindeverbindungsstraßen die untere Straßenaufsichtsbehörde,
4. für Ortsstraßen und sonstige öffentliche Straßen die Gemeinde.

Ist die für die Widmung zuständige Behörde nicht Behörde des Trägers der Straßenbaulast, so ist zur Widmung dessen schriftliche Zustimmung erforderlich. Bei Widmungen, die gemäß Absatz 4 in einem Planfeststellungs- oder Flurbereinigungsverfahren verfügt werden, gilt die Zustimmung als erteilt, sofern der Träger der Straßenbaulast der Widmung nicht innerhalb der Anhörungsfrist gemäß § 39 Absatz 3 in Verbindung mit § 73 Absatz 3a des Verwaltungsverfahrensgesetzes in der Fassung der Bekanntmachung vom 23. Januar 2003 (BGBl. I S. 102), das zuletzt durch Artikel 1 des Gesetzes vom 20. November 2015 (BGBl. I S. 2010) geändert worden ist, in der jeweils geltenden Fassung, oder als Beteiligter des Flurbereinigungsverfahrens spätestens in dem Anhörungstermin gemäß § 41 Absatz 2 des

Flurbereinigungsgesetzes in der Fassung der Bekanntmachung vom 16. März 1976 (BGBl. I S. 546), das zuletzt durch Artikel 17 des Gesetzes vom 19. Dezember 2008 (BGBl. I S. 2794) geändert worden ist, in der jeweils geltenden Fassung, widersprochen hat. Soll ein anderer als eine Gebietskörperschaft Träger der Straßenbaulast werden, so verfügt die Widmung auf seinen schriftlichen Antrag hin die untere Straßenaufsichtsbehörde im Einvernehmen mit der Gemeinde. Beschränkungen der Widmung auf bestimmte Benutzungszwecke oder Benutzungsarten sind in der Verfügung festzulegen. Mit der Widmung ist festzustellen, welcher Straßenklasse nach § 3 Abs. 1 die Straße angehört (Einteilung).

(3) Voraussetzung für die Widmung ist, daß der Träger der Straßenbaulast Eigentümer des der Straße dienenden Grundstücks ist oder der Eigentümer und ein sonst zur Nutzung dinglich Berechtigter der Widmung zugestimmt haben oder der Träger der Straßenbaulast den Besitz durch Vertrag, durch Einweisung oder in einem sonstigen gesetzlich geregelten Verfahren erlangt hat.

(4) Bei Straßen, deren Bau in einem Planfeststellungs- oder Flurbereinigungsverfahren geregelt wird, kann die Widmung in diesem Verfahren mit der Maßgabe verfügt werden, daß sie mit der Verkehrsübergabe wirksam wird, wenn die Voraussetzungen des Absatzes 3 in diesem Zeitpunkt vorliegen. Der Träger der Straßenbaulast hat den Zeitpunkt der Verkehrsübergabe, die Straßenklasse sowie Beschränkungen der Widmung der das Straßen- oder Bestandsverzeichnis führenden Behörde unverzüglich anzuzeigen. Der Träger der Straßenbaulast hat die öffentliche Bekanntmachung zu veranlassen. Eine Bekanntmachung ist entbehrlich, wenn die zur Widmung vorgesehenen Straßen in den im Planfeststellungs- bzw. Flurbereinigungsverfahren ausgelegten Plänen als solche kenntlich gemacht worden sind.

(5) Wird eine Straße verbreitert, begradigt, unerheblich verlegt oder ergänzt, so gilt der neue Straßenteil durch die Verkehrsübergabe als gewidmet, sofern die Voraussetzungen des Absatzes 3 vorliegen. Einer öffentlichen Bekanntmachung nach Absatz 1 bedarf es nicht.

(6) Durch bürgerlich-rechtliche Verfügungen oder durch Verfügungen im Wege der Zwangsvollstreckung oder der Enteignung über die der Straße

dienenden Grundstücke oder Rechte an ihnen wird die Widmung nicht berührt.

§ 14
Gemeingebrauch

(1) Der Gebrauch der öffentlichen Straße ist jedermann im Rahmen der Widmung und der verkehrsrechtlichen Vorschriften gestattet (Gemeingebrauch). Auf die Aufrechterhaltung des Gemeingebrauchs besteht kein Rechtsanspruch.

(2) Der Gemeingebrauch ist unentgeltlich; Ausnahmen bedürfen einer gesetzlichen Regelung.

§ 27
Schutzmaßnahmen

(1) Die Eigentümer und Besitzer der der Straße benachbarten Grundstücke haben die zum Schutz der Straße vor nachteiligen Einwirkungen der Natur wie Schneeverwehungen, Steinschlag, Vermurungen, Überschwemmungen notwendigen Vorkehrungen zu dulden. Die Straßenbaubehörde hat dem Betroffenen die Durchführung der Maßnahmen mindestens zwei Wochen vorher schriftlich anzuzeigen, es sei denn, daß Gefahr im Verzuge ist. Der Betroffene ist berechtigt, die Maßnahmen im Einvernehmen mit der Straßenbaubehörde selbst durchzuführen. Der Träger der Straßenbaulast hat dem Betroffenen Aufwendungen und Schäden in Geld zu ersetzen, soweit diese nicht Folge von Veränderungen auf benachbarten Grundstücken sind, die der Betroffene zu vertreten hat.

(2) Anpflanzungen und Zäune sowie Stapel, Haufen oder andere mit dem Grundstück nicht fest verbundene Einrichtungen dürfen nicht angelegt oder unterhalten werden, wenn sie die Sicherheit oder Leichtigkeit des Verkehrs beeinträchtigen. Werden sie entgegen Satz 1 angelegt oder unterhalten, so sind sie auf schriftliches Verlangen der Straßenbaubehörde von dem nach Absatz 1 Verpflichteten binnen angemessener Frist zu beseitigen. Nach Ablauf der Frist kann die Straßenbaubehörde die Anpflanzung oder Einrichtung auf Kosten des Betroffenen beseitigen oder beseitigen lassen.

(3) Im Falle des Absatzes 2 hat der Betroffene die Kosten zu tragen, die durch die Beseitigung der Einrichtung oder Anpflanzung entstehen. Das gilt

nicht, wenn die Einrichtung oder Anpflanzung schon bei Inkrafttreten dieses Gesetzes vorhanden war oder wenn die Voraussetzungen für ihre Beseitigung deswegen eintreten, weil die Straße neu angelegt oder ausgebaut worden ist; in diesen Fällen hat der Träger der Straßenbaulast dem Betroffenen Aufwendungen und Schäden in Geld zu ersetzen.

Anhang 8
Sächsische Bauordnung (SächsBO)

in der Fassung der Bekanntmachung vom 11. Mai 2016 (SächsGVBl. S. 186), zuletzt geändert durch Gesetz vom 11. Dezember 2018 (SächsGVBl. S. 706)

– Auszug –

§ 1
Anwendungsbereich

(1) Dieses Gesetz gilt für bauliche Anlagen und Bauprodukte. Es gilt auch für Grundstücke sowie für andere Anlagen und Einrichtungen, an die in diesem Gesetz oder in Vorschriften aufgrund dieses Gesetzes Anforderungen gestellt werden.

(2) Die Vorschriften der Teile 1 bis 5 und des Teils 7 dieses Gesetzes gelten nicht für

1. Anlagen des öffentlichen Verkehrs einschließlich Zubehör, Nebenanlagen und Nebenbetriebe, ausgenommen Gebäude;
2. Anlagen, die der Bergaufsicht unterliegen, ausgenommen Gebäude;
3. Leitungen, die der öffentlichen Versorgung mit Wasser, Gas, Elektrizität, Wärme, der öffentlichen Abwasserentsorgung oder der Telekommunikation dienen;
4. Rohrleitungen, die dem Ferntransport von Stoffen dienen;
5. Kräne und Krananlagen;
6. Messestände in Messe- und Ausstellungsgebäuden sowie
7. Regale und Regalanlagen in Gebäuden, die nicht Teil der Gebäudekonstruktion sind oder keine Erschließungsfunktion haben.

§ 2
Begriffe

(1) Bauliche Anlagen sind mit dem Erdboden verbundene, aus Bauprodukten hergestellte Anlagen. Eine Verbindung mit dem Boden besteht auch dann, wenn die Anlage durch eigene Schwere auf dem Boden ruht oder auf ortsfesten Bahnen begrenzt beweglich ist oder wenn die Anlage nach ihrem Verwendungszweck dazu bestimmt ist, überwiegend ortsfest benutzt zu werden. Bauliche Anlagen sind auch

1. Aufschüttungen und Abgrabungen;
2. Lagerplätze, Abstellplätze und Ausstellungsplätze;
3. Sport- und Spielflächen;
4. Campingplätze, Wochenendplätze und Zeltplätze;
5. Freizeit- und Vergnügungsparks;
6. Stellplätze für Kraftfahrzeuge;
7. Gerüste sowie
8. Hilfseinrichtungen zur statischen Sicherung von Bauzuständen.

Anlagen sind bauliche Anlagen und andere Anlagen und Einrichtungen im Sinne des § 1 Absatz 1 Satz 2.

(2) Gebäude sind selbstständig benutzbare, überdeckte bauliche Anlagen, die von Menschen betreten werden können und geeignet oder bestimmt sind, dem Schutz von Menschen, Tieren oder Sachen zu dienen.

(3) Gebäude werden in folgende Gebäudeklassen eingeteilt:

1. Gebäudeklasse 1:
   a) freistehende Gebäude mit einer Höhe bis zu 7 m und nicht mehr als zwei Nutzungseinheiten von insgesamt nicht mehr als 400 m^2 und
   b) freistehende land- oder forstwirtschaftlich genutzte Gebäude;
2. Gebäudeklasse 2:
   Gebäude mit einer Höhe bis zu 7 m und nicht mehr als zwei Nutzungseinheiten von insgesamt nicht mehr als 400 m^2;
3. Gebäudeklasse 3:
   sonstige Gebäude mit einer Höhe bis zu 7 m;
4. Gebäudeklasse 4:
   Gebäude mit einer Höhe bis zu 13 m und Nutzungseinheiten mit jeweils nicht mehr als 400 m^2;

5. Gebäudeklasse 5:
   sonstige Gebäude einschließlich unterirdischer Gebäude.

Höhe im Sinne des Satzes 1 ist das Maß der Fußbodenoberkante des höchstgelegenen Geschosses, in dem ein Aufenthaltsraum möglich ist, über der Geländeoberfläche im Mittel. Die Grundflächen der Nutzungseinheiten im Sinne dieses Gesetzes sind die Brutto-Grundflächen. Bei der Berechnung der Brutto-Grundflächen nach Satz 1 bleiben Flächen in Kellergeschossen außer Betracht.

(4) Sonderbauten sind Anlagen besonderer Art oder Nutzung, die einen der nachfolgenden Tatbestände erfüllen:

1. Hochhäuser (Gebäude mit einer Höhe nach Absatz 3 Satz 2 von mehr als 22 m);
2. bauliche Anlagen mit einer Höhe von mehr als 30 m;
3. Gebäude mit mehr als 1.600 m^2 Grundfläche des Geschosses mit der größten Ausdehnung, ausgenommen Wohngebäude und Garagen sowie land- oder forstwirtschaftliche Gebäude mit nicht mehr als 10.000 m^3 Brutto-Rauminhalt;
4. Verkaufsstätten, deren Verkaufsräume und Ladenstraßen eine Grundfläche von insgesamt mehr als 800 m^2 haben;
5. Gebäude mit Räumen, die einer Büro- oder Verwaltungsnutzung dienen und einzeln eine Grundfläche von mehr als 400 m^2 haben;
6. Gebäude mit Räumen, die einzeln für die Nutzung durch mehr als 100 Personen bestimmt sind;
7. Versammlungsstätten
   a) mit Versammlungsräumen, die insgesamt mehr als 200 Besucher fassen, wenn diese Versammlungsräume gemeinsame Rettungswege haben,
   b) im Freien mit Szenenflächen und Freisportanlagen jeweils mit Tribünen, die keine Fliegenden Bauten sind und insgesamt mehr als 1.000 Besucher fassen;
8. Schank- und Speisegaststätten mit mehr als 40 Gastplätzen in Gebäuden oder mehr als 1.000 Gastplätzen im Freien, Beherbergungsstätten mit mehr als 12 Betten und Spielhallen mit mehr als 150 m^2 Grundfläche;

9. Gebäude mit Nutzungseinheiten zum Zwecke der Pflege oder Betreuung von Personen mit Pflegebedürftigkeit oder Behinderung, deren Selbstrettungsfähigkeit eingeschränkt ist, wenn die Nutzungseinheiten
   a) einzeln für mehr als sechs Personen mit Pflegebedürftigkeit oder Behinderung bestimmt sind oder
   b) für Personen mit Intensivpflegebedarf bestimmt sind oder
   c) einen gemeinsamen Rettungsweg haben und für insgesamt mehr als sechs Personen mit Pflegebedürftigkeit oder Behinderung bestimmt sind;
10. Krankenhäuser;
11. sonstige Einrichtungen zur Unterbringung von Personen und Wohnheime;
12. Tageseinrichtungen für Menschen mit Behinderung, alte Menschen und Kinder, ausgenommen Tageseinrichtungen für nicht mehr als zehn Kinder und Kindertagespflege;
13. Schulen, Hochschulen und ähnliche Einrichtungen;
14. Justizvollzugsanstalten und bauliche Anlagen für den Maßregelvollzug;
15. Camping- und Wochenendplätze;
16. Freizeit- und Vergnügungsparks;
17. Fliegende Bauten, soweit sie einer Ausführungsgenehmigung bedürfen, und Fahrgeschäfte, die keine Fliegenden Bauten sind, ausgenommen solche mit einer Höhe bis 5 m, die für Kinder betrieben werden und eine Geschwindigkeit von höchstens 1 m/s haben;
18. Regallager mit einer Oberkante Lagerguthöhe von mehr als 7,50 m;
19. bauliche Anlagen, deren Nutzung durch Umgang oder Lagerung von Stoffen mit Explosions- oder erhöhter Brandgefahr verbunden ist, oder
20. Anlagen, die in den Nummern 1 bis 19 nicht aufgeführt und deren Art oder Nutzung mit vergleichbaren Gefahren verbunden sind.

(5) Aufenthaltsräume sind Räume, die zum nicht nur vorübergehenden Aufenthalt von Menschen bestimmt oder geeignet sind.

(6) Geschosse sind oberirdische Geschosse, wenn ihre Deckenoberkanten im Mittel mehr als 1,40 m über die Geländeoberfläche hinausragen. Im Übrigen sind sie Kellergeschosse. Hohlräume zwischen der obersten Decke

und der Bedachung, in denen Aufenthaltsräume nicht möglich sind, sind keine Geschosse.

(7) Stellplätze sind Flächen, die dem Abstellen von Kraftfahrzeugen außerhalb der öffentlichen Verkehrsflächen dienen. Garagen sind Gebäude oder Gebäudeteile zum Abstellen von Kraftfahrzeugen. Ausstellungs-, Verkaufs-, Werk- und Lagerräume für Kraftfahrzeuge sind keine Stellplätze oder Garagen.

(8) Feuerstätten sind in oder an Gebäuden ortsfest benutzte Anlagen oder Einrichtungen, die dazu bestimmt sind, durch Verbrennung Wärme zu erzeugen.

(9) Barrierefrei sind bauliche Anlagen, soweit sie für Menschen mit Behinderung in der allgemein üblichen Weise, ohne besondere Erschwernis und grundsätzlich ohne fremde Hilfe zugänglich und nutzbar sind.

(10) Bauprodukte sind

1. Produkte, Baustoffe, Bauteile und Anlagen sowie Bausätze gemäß Artikel 2 Nummer 2 der Verordnung (EU) Nr. 305/2011 des Europäischen Parlaments und des Rates vom 9. März 2011 zur Festlegung harmonisierter Bedingungen für die Vermarktung von Bauprodukten und zur Aufhebung der Richtlinie 89/106/EWG des Rates (ABl. L 88 vom 4. 4. 2011, S. 5, L 103 vom 12. 4. 2013, S. 10), die zuletzt durch die delegierte Verordnung (EU) Nr. 574/2014 (ABl. L 159 vom 28. 5. 2014, S. 41) geändert worden ist, die hergestellt werden, um dauerhaft in bauliche Anlagen eingebaut zu werden, und
2. aus Produkten, Baustoffen, Bauteilen und Bausätzen gemäß Artikel 2 Nummer 2 der Verordnung (EU) Nr. 305/2011 vorgefertigte Anlagen, die hergestellt werden, um mit dem Erdboden verbunden zu werden,

und deren Verwendung sich auf die Anforderungen nach § 3 Satz 1 auswirken kann.

(11) Bauart ist das Zusammenfügen von Bauprodukten zu baulichen Anlagen oder Teilen von baulichen Anlagen.

(12) Eine rechtliche Sicherung liegt vor, wenn das zu sichernde Recht oder die rechtliche Verpflichtung als Grunddienstbarkeit (§ 1018 des Bürgerlichen Gesetzbuches) und als beschränkt persönliche Dienstbarkeit (§ 1090 des Bürgerlichen Gesetzbuches) zugunsten der Bauaufsichtsbehörde im

Grundbuch eingetragen ist oder wenn dafür eine Baulast übernommen worden ist.

§ 3
Allgemeine Anforderungen

Anlagen sind so anzuordnen, zu errichten, zu ändern und instand zu halten, dass die öffentliche Sicherheit und Ordnung, insbesondere Leben, Gesundheit und die natürlichen Lebensgrundlagen, nicht gefährdet werden; dabei sind die Grundanforderungen an Bauwerke gemäß Anhang I der Verordnung (EU) Nr. 305/2011 zu berücksichtigen. Dies gilt auch für die Beseitigung von Anlagen und bei der Änderung ihrer Nutzung.

§ 62
Genehmigungsfreistellung

(1) Keiner Genehmigung bedarf unter den Voraussetzungen des Absatzes 2 die Errichtung, Änderung und Nutzungsänderung baulicher Anlagen. Satz 1 gilt nicht für die Errichtung, Änderung oder Nutzungsänderung

1. von Sonderbauten,
2. von Anlagen, für die nach dem Gesetz über die Umweltverträglichkeitsprüfung in der Fassung der Bekanntmachung vom 24. Februar 2010 (BGBl. I S. 94), das zuletzt durch Artikel 2 des Gesetzes vom 8. September 2017 (BGBl. I S. 3370) geändert worden ist, oder dem Gesetz über die Umweltverträglichkeitsprüfung im Freistaat Sachsen in der Fassung der Bekanntmachung vom 9. Juli 2007 (SächsGVBl. S. 349), das zuletzt durch Artikel 5 des Gesetzes vom 12. Juli 2013 (SächsGVBl. S. 503) geändert worden ist, in den jeweils geltenden Fassungen, eine Umweltverträglichkeitsprüfung durchzuführen ist,
3. a) eines oder mehrerer Gebäude, wenn dadurch dem Wohnen dienende Nutzungseinheiten mit einer Größe von insgesamt mehr als 5.000 m^2 Brutto-Grundfläche geschaffen werden, und
   b) baulicher Anlagen, die öffentlich zugänglich sind, wenn dadurch die gleichzeitige Nutzung durch mehr als 100 zusätzliche Besucher ermöglicht wird,

   die innerhalb eines Achtungsabstandes eines Betriebsbereichs nach § 3 Absatz 5a des Bundes-Immissionsschutzgesetzes in der Fassung der

Bekanntmachung vom 17. Mai 2013 (BGBl. I S. 1274), das zuletzt durch Artikel 3 des Gesetzes vom 18. Juli 2017 (BGBl. I S. 2771) geändert worden ist, in der jeweils geltenden Fassung, liegen. Die Bauaufsichtsbehörde ist berechtigt, den Baubeginn in der Frist des Absatzes 3 Satz 3 zu untersagen und dem Bauherrn mitzuteilen, dass ein Genehmigungsverfahren durchgeführt werden soll, wenn in einem Wohngebiet im Sinne von Artikel 13 Absatz 1 Satz 2 Buchstabe c der Richtlinie 2012/18/EU des Europäischen Parlaments und des Rates vom 4. Juli 2012 zur Beherrschung der Gefahren schwerer Unfälle mit gefährlichen Stoffen, zur Änderung und anschließenden Aufhebung der Richtlinie 96/82/EG des Rates (ABl. L 197 vom 24. 7. 2012, S. 1) innerhalb des Achtungsabstandes nach Satz 2 Nummer 3 ein Gebäude, das dem Wohnen dient, errichtet werden soll.

(2) Nach Absatz 1 ist ein Bauvorhaben genehmigungsfrei gestellt, wenn

1. es im Geltungsbereich eines Bebauungsplans im Sinne von § 30 Absatz 1 oder §§ 12, 30 Absatz 2 des Baugesetzbuches liegt;
2. es den Festsetzungen des Bebauungsplans nicht widerspricht;
3. die Erschließung im Sinne des Baugesetzbuches gesichert ist und
4. die Gemeinde nicht innerhalb der Frist nach Absatz 3 Satz 3 erklärt, dass das vereinfachte Baugenehmigungsverfahren durchgeführt werden soll oder eine vorläufige Untersagung nach § 15 Absatz 1 Satz 2 des Baugesetzbuches beantragt.

§ 63
Vereinfachtes Baugenehmigungsverfahren

Außer bei baulichen Anlagen nach § 62 Absatz 1 Satz 2 Nummer 1 und 2 prüft die Bauaufsichtsbehörde

1. die Übereinstimmung mit den Vorschriften über die Zulässigkeit der baulichen Anlagen nach den §§ 29 bis 38 des Baugesetzbuches;
2. beantragte Abweichungen im Sinne des § 67 Absatz 1 und 2 Satz 2 sowie
3. andere öffentlich-rechtliche Anforderungen, soweit wegen der Baugenehmigung eine Entscheidung nach anderen öffentlich-rechtlichen Vorschriften entfällt oder ersetzt wird.

§ 66 bleibt unberührt.

§ 70
Beteiligung der Nachbarn und der Öffentlichkeit

(1) Die Bauaufsichtsbehörde muss die Eigentümer benachbarter Grundstücke (Nachbarn) vor Erteilung von Abweichungen und Befreiungen benachrichtigen, wenn zu erwarten ist, dass öffentlich-rechtlich geschützte nachbarliche Belange berührt werden. Einwendungen sind innerhalb von zwei Wochen nach Zugang der Benachrichtigung bei der Bauaufsichtsbehörde schriftlich oder zur Niederschrift vorzubringen.

(2) Die Benachrichtigung entfällt, wenn die zu benachrichtigenden Nachbarn die Lagepläne und Bauzeichnungen unterschrieben oder der Erteilung von Abweichungen und Befreiungen schriftlich zugestimmt haben.

(3) Haben die Nachbarn dem Bauvorhaben nicht zugestimmt, ist ihnen die Baugenehmigung zuzustellen. Bei Bauvorhaben, die keiner Genehmigung bedürfen, ist ihnen die Entscheidung über die Erteilung von Abweichungen und Befreiungen zuzustellen. Bei mehr als 20 Nachbarn kann die Zustellung nach den Sätzen 1 oder 2 durch öffentliche Bekanntmachung ersetzt werden; die Bekanntmachung hat den verfügenden Teil der Baugenehmigung oder die Entscheidung über Abweichungen oder Befreiungen, die Rechtsbehelfsbelehrung und einen Hinweis darauf zu enthalten, wo die Akten eingesehen werden können. Sie ist im amtlichen Veröffentlichungsblatt der Bauaufsichtsbehörde bekannt zu machen. Die Zustellung gilt mit dem Tag der Bekanntmachung als bewirkt.

(4) Bei baulichen Anlagen, die aufgrund ihrer Beschaffenheit oder ihres Betriebs geeignet sind, die Allgemeinheit oder die Nachbarschaft zu gefährden, zu benachteiligen oder zu belästigen, kann die Bauaufsichtsbehörde auf Antrag des Bauherrn das Bauvorhaben in ihrem amtlichen Veröffentlichungsblatt und außerdem in örtlichen Tageszeitungen, die im Bereich des Standorts der Anlage verbreitet sind, öffentlich bekannt machen; verfährt die Bauaufsichtsbehörde nach Halbsatz 1, finden die Absätze 1 und 2 keine Anwendung. In der Bekanntmachung nach Satz 1 Halbsatz 1 ist darauf hinzuweisen,

1. wo und wann die Akten des Verfahrens eingesehen werden können,
2. wo und wann Einwendungen gegen das Bauvorhaben vorgebracht werden können,

3. welche Rechtsfolgen mit Ablauf der Frist des Satzes 3 eintreten und
4. dass die Zustellung der Entscheidung nach Absatz 3 Satz 1 oder Satz 2 durch öffentliche Bekanntmachung ersetzt werden kann.

Mit Ablauf einer Frist von einem Monat nach der Bekanntmachung des Bauvorhabens nach Satz 1 Halbsatz 1 sind alle öffentlich-rechtlichen Einwendungen gegen das Bauvorhaben ausgeschlossen. Die Zustellung der Entscheidung nach Absatz 3 Satz 1 oder Satz 2 kann durch öffentliche Bekanntmachung ersetzt werden; Satz 1 Halbsatz 1 und Absatz 3 Satz 3 Halbsatz 2 und Satz 5 gelten entsprechend.

(5) Bei der Errichtung, Änderung oder Nutzungsänderung

1. eines oder mehrerer Gebäude, wenn dadurch dem Wohnen dienende Nutzungseinheiten mit einer Größe von insgesamt mehr als 5.000 m^2 Bruttogrundfläche geschaffen werden,
2. baulicher Anlagen, die öffentlich zugänglich sind, wenn dadurch die gleichzeitige Nutzung durch mehr als 100 zusätzliche Besucher ermöglicht wird, und
3. baulicher Anlagen, die nach Durchführung des Bauvorhabens Sonderbauten nach § 2 Absatz 4 Nummer 9 Buchstabe c, Nummer 10 bis 13, 15 und 16 sind,

ist eine Öffentlichkeitsbeteiligung nach Artikel 15 der Richtlinie 2012/18/EU in Verbindung mit § 10 Absatz 3 Satz 1 bis 5, Absatz 4 Nummer 1, 2 und 4, Absatz 5 und 7 Satz 1 des Bundes-Immissionsschutzgesetzes durchzuführen, wenn sie innerhalb eines Achtungsabstandes eines Betriebsbereiches im Sinne des § 3 Absatz 5a des Bundes-Immissionsschutzgesetzes liegen. Haben mehr als 20 Personen Einwendungen erhoben, kann die Zustellung durch die öffentliche Bekanntmachung ersetzt werden, § 10 Absatz 8 des Bundes-Immissionsschutzgesetzes gilt entsprechend. Besteht für das Vorhaben eine Pflicht zur Durchführung einer Umweltverträglichkeitsprüfung, muss die Bekanntmachung des Vorhabens darüber hinaus den Anforderungen des § 19 Absatz 1 des Gesetzes über die Umweltverträglichkeitsprüfung entsprechen.

§ 72
Baugenehmigung, Baubeginn

(1) Die Baugenehmigung ist zu erteilen, wenn dem Bauvorhaben keine öffentlich-rechtlichen Vorschriften entgegenstehen, die im bauaufsichtlichen Genehmigungsverfahren zu prüfen sind.

(2) Die Baugenehmigung bedarf der Schriftform. Sie ist nur insoweit zu begründen, als Abweichungen oder Befreiungen von nachbarschützenden Vorschriften zugelassen werden und der Nachbar nicht nach § 70 Absatz 2 zugestimmt hat.

(3) Die Baugenehmigung kann unter Auflagen, Bedingungen und dem Vorbehalt der nachträglichen Aufnahme, Änderung oder Ergänzung einer Auflage sowie befristet erteilt werden.

(4) Die Baugenehmigung wird unbeschadet der Rechte Dritter erteilt.

(5) Die Gemeinde ist, wenn sie nicht Bauaufsichtsbehörde ist, von der Erteilung, Verlängerung, Ablehnung, Rücknahme und dem Widerruf einer Baugenehmigung, Teilbaugenehmigung, eines Vorbescheids, einer Zustimmung, einer Abweichung, einer Ausnahme oder einer Befreiung zu unterrichten. Eine Ausfertigung des Bescheids ist beizufügen.

(6) Mit der Bauausführung oder mit der Ausführung des jeweiligen Bauabschnitts darf erst begonnen werden, wenn

1. die Baugenehmigung dem Bauherrn zugegangen ist und
2. die bautechnischen Nachweise nach § 66 sowie
3. die Baubeginnsanzeige

der Bauaufsichtsbehörde vorliegen.

(7) Vor Baubeginn eines Gebäudes müssen die Grundrissfläche abgesteckt und seine Höhenlage festgelegt sein. Baugenehmigungen und Bauvorlagen müssen an der Baustelle von Baubeginn an vorliegen.

(8) Der Bauherr hat den Ausführungsbeginn genehmigungsbedürftiger Vorhaben und die Wiederaufnahme der Bauarbeiten nach einer Unterbrechung von mehr als drei Monaten mindestens eine Woche vorher der Bauaufsichtsbehörde schriftlich mitzuteilen (Baubeginnsanzeige).

§ 80
Beseitigung von Anlagen, Nutzungsuntersagung

Werden Anlagen im Widerspruch zu öffentlich-rechtlichen Vorschriften errichtet oder geändert, kann die Bauaufsichtsbehörde die teilweise oder vollständige Beseitigung der Anlagen anordnen, wenn nicht auf andere Weise rechtmäßige Zustände hergestellt werden können. Werden Anlagen im Widerspruch zu öffentlich-rechtlichen Vorschriften genutzt, kann diese Nutzung untersagt werden.

Anhang 9
Gesetz über die Schiedsstellen in den Gemeinden des Freistaates Sachsen und über die Anerkennung von Gütestellen im Sinne des § 794 Abs. 1 Nr. 1 der Zivilprozessordnung (Sächsisches Schieds- und Gütestellengesetz – SächsSchiedsGütStG)

vom 27. Mai 1999 (SächsGVBl. S. 247), zuletzt geändert durch Gesetz vom 18. Dezember 2013 (SächsGVBl. S. 970), vom 15. November 2017 (SächsGVBl. S. 598)

– Auszug –

§ 1
Aufgaben

(1) Das Verfahren vor den Schiedsstellen dient dem Ziel, Rechtsstreitigkeiten durch eine Einigung der Parteien beizulegen.

(2) Die Schiedsstelle führt in bürgerlichen Rechtsstreitigkeiten über vermögensrechtliche Ansprüche und über nichtvermögensrechtliche Ansprüche, über Ansprüche aus dem Nachbarrecht wegen der Verletzung der persönlichen Ehre das Schlichtungsverfahren durch. Das Schlichtungsverfahren findet nicht statt in Rechtsstreitigkeiten,

1. die in die Zuständigkeit der Familien- und Arbeitsgerichte fallen;
2. die die Verletzung der persönlichen Ehre in Presse, Rundfunk und Fernsehen zum Gegenstand haben;
3. an denen der Bund, die Länder, die Gemeinden oder andere Körperschaften, Anstalten oder Stiftungen des öffentlichen Rechts beteiligt sind.

(3) Die Schiedsstelle ist die Vergleichsbehörde im Sinne des § 380 Absatz 1 der Strafprozessordnung. Die Schiedsstelle führt in den in § 380 Absatz 1

Satz 1 und 2 der Strafprozessordnung genannten Privatklagesachen den Sühneversuch im Rahmen des Sühneverfahrens durch.

(4) weggefallen

§ 2
Errichtung

(1) Die Gemeinden sind verpflichtet, Schiedsstellen zu errichten. Die Vorschriften über kommunale Zusammenarbeit bleiben unberührt.

(2) Werden mehrere Schiedsstellen errichtet, bestimmt die Gemeinde deren Bezirke.

(3) Der Bezirk einer Schiedsstelle soll nicht mehr als 50.000 Einwohner umfassen.

(4) Die Schiedsstelle führt einen auf die Gemeinde ihres Sitzes oder ihren Bezirk hinweisenden Zusatz.

(5) Das Dienstsiegel der Schiedsstelle zeigt das Wappen der Gemeinde oder, wenn die Gemeinde kein Wappen führt, das Sächsische Staatswappen und weist im oberen Teil der Umschrift auf ihren Bezirk oder die Gemeinde hin. Im unteren Teil des Siegels wird als Umschrift das Wort „Schiedsstelle" eingefügt.

§ 3
Besetzung

(1) Die Aufgaben der Schiedsstelle werden von einem ehrenamtlich tätigen Friedensrichter wahrgenommen; bei der Ausübung seines Amtes führt er die Bezeichnung „Friedensrichter" oder „Friedensrichterin".

(2) Die Gemeinde kann bestimmen, dass der Friedensrichter einen ehrenamtlich tätigen Protokollführer hinzuziehen kann. Für seine Ernennung gelten die §§ 4 bis 13, § 15 Abs. 2 und 3, § 52 Abs. 2 dieses Gesetzes entsprechend.

§ 16
Zweck des Verfahrens

Das Schlichtungsverfahren dient dem Ziel, bürgerliche Rechtsstreitigkeiten durch eine Einigung der Parteien beizulegen.

§ 17
Örtliche Zuständigkeit

(1) Zuständig ist die Schiedsstelle, in deren Bezirk der Antragsgegner wohnt.

(2) Die Parteien können eine abweichende Zuständigkeit vereinbaren. Die Vereinbarung muss schriftlich abgeschlossen oder zu Protokoll der Schiedsstelle erklärt werden, vor der die Schlichtungsverhandlung stattfinden soll.

(3) Die örtlich zuständige Schiedsstelle kann zu Zwecken des Augenscheins außerhalb ihres Bezirks tätig werden.

§ 18
Öffentlichkeit

Die Schlichtungsverhandlung vor der Schiedsstelle ist nicht öffentlich. Mit Zustimmung der Parteien kann der Friedensrichter Dritten die Anwesenheit gestatten.

§ 29
Schlichtungsverhandlung

(1) Der Friedensrichter soll den Willen der Parteien erforschen, den Sachverhalt klären und mit den Parteien die Tragweite beabsichtigter Vereinbarungen erörtern.

(2) Die Schlichtungsverhandlung vor der Schiedsstelle erfolgt mündlich. Sie ist möglichst ohne Unterbrechung zu Ende zu führen. Wird sie unterbrochen, soll sogleich ein Fortsetzungstermin bestimmt werden.

§ 30
Beweismittel

(1) Zeugen und Sachverständige, die freiwillig erscheinen, können gehört werden. Mit Zustimmung und in Anwesenheit der Parteien kann auch Augenschein genommen werden.

(2) Zur Beeidigung von Parteien, Zeugen und Sachverständigen sowie zur Abnahme einer Versicherung an Eides statt ist der Friedensrichter nicht befugt.

§ 31
Protokoll

(1) Kommt eine Einigung durch Vergleich, Anerkenntnis oder Verzicht zustande, ist hierüber ein Protokoll aufzunehmen.

(2) Das Protokoll ist in deutscher Sprache aufzunehmen. Es enthält

1. den Ort und den Tag der Schlichtungsverhandlung;
2. die Bezeichnung der Schiedsstelle und den Namen des Friedensrichters;
3. die Namen und die Anschriften der erschienenen Parteien sowie ihrer gesetzlichen Vertreter, Bevollmächtigten und Beistände und die Angabe, wie sich diese ausgewiesen haben;
4. den Gegenstand des Streites;
5. den Wortlaut der Einigung.

(3) Kommt eine Einigung nicht zustande, ist hierüber ein kurzer Vermerk aufzunehmen.

§ 32
Genehmigung des Protokolls

(1) Das Protokoll ist den Parteien vorzulesen oder zur Durchsicht vorzulegen und von ihnen zu genehmigen. Die Genehmigung ist im Protokoll zu vermerken.

(2) Das Protokoll ist von den Parteien, von dem Friedensrichter sowie in Fällen des § 3 Abs. 2 von dem Protokollführer eigenhändig zu unterschreiben. Macht eine Partei glaubhaft, des Schreibens unkundig zu sein, hat sie ein Handzeichen anzubringen, das von dem Friedensrichter durch einen besonderen Vermerk zu bestätigen ist. Macht sie glaubhaft, auch hierzu nicht in der Lage zu sein, muss sie einen Beistand wählen, der für sie das Protokoll unterschreibt. Im Protokoll ist zu vermerken, von welcher Partei und aus welchem Grund die eigenhändige Unterschrift und die Anbringung eines Handzeichens unterblieben sind.

§ 36
Vollstreckung aus dem Vergleich

(1) Aus dem vor der Schiedsstelle geschlossenen Vergleich findet die Zwangsvollstreckung statt.

(2) Die Vollstreckungsklausel auf der Ausfertigung des Vergleichsprotokolls erteilt der Urkundsbeamte der Geschäftsstelle des Amtsgerichts, in dessen Bezirk die Schiedsstelle ihren Sitz hat.

(3) Auf der Urschrift des Vergleichsprotokolls ist zu vermerken, wann und von wem sowie für und gegen wen die Vollstreckungsklausel erteilt worden ist. Zu diesem Zweck hat das Amtsgericht, falls es das Protokollbuch nicht verwahrt, den Friedensrichter von der Erteilung der Vollstreckungsklausel zu benachrichtigen.

(4) Im Übrigen finden die Vorschriften der Zivilprozessordnung über die Zwangsvollstreckung aus Vergleichen, die vor einer durch die Landesjustizverwaltung eingerichteten oder anerkannten Gütestelle abgeschlossen sind, entsprechende Anwendung.

Sachregister

Die Zahlen geben die Seiten an